唐朝往事系列

耿元骊 主编

# 吐鲁番
## 明月天山交河城

侯晓晨 著

辽宁人民出版社

© 侯晓晨　2025

图书在版编目（CIP）数据

吐鲁番：明月天山交河城 / 侯晓晨著. —沈阳：辽宁人民出版社，2025.1.—（唐朝往事系列 / 耿元骊主编）. —ISBN 978-7-205-11200-4

Ⅰ. K294.52-49

中国国家版本馆 CIP 数据核字第 20242E2P01 号

出版发行：辽宁人民出版社
　　　　　地址：沈阳市和平区十一纬路 25 号　邮编：110003
　　　　　电话：024-23284191（发行部）　024-23284304（办公室）
　　　　　http://www.lnpph.com.cn
印　　刷：天津光之彩印刷有限公司
幅面尺寸：145mm×210mm
印　　张：10.5
字　　数：188 千字
出版时间：2025 年 1 月第 1 版
印刷时间：2025 年 1 月第 1 次印刷
责任编辑：赵维宁　吕志学
助理编辑：姚　远
封面设计：乐　翁
版式设计：一诺设计
责任校对：郑　佳
书　　号：ISBN 978-7-205-11200-4
定　　价：78.00 元

# 总 序

## 盛唐：中华文明的辉煌时代

唐朝有自己独特的气质。当我们提起唐朝，经过长达千年集体记忆形塑，大概每一个华人都会立刻呈现一幅宏大画卷萦绕脑海，泱泱大国典范形象勃现眼前，甚至还会莫名有一种自豪感油然而生。三百年波澜壮阔（实289年），四千位杰出人物（两《唐书》有姓名者约数），五千万烝民百姓（开元载簿约数，累计过亿），共同在欧亚大陆东端上演了一出雄浑壮丽、辉煌灿烂的人间大剧。

唐朝在中国历史上有着巍然的地位。它海纳百川，汲取万方长处；自信宏达，几无狭隘自闭之风。日本学者外山军治以域外之眼，推崇隋唐时代是"世界性的帝国"，自有其独到眼光。唐代在数百年乱世基础上，在经历多次民族大融合之后，引入周边各族之精英及其文化，融合再造生机勃勃的新一代文化，从而使

## 吐鲁番：明月天山交河城

以华夏文明为中心的中原文明再次焕发出生机与活力。唐朝，也成为中华文明辉煌的时代。如果在朝代之间进行比赛，唐代在大多数项目上都能取得前几名，"唐"也与"汉"共同成为中华代称。

唐朝有着空前辽阔的疆域。其开疆拓土之勇猛气概与精细作业之高超能力，一时无双。皇帝的"天可汗"称号，使唐成为周边各区域政权名义共主。这是一个大有为的豪迈时代，自张骞通西域以来，再次大规模稳定沟通西域，所谓"是时中国盛强，自安远门西尽唐境凡万二千里，闾阎相望，桑麻翳野"。在南方则形成了稳定通畅的广州通海夷道，大概是同时代世界上最远的航路。杜环、杨良瑶在中亚游历，促进了东西方海路沟通，大批波斯、大食商人来到广州，唐代和中亚、西方直接往来越来越密切，唐帝国是世界舞台上的优胜者。

大唐独有气质、巍然历史地位、空前辽阔疆域，共同形成了"盛唐气象"。"盛唐气象"也从最初描绘诗文格调的形容词，逐渐转变为唐代整个社会风范的代名词。"盛唐"逐步成为描绘唐朝基本面貌最常用词语，一个典范概括。唐朝各个方面，都呈现出进取有为和气质昂扬的面貌，无论是精神、文化还是生活上，都展现了独特时代风貌，其格局气势恢宏，境界深远，深深体现

## 总　序　盛唐：中华文明的辉煌时代

在盛唐精神、文化、生活等各个方面。

### 盛唐的精神

大唐精神体现在何处？首先是开放的心态，其次是大规模的制度建设。没有开放心态，就不会建成这些制度。唐朝有传统时代最开放的万丈雄心，不自卑，也不保守，更没有"文化本位主义"的抱残守缺。上层统治群体胡人血统很深，胡汉通婚情况很普遍，社会氛围基本不强调排外。唐高祖母独孤氏，太宗母窦氏、皇后长孙氏，这些都是鲜卑人。"胡客留长安久者，或四十余年"，来华的日本人很多在唐娶妻生子，大食国李彦、朝鲜半岛崔致远等，都考中进士，日本人阿倍仲麻吕进士及第后还当过官员。华夷观念上，没有鲜明对抗。唐朝人不自限天地，也不坐井观天。

在制度建设方面，唐朝延续了隋朝之初创，多方面建立了模板标杆，后代仿而行之，千年而未改，是盛唐精神最佳外在表现。在中央行政体制上，建立了完善的三省六部制，其体制健全，运行相对其他制度较为顺畅。结束了家国一体、门阀政治局面，以皇帝为核心，建立官僚政治制度，以严密官僚体系，分门别类推动行政运作，这个基本框架和运行模式历经改良在后世得到了长期沿用。在法律上，唐代创建了律令格式体系，形成了中

吐鲁番：明月天山交河城

华法系。特别是唐律，不仅仅在中国，在东亚历史上都有着重要地位，得到了长期沿用。在科举体制上，进一步完善科举模式，也得到了长期沿用。科举公平考试最受益者无疑是寒素出身者，推动并加快了社会阶层流动速度。在礼制这个社会等级秩序最鲜明标志物的建设上，唐代也有着最大贡献，形成了最早的国家礼典，在东亚文化体系当中影响巨大。

盛唐时期昂扬向上，走在各方面都开创事功的道路上，能出现贞观之治、开元盛世新局面，也就不足为奇。虽然安史之乱打破了原有局势，但是它并没有颠覆已经形成的大格局，所以唐朝仍能继续维系百年以上。

## 盛唐的文化

唐朝是文化的时代，各种艺术形式都让人有如臻化境之感。大唐是诗之国度，唐诗是诗之顶峰，唐诗至今仍是我们中国人日常最爱古典文化，谁不能脱口而出一两句唐诗呢！唐诗厚重与灵巧并重，对现实、人生总是充满着昂扬奋发的精气神，所体现出的时代精神是那么刚健、自豪！读李白诗，不由得让人有意气风发之感。读杜甫诗，不由得起家国之深思。才气纵横如李白，勤思苦练如杜甫，是唐诗当中最亮的双子星。读边塞诗，似亲行塞上，悲壮深沉。读田园诗，则宁静致远，平和悠适。即使安史之

## 总　序　盛唐：中华文明的辉煌时代

乱以后，大唐仍然有元稹、白居易、韩愈、柳宗元等诸多诗文大家。韩、柳更是开启古文运动，兴起一代文体新风。无论是诗还是文，大唐诗人都已长领风骚千年之久。即使到了白话文广泛通行的今日，唐诗、古文又有哪个华夏子孙不读之一二呢？

而绘画、书法、舞蹈与音乐、史学等都在中国历史上具有重要意义，是前此千年的总结，又是后此千年的开创。吴道子是唐代最有名的天才画家，"吴带当风"，被称颂为"气韵生动"，自成一派；而山水画也开始兴起，出现了文人画，两派画风都深深影响了宋朝人审美趣味，流风余韵至今日。书法在本质上已经脱离了记录符号，其实也是一种绘画，是绘画和文字本身含义的结合体。唐代书法大盛，书法理论自成一格。前期尊崇王羲之书法，盛唐之后形成了张旭草书新体，书风飘逸；又形成了颜真卿楷书，端庄正大，成为至今通行常用字体，其影响可谓远矣。舞蹈与音乐更是传统时代的顶峰，太宗时形成"十部乐"，广泛引入了域外曲调。盛唐时代，更是从玄宗到乐工，都精于音律，《秦王破阵乐》《霓裳羽衣曲》大名流传至今。唐代史学承前启后，《隋书·经籍志》确定了史部领先子、集的地位，一直沿用到《四库全书》。纪传体成为正史唯一体裁，也是在唐代得以确立，"二十四史"由唐朝修成有8部之多。设史馆，修实录，撰

吐鲁番：明月天山交河城

国史，成为持续千年的国家规定动作，影响之大，自不必言。

文化是盛唐精神的最佳展示，是大唐时代风貌的具象化展示，表达了全社会的心理和情绪。

### 盛唐的生活

盛唐时代经济富庶，生活安定，杜甫有一首脍炙人口之史诗可为证："忆昔开元全盛日，小邑犹藏万家室。稻米流脂粟米白，公私仓廪俱丰实。"这就是唐代经济社会繁盛的形象化表述。盛唐时代，"天下大稔，流散者咸归乡里，……东至于海，南及五岭，皆外户不闭，行旅不赍粮，取给于道路"，几乎是到当时为止农业经济条件下，所能取得的最高峰。南方特别是江南得到了广泛开发，开元、天宝之时，长江三角洲开发已经取得了显著成绩，工商业更加发达，经济水平在全国取得了领先性地位。

盛唐时代，也是宗教繁荣时代。高宗建大慈恩寺，请玄奘译经。武则天更是深度利用佛教，在全国广建大云寺，推动了佛教大发展。玄宗尊崇密宗，行灌顶仪式，成为佛弟子。除唐武宗灭佛之外，唐代其他皇帝基本是扶持利用佛教。在中国历史上，唐代是佛教全盛时代，整个社会笼罩在佛教影子之下。唐朝也崇信道教，高祖自称老子后裔，高度推崇道教，借道教提高李氏地位，建设了一大批道教宫观。太宗规定道士地位在僧人之前，高

## 总　序　盛唐：中华文明的辉煌时代

宗追封老子，睿宗两个女儿出家入道。玄宗对老子思想高度赞赏，尊《老子》为《道德真经》，并亲自为其注释，颁行全国。

在唐代社会生活中，婚姻、丧葬、教育、养老是最重要的内容。盛唐时代，婚姻仍然非常看重门第，观察对方家族的社会名望和地位，对等才能让子女结合，基本实行一夫一妻多妾制。丧礼是社会关系确认重要标志，唐代有厚葬之风。在丧葬仪式方面，朝廷出台了官方规定，形成了系统化、程序化仪式。教育在盛唐时代也被高度关注，中央设立六学二馆，地方上设置了郡学和县学，开元时期全国各州县普遍设学。唐朝强调以"孝"治国，唐玄宗亲自为《孝经》作注，提高了老人地位，对老人提供各种礼节性待遇。

盛唐时代，虽然围绕最高权力争夺不断，但是百姓生活尚称安乐。然而，"渔阳鼙鼓动地来，惊破霓裳羽衣曲"，大唐转折来得也很猛烈，安史之乱对盛唐造成了重大伤害。另外，在我们对大唐赞叹有加的同时，不得不说，唐代短板也很多，特别是原创思想开拓性不足，微有遗憾。在传统时代唐朝所具有的开放性足以为傲，但是对其相对的封闭性也要有明确认识，值得思考。唐朝社会精英可以对外开放，但是普通百姓必须遵守牢笼规则，遍布长安的高墙和里坊就是佐证。大唐女性，看起来可以袒胸露

## 吐鲁番：明月天山交河城

乳，气质昂扬，独立自主，但只是少部分贵族妇女。大部分普通女性，还是生活在枷锁之中，虽然还没有裹脚这种身体残害，但是被禁锢的附属品命运还是传统时代所常见。

总之，唐朝个性鲜明，"大一统"最终成为定局。在唐朝之前，只有汉朝在一个较长时期内落实了大一统。隋朝虽然恢复了大一统体制，但是流星般的命运让它没有时间稳固大一统。唐朝立国稳定，最终把大一统定局为中华政体的深层底蕴结构，从此，大一统有了稳定轨道和天然正义性，延续千年，成为中华民族社会心理的共同基本。

如此唐朝，谁又不爱，谁又不想了解呢？然而时代变迁，让每个人都从史籍读起，显然不可能。虽然坊间关于唐代的读物已有不少，其中品质高超者也为数甚多，但是在文史百花园当中，自当要百花齐放，因此即使关于唐朝的普及性读物已经汗牛充栋，我们还是要在这著述之海当中，继续增加一些新鲜气息，与读者共赏唐朝之美！我们曾表达过，孟浩然"人事有代谢，往来成古今"最能代表我们的心声。没有人，没有事，也就没有历史。见人，见事，方见历史。所以，我们愿意努力在更多维度上为读者提供思考和探寻唐代历史的基础，与已经完成的"宋朝往事"略有不同，在人和事两方面基础上，增加了典制内容。大唐

## 总　序　盛唐：中华文明的辉煌时代

三百年历程，人事繁杂，典制丰富。我们采中国传统史学模式当中的纪事本末、列传、典制体裁之意，并略有调整，选十事、五人、五专题进行定向描绘，各书文字流畅，线索清晰，分析准确精当，且可快速读完。希望读者能和我们一起从更多维度观察唐、了解唐、思考唐，回首"唐朝往事"。

公元617年，留守晋阳（今山西太原）的唐国公李渊起兵，拉开了大唐王朝序幕，攻势如破竹，一年不到就改换了天地。虽然正史当中塑造了一个平庸的李渊形象，但是实情是没有李渊的方略和能力，就不会建成大唐。玄武门之变，兄弟刀兵相见，血流成河；父子反目，无奈老皇退位。从玄武门之变到出现贞观之治，二十多年时光，选贤任能、开疆拓土、建章立制，李世民留给世界一段值得长期探讨、反复思考的"贞观"长歌。太宗才人武媚，与高宗李治一场姐弟恋，却开创了大唐一段新故事。武周霸业，建神都洛阳，成就武则天唯一女皇。神龙元年（705），李武势力默认，朝臣积极推动，"五王"主导政变成功，女皇被迫退位，重新成为李家儿媳。此后十年间，四次政变，四次皇位更迭，大唐核心圈就没有停止过刀光剑影，但是尚未伤到帝国根本。玄宗稳定了政局，"贞观之风，一朝复振"，再开新局，开放又自由，包容又豁达，恢宏壮丽的极盛大唐就体现在开元时代。

## 吐鲁番：明月天山交河城

"开元盛世"四字，至今脍炙人口。

盛极而衰，自然之理。盛世接着就是天宝危机，酿成安史之乱。这场大变乱，改变了中国历史走向，时间长，范围广，破坏大，影响深。战乱过后，元气大伤。河朔藩镇只是名义上屈服，导致朝廷也只能屯兵防备。彼此呼应，武人势力极度膨胀，群雄争霸，朝廷无力。唐宪宗元和时代，重新形成了短暂振兴局面，这也是唯一一位能控制藩镇的皇帝，再次构建了由中央统领的政治秩序。元和中兴也成为继开元盛世后，大唐王朝最后一次短暂辉煌。宪宗身后，朝廷局势一天不如一天，穆宗、敬宗毫无能力，醉生梦死。文宗时代，具体操办政务运行的朝臣，以李德裕、牛僧孺各自为首的政治集团党争不断，势同水火，"去河北贼易，去朝中朋党难"。宦官权重，杀二帝，立七君，势力凌驾皇权之上。导致皇帝也难以忍受，文宗试图利用"甘露之变"诛杀宦官，但是皇帝亲自发动政变向身边人夺权功败垂成，朝臣一扫而光，大唐也就踏上了不归路。

大唐功勋卓著的名人辈出，自不能逐一详细介绍，只好有所选择。狄仁杰，我们心目中的"神探"，实是辅周复唐大功臣，两次为相，为君分忧，为民解难。特别是劝说武则天迎回李显，又提拔张柬之等复唐主力人物。生前得到同时代人赞誉，死后获

总　序　盛唐：中华文明的辉煌时代

得了后世敬仰。郭子仪在战乱中显露英雄本色，平安史，击仆固，退回纥，是力挽狂澜的武将代表。长期位极人臣，生活在权力核心地带，谨慎经营，屹立不倒，"完名高节，福禄永终"，可谓文武双全，政治智慧超群。上官婉儿是唐朝著名女性代表，有着出色的文字能力，是可以撰拟诏敕的"巾帼宰相"，还可以参与军国权谋，但命运多舛，未有善终。近年来墓志出土，形成了一波婉儿话题。韩愈，千古文宗第一人。谏迎佛骨，显示了韩愈风骨。一代文化巨人，"匹夫而为百世师，一言而为天下法"，努力振兴儒学，文起八代之衰，推动"古文"运动，千年之后，仍然能够感受到他的影响。陆羽，唐代文人的代表，撰写了世界上第一部茶叶专著——《茶经》，号为"茶圣"，影响千年，成为古今中外吟咏不已、怀念不止的人物。

　　大唐创业垂统，建章立制。三省六部，成为中国古代官僚行政的典范。三省六部是决策机构，九寺五监是执行机构。虽然三省屡经变迁，但是所确立的中枢体制模式，却是千年如一。六部分科管理行政，其行政原理至今还在运行。九寺五监，今日"参公""事业"单位名目仍可见其遗意。唐代法律完善，律令格式体系齐备，是中华古典法系的杰出代表，对东亚影响可谓广泛。大唐生活，千姿百态。衣食住行，是维系每个大唐人生存的基

吐鲁番：明月天山交河城

本，婚丧学老，是每个大唐人成长所必有的经历。八件大事，又都和等级制度挂钩，是观察唐朝日常的最佳窗口。古都长安，是东亚中心，也是当时"世界"之都，是经济中心，是文化交流中心，是思想和学术的高地。巍巍长安，是盛唐气象直接承载体，长安风华引领着世界风潮，展示着盛唐文明所达到的高度。吐鲁番地处丝绸之路要地，是中外文明交汇融通之处。多元人口组成，多元文化集结地，是大唐开拓西域的关键节点，具有重要的军政和战略地位。凡此种种，理当书之。

以上，就是"唐朝往事"的总体设计。我们希望以明晰的框架，建设具有整体感的书系。既有主线，又可分立；有清晰流畅语言，有足够的事实信息，也有核心脉络可以掌握。提供给读者既不烧脑又不低俗的"讲史"，以学术为基础，但是又不是满满脚注的学究文。专业学者用相对轻松的笔调来记录和阐释，提供一点不一样的阅读感受。这个目标能否实现还很难说，但是我们正在向此努力。我们21人以一年时光，共同打造的20部小书，请读者诸君阅后评判！

感谢鲍丹琼（陕西师范大学）、侯晓晨（新疆大学）、靳小龙（厦门大学）、李航（洛阳师范学院）、李瑞华（西北大学）、李效杰（鲁东大学）、李永（福建师范大学）、刘喆（北京师范大学）、

## 总　序　盛唐：中华文明的辉煌时代

罗亮（中山大学）、雒晓辉（中国社会科学院古代史研究所）、孟献志（首都经济贸易大学）、孙宁（山西师范大学）、王培峰（山东师范大学）、许超雄（上海师范大学）、原康（淮北师范大学）、张春兰（河北大学）、张明（陕西师范大学）、赵龙（上海师范大学）、赵耀文（重庆大学）、朱成实（上海电机学院）等学界友朋（按姓名拼音为序）接受邀请，给予大力支持，参加"唐朝往事"的撰写工作，更要感谢他们能在一年多的时间内不停忍受我的絮叨和催促，谢谢大家！感谢辽宁人民出版社蔡伟先生及其所带领的编辑团队，是他们的耐心细致，才使得本书以这样优美的状态呈现出来。

现在，亲爱的读者，请您展卷领略"唐朝往事"，与我们一起走进大唐，思考大唐！

耿元骊

2024年3月26日于唐之汴州

# 目录

总　序　盛唐：中华文明的辉煌时代　　001

序　章　吐鲁番的政权　　001
一、麴氏高昌政权的发展　　002
二、唐代西州的建立　　030
三、安史之乱后西州的存亡　　074

第一章　吐鲁番的环境　　086
一、独特的自然地理　　087
二、复杂的地缘关系　　090
三、显著的军政地位　　116

## 第二章　丝绸之路上的吐鲁番　　152

一、四通八达的交通　　153

二、多元的人口构成　　162

三、经济制度的运行　　168

四、繁华的商业都会　　178

## 第三章　吐鲁番的长官　　183

一、唐高祖的驸马乔师望　　183

二、谙练边事的宰相唐休璟　　196

三、盛唐英雄的落幕封常清　　209

四、艰难时期的专权宰相元载　　221

## 第四章　经行吐鲁番的名人　　231

一、高昌王的御弟玄奘法师　　232

二、忠勇赤诚的蕃将阿史那社尔　　253

三、文雅安边的儒将裴行俭　　260

# 目 录

## 第五章 吐鲁番的社会文化 271
一、文化传播与互动 271
二、多元的民间信仰 276
三、财主的日常借贷 282
四、民事纠纷与诉讼 285

## 第六章 吐鲁番的文物古迹 289
一、沧桑的古城印记 289
二、阿斯塔纳古墓群 294
三、柏孜克里克千佛洞 298

## 结 语 305

## 后 记 312

# 序　章
## 吐鲁番的政权

　　吐鲁番是中国新疆历史文化最悠久的地区之一，地处丝绸之路要冲，是古代中外文明的荟萃之地。唐代吐鲁番的历史纷繁而复杂。首先出现的是作为北朝后期西域地方政权延续的麴氏高昌国；继而在大唐贞观十四年（640）时，唐太宗于高昌故地建置西州，成为唐朝在西域的重镇；再次是安史之乱后，西州先后被吐蕃、回鹘政权短暂占据；最后是9世纪中后期在此建立的高昌回鹘政权。

吐鲁番：明月天山交河城

## 一、麴氏高昌政权的发展

吐鲁番地区在历史上有着多种名称，不同名称的背后，不仅隐藏着一段光辉、繁荣、兴盛的发展历程，也上演着政权更替和刀光剑影。两汉时期，这里是车师前国所在地，中原王朝同北方的匈奴政权曾长期围绕此地展开激烈且频繁的争夺。高昌的名称也诞生于此时或更早，因地势高敞，人物昌盛，故名高昌。魏晋时期，前凉王张骏于此地建置高昌郡，将中原地区的郡县制度首次推行到西域。北魏时期，北方的柔然部落攻破高昌并拥立高昌王，继而先后出现阚氏、张氏、马氏、麴氏四个汉人为主体居民的地方政权。本书的开端，正是从高昌国的建立开始的。

自汉武帝开通西域，中原王朝同西域地区政治、经济、文化等方面的联系日益密切。神爵二年（前60），汉宣帝于西域建立西域都护府，标志着新疆地区正式纳入中国版图。东汉王朝对西域的治理经历了"三绝三通"的曲折历程。魏晋南北朝时期，不仅中原地区出现"三国鼎立""十六国"等政权割据、相互征伐的纷繁局面，西域地区同样面临柔然、高车、嚈哒、吐谷浑、北魏等政权的争夺。麴氏高昌国的建立，得益于当时漠北柔然政权掌握了吐鲁番的主导权。

序　章　吐鲁番的政权

北魏文成帝和平元年（460），柔然政权扶植阚伯周为高昌王。《魏书》和《北史》等文献皆将这一年视为高昌"建国称王"的开端。事实上，在此之前北凉沮渠氏流亡政权占据高昌时已经具备王国的体制。阚氏高昌政权存在二十八年，始终接受柔然的统治。此后柔然势力衰退，高车政权扶植敦煌名门张孟明为高昌王，仅在位八年，因内乱而被杀。高昌国人拥立马儒为王。马儒在位期间，高昌国摆脱了游牧政权的操控，获得了短暂的独立。为进一步摆脱潜在的危险，马儒向北魏请求"举国内徙"，此举遭到国人反对，进而引来杀身之祸，高昌王再次易主。这一年为北魏宣武帝景明二年（501），亦即有名的孝文帝改革后不久。高昌国人拥立麴嘉上位，预示着开启了高昌国发展的新阶段。

公元502年是中国古代历史上特殊的一年。这一年中原和西域皆有新的王朝诞生。在中原地区，南朝齐和帝下诏禅位于萧衍，萧梁王朝建立，改元天监。而在西域地区，麴嘉上年即位后，这一年改元承平，麴氏高昌国正式建立。自此至唐太宗贞观十四年（640）平定高昌国，相较于此前的阚氏、张氏、马氏高昌政权，麴氏高昌政权进入了相对稳定的发展阶段。

麴氏高昌国共历经麴嘉、麴光、麴坚、麴玄喜、麴宝茂、麴乾固、麴伯雅、麴文泰、麴智盛等十位君主，但与中原王朝的交往却并不频繁和密切。麴乾固在位时期，高昌国与中原王朝在

## 吐鲁番：明月天山交河城

四十一年里基本没有往来。两者的交往主要集中在王朝后期的麴伯雅、麴文泰父子在位时期。

约公元602年，麴伯雅即位高昌王，年号为延和。延和六年（607），麴伯雅派遣使者携带贡品朝觐隋朝，是为高昌国与隋朝的第一次官方往来。按照此时隋朝的纪年为大业三年，"开皇之治"已经成为光荣历史，隋王朝也已经持续二十六年。隋文帝开皇九年（589），遣将韩擒虎、贺若弼、杨素等平定南朝最后一个政权——陈朝，结束了自东汉末年以来南北地区长期分裂割据的局面，中华大地重归一统，是中国古代史上的重要分水岭。然而面对这样的显赫事件，位于西域东部的高昌国却迟迟未与隋朝建立起联系，此举颇为离奇。因为同时期的高句丽、百济、新罗、靺鞨、林邑、突厥、吐谷浑等隋朝周边政权皆早已多次派遣使者携带贡品入朝，有的还建立宗藩关系。

事实上，并不唯独高昌国较晚与隋朝有交通往来。整个隋文帝时期，汉魏以来传统的西域诸国，诸如焉耆、龟兹、疏勒、于阗等皆没有与隋朝存在官方往来。究其原因，在于西域地区出现了强大的游牧政权——西突厥汗国。突厥汗国自6世纪中叶兴起于现今阿尔泰山和准格尔盆地一带，不久就击败柔然，东征西讨，统一北方游牧部落，拥有数十万的兵力，成为西域漠北地区强大的政权。当时北齐和北周的统治者争相用国库财物结好突

序　章　吐鲁番的政权

厥，被突厥可汗比作"在南方的两个孝顺孩儿"。然而好景不长，隋朝初年，突厥汗国因内战发生分裂，分裂初期大约以现今蒙古高原的杭爱山为界一分为二。东边是以沙钵略可汗为核心的北突厥，控制着薛延陀、回纥、契丹等部落；西边是以阿波可汗为核心建立起的西突厥汗国，龟兹、铁勒、伊吾等西域政权纷纷成为其附属政权，麹氏高昌国亦在其中。随着西突厥泥利可汗与达头可汗兵败于铁勒等部落，原先西突厥控制下的西域诸国出现机会，为西域诸国与中原王朝恢复交往带来历史契机。

　　麹伯雅的首次遣使朝觐的成功，还得益于隋炀帝时期的朝臣裴矩。如果说汉武帝时期张骞出使西域推动了中原与西域的交流和互动，那么，隋炀帝时期的裴矩同样扮演了张骞的角色，成为促进隋朝与西域诸政权交往的重要力量。裴矩出身于官宦世家，属于享有极佳社会声望的河东裴氏族姓一员。其在婴儿时期就成为孤儿，为伯父所鞠养，年龄稍长即热爱学习，钟爱文学和辞藻，同时富有智慧和谋术。在平定陈朝的战役中，当时还是晋王的杨广曾经下令名臣高颎与裴矩收集整理陈朝图书典籍。裴矩巡抚岭南时，率三千兵力平定叛乱，深得隋文帝的赞许。此后出使北突厥都蓝可汗部落、启民可汗部落，皆不辱使命，对稳固隋朝北方边疆形势发挥出重要作用。隋炀帝即位后，裴矩参与东都洛阳的修建，推动了工程的顺利完工。就在此时，西域诸国的商人在张掖地区进行着热闹的商品贸易。于是隋炀帝任命裴矩前往张掖掌管商贸事务。一向能够猜透帝王心思的裴矩,洞察出隋炀帝热衷边疆经略的想法。于是抓住机会,利用职务之便对往来的西域诸国商人展开了详细的信息采集,并且撰成三卷《西域图记》,回朝后入奏隋炀帝。这本书的内容主要记述了当时西域诸国的风俗民情、山川地理、交通物产以及国王庶人的服饰仪态等,可谓"六七世纪的西域百科全书"。《西域图记》完美准确地迎合了隋炀帝的需求。隋炀帝对此心潮澎湃,连续多日召见裴矩询问西域事务。裴矩知无不言,盛言西域各种珍奇异宝,大大激发了隋炀帝经略西域的兴趣,被委任四夷经略的重任。隋炀帝西巡河西走廊时,裴矩到敦煌招引西域诸国遣使入朝,迎来隋朝与西域诸国交往的高潮。

正是裴矩的推动和中西交往高潮的呼唤,区别于此前的遣使入朝,麹伯雅、麹文泰父子于隋炀帝大业五年(609)亲自入至张掖朝觐隋炀帝。隋炀帝诏令举行了空前的欢迎仪式,张掖、武威士女盛服歌舞,彰显出隋朝的强盛和富庶。之后麹氏父子又受到邀请前往东都,参加了明年的元宵节百戏大汇演。大业七年(611),麹伯雅再次亲自入朝,同伴有西突厥处罗可汗。隋朝派遣武威太守樊子盖前往迎接和护送。两人随之参与了次年的隋炀帝首次征讨高句丽。大业八年(612),隋炀帝册封宇文氏之女玉

## 序　章　吐鲁番的政权

波为华容公主，出嫁于麴伯雅，并拜官车师太守、弁国公。同年冬天，麴伯雅返回高昌国。此后，随着隋炀帝征讨高句丽的失利以及国内民众起义的风起云涌，隋朝的统治摇摇欲坠。据统计，参加民众起义的人数至少五百万。如此，隋炀帝的四夷经略事业也逐渐进入尾声，先于王朝的灭亡而结束。

以上大致勾勒出麴伯雅在位时期与隋朝的交通往来，唐朝建立以后，高昌国仍然是最早与之建立关系的西域政权之一。隋炀帝大业十三年（617），时任太原留守的李渊在其子李世民、晋阳县令刘文静等的谋划下率兵起义。从政治关系上讲，李渊的祖父李虎与隋炀帝的祖父杨忠分别位列西魏时期的"八柱国和大将军"；从亲属关系上讲，李渊的母亲与隋炀帝的母亲皆为"八柱国"之一独孤信的女儿。但面对遍布全国的大小起义军，李渊及其部众遂有问鼎中原之志。随着一路南下，起义军队伍不断壮大。同年十一月，李渊的军队攻破隋朝首都长安城。第二年，李渊即位，改年号为武德，唐朝正式建立。

高昌延和十八年（619），无论是在高昌国的历史进程中还是在麴伯雅的政治生涯中都是特殊的一年。麴氏高昌国建立以来，受到中原地区政治动荡、距离遥远，游牧政权的控制等因素的影响，中原王朝一些时候对高昌政权的发展情况并不十分了解。体现在文献记录上，就是史书上对高昌国的历史记载尤其匮乏，甚至高昌国王去世的时间也会记载错误。比如记述唐代历史的正史《旧唐书》，在《高昌传》中认为麴伯雅卒于武德二年，但在同书《高祖本纪》中，又记载麴伯雅于武德三年（620）遣使朝贡唐朝。事实上，当隋朝末年各地起义军如火如荼地展开反隋斗争之时，西域地区的高昌国却悄然发生了宫廷政变，致使麴伯雅失去王位，与其子麴文泰被迫离开逃往他处。这场政变在高昌国历史上被称为"义和政变"，政变发动的原因，与麴伯雅的文化习俗改革有重要干系。

前文提及麴伯雅曾经两次亲自朝贡隋炀帝，这两次经历也让麴伯雅见识到隋朝强盛的国力、繁荣的经济以及先进的文化。再加上第一次入朝时，目睹了隋炀帝平定吐谷浑政权并建置为隋朝郡县的过程，这无疑也是一场鲜活的军事威慑。或许是为了讨好隋炀帝，或是真的爱慕中原文化，麴伯雅再回国后便随之进行了文化习俗改革。在改革的诏令中，麴伯雅表达了三层意思。首先，指明对于统治者而言，能够保全国土和维持政治安定是最为首要的治国策略。其次，言及高昌相对于隋朝而言，属于地处边陲的蛮荒之地，周边也多分布着游牧民族部落，因而文化风俗与游牧部落相近，为披发左衽。披发左衽的典故，出自《论语·宪问篇》。孔子在论及管仲与齐桓公的关系以及人物评价时，虽然批评管仲效忠于杀死自己主公公子纠的齐桓公，但也充分肯定了

## 序　章　吐鲁番的政权

管仲辅佐齐桓公成就霸业和造福百姓的功绩。由此孔子感叹，若是没有管仲，我等将披发左衽，即沦为夷狄，编发为辫，衣襟左开。最后，认为隋朝统一宇内，天下莫不称臣向化，作为国王的我已经体验到隋朝文化的先进，国民庶人以上都应解辫削衽。换言之，所谓的文化习俗改革，不过是高昌国历史上请求"举国内徙"的另一种变相，由地域归属摇身变为文化习俗的趋同。

麴伯雅的主动改革得到隋炀帝的嘉奖，但却也将自己推向危险的边缘。隋炀帝在得知麴伯雅文化习俗改革的消息后，下诏进行褒奖和赞美，认为麴伯雅见识卓远，同时赏赐华夏衣冠和制服的制作样式，并特意遣使送去。从文化演进和观念上讲，麴文泰文化习俗改革的出发点是良好的，但却没有很好地顾及国民的长期习惯和承受能力。其结果是不仅引起民众的不满，而且被麴氏宗王中的敌对势力所仇视。如是，一场文化习俗的改革却戏剧性地承担了检验和划分朝内政治集团的作用。麴伯雅的敌对势力既然显露，自然不能再隐藏和伪装，于是率先发动宫廷政变，夺取政权。"义和政权"期间，高昌中断了与隋朝的往来。隋炀帝大业十一年（615），也就是高昌发生政变的第二年，龟兹、疏勒、于阗、安国、曹国、何国、吐火罗等众多西域政权遣使朝贡隋朝，其中却看不到高昌的影子。此时的麴伯雅和麴文泰父子被迫流亡至西突厥，作为庇护的场所。这也是为什么唐高祖武德初年，文献中显示西突厥和高昌王常常一起遣使朝贡的原因。

刚刚建立起的李唐王朝，其国政重心和中心还放在统一国内割据势力的事业上，对西域高昌国内发生的政权变更可以说是一无所知。武德二年（619），麴伯雅父子可能因为时机成熟，在西突厥和张雄等武力支持下，重返高昌国，击败此前的麴氏宗王敌对势力，再次掌权。同年七月，派遣使者朝贡唐朝，开启与唐朝建立联系的新历程。次年，麴伯雅改年号为重光，寓意"重新光复"。

高昌重光元年（620），麴伯雅再次遣使朝贡唐朝。这一年为唐高祖武德三年，隋末唐初著名战将李勣和尉迟敬德先后归附唐朝，秦王李世民受命征讨洛阳地区的王世充割据政权。在北邙山的一次战役中，秦王李世民突然被王世充的骁将单雄信率兵万余人围困，并且险些被单雄信的长槊击中。千钧一发之际，尉迟敬德率骑兵赶到，横刺单雄信，使其坠马，秦王解围。这场生死考验，亦让李世民与尉迟敬德结下深厚情谊。同时，该年秦王李世民的宿敌颉利可汗继位，继续成为唐朝北方的边患。在西域地区，经历"义和政变"的麴伯雅父子，也励精图治，期望重整王朝，开启新局面。依据吐鲁番出土的部分文献显示，在重光年间麴文泰可能以东宫世子的身份监理高昌国政。此时，中原和吐鲁番地区都隐约呈现出一种生机，中原地区的形势逐渐由分裂割据

序　章　吐鲁番的政权

走向统一，而吐鲁番也即将再次进行政治革新运动。

高昌重光四年（623），麴伯雅去世，其子麴文泰继任高昌王，派遣使者前往唐朝告丧，这是麴文泰以国王的身份第一次与唐朝展开政治活动，意义非凡。高昌朝臣模仿和借鉴中原地区的谥法文化，给予麴伯雅"献文"的谥号。依据谥法，"博闻多能、聪明睿哲曰献"，"经纬天地、道德博闻、学勤好问、慈惠爱民、愍民惠礼、锡民爵位曰文"。可见"献文"的谥号，寓意麴伯雅是位博学多才、聪明睿智、勤政爱民的君主。这一年为唐高祖武德六年，唐朝皇太子李建成平定山东地区的强敌刘黑闼势力，进一步为李唐王朝统一全国奠定基础；北突厥入寇北方朔州（现今山西省朔县附近）、幽州（现今北京市附近）等边塞，屡为边患。唐高祖获知麴伯雅去世的消息后，鉴于其是西域诸国中较早与唐朝建立联系的政权，同时为彰显礼仪之邦的品格，派遣河州刺史朱惠表前往高昌吊唁。

唐高祖此次遣使出使高昌国的意义重大，这是唐朝开国以来第一次派遣使者前往西域地区。遣使的意义主要体现在两方面。其一，中国传统的文化观念中极其重视丧葬，上自王公贵族，下至黎民百姓，莫不如是。唐朝在与周边政权交往过程中，君主或酋长去世，往往都会互相派遣使者告哀。有唐朝皇帝去世，派遣使者通知周边政权的情况，如平定安史之乱的唐代宗驾崩后，继位的唐德宗派遣使者崔河图等前往吐蕃进行告知；也有周边政权君长去世，派遣使者告知唐朝的。被通知的一方获知消息后，也会随之派遣自己的使者前往吊唁。武德六年（623）的这次使者往来活动就属于后者。

其二，唐朝可以借助遣使高昌吊唁的机会，及时掌握和了解高昌国的最新动态以及西域诸国的部分情况。在唐代的职官体系中，鸿胪寺和礼部的主客司主要负责外交事宜。周边地区的君长入朝，鸿胪寺的官员需要掌握君长的官位级别和嫡庶身份、进行贡品检验、收集和整理使者的奏事、询问使者本国山川和风土等信息。而出使归来的使节则需要向主客司上报见闻、里程、风俗和贡品等信息。如是而言，河州刺史朱惠表此次出使高昌，其使命不仅包括完成吊唁相关的丧礼活动，也承担着首次出使西域对高昌及沿线地区山川、风土和交通等相关信息搜集的政治任务。朱惠表出使归唐后，按照制度要求，需要将自己搜集到的信息汇报至礼部。

高昌延寿元年（624），麹文泰再次遣使来朝。这一年为唐高祖武德七年，在李靖、李勣、李孝恭等努力征战下，平定江南辅公祐势力；北突厥和吐谷浑这年频繁侵扰朔州、原州、陇州等唐朝西北地区，秦王李世民以智谋和英勇只身化解颉利可汗的举国入寇，并与突利可汗结拜为兄弟；唐朝派遣使者册立今朝鲜半岛

序　章　吐鲁番的政权

的高句丽王、百济王和新罗王。可见这一年唐朝的内外形势整体而言趋于良好，但李世民的战功已经引起唐高祖以及皇太子李建成的猜忌，甚至发生小规模的兵变，牵连到太子。唐高祖为此非常愤怒，对李世民说出将立他为皇太子。后来由于唐高祖妃嫔和第四子李元吉的求情，事情不了了之。

麴文泰此次朝贡带来新奇的贡品。此前麴伯雅、麴文泰父子朝贡隋炀帝和唐高祖，文献中没有记载携带的具体贡品的名称，但这次文献中有明确的记录：进献身高六寸、身长一尺有余的雌雄拂菻狗各一只，此狗脾性聪慧，能够牵引马匹奔走，还能嘴衔蜡烛。古今长度单位的换算有着略微的差异。虽然一尺皆为十寸，但现今一尺约为33.3厘米，而唐代的长度单位有着大尺和小尺的区别。小尺主要用于天文、音乐、冕服等领域，其余则无论官方还是私下都用大尺，一尺二寸为一大尺。依据出土的唐代实物和文献的考察，一般认为唐代小尺约为24.6厘米，大尺约为29.5厘米。如是，可以大致想象出此狗的大小。所谓的"拂菻"，是唐代人对当时欧洲拜占庭帝国的称呼，前文言及的裴矩《西域图记》中也曾提及拂菻国。拂菻国是当时西域诸国奇珍异宝的汇聚之地。贞观十七年（643）时其国王波多力曾经派遣使者携带红玻璃、绿金精进献唐朝，唐太宗下达诏书与其通好并且回赠珍贵的丝织品。

013

换句话说，麹文泰的这次进献类似于"借花献佛"，将拂菻品种的狗作为本国的贡品进献唐朝。即使如此，这毕竟是中国古代文献中首次关于拂菻狗的记载，拂菻狗自此由地中海沿岸沿着丝绸之路传入关中地区。

以上是高昌国与唐朝在唐高祖武德时期的四次交通往来，麹伯雅、麹文泰父子各有两次。武德九年（626）六月，"玄武门之变"爆发，秦王李世民在长孙无忌、房玄龄、杜如晦、尉迟敬德、侯君集等心腹文臣武将的谋划下，击败皇太子李建成、齐王李元吉势力。经过这一惊心动魄的宫廷政变，李世民被立为皇太子，两个月之后继位，次年改年号为贞观。"贞观之治"的号角也由此吹响。

麹文泰延寿四年（627），亦即唐太宗贞观元年，麹文泰派遣使者进献唐朝。这是麹文泰在唐太宗时期是第一次遣使入朝，贡品为玄狐裘。玄狐又称作银狐，属于唐代祥瑞征兆中的上瑞，皮毛异常珍贵，用其制作而成的衣服则更加宝贵。精心挑选的贡品，反映出麹文泰对保持与唐朝友好关系的重视。唐太宗则回赠麹文泰妻子宇文氏一套亮丽的花钿，即唐代女性脸上的一种花饰。宇文氏收到花钿后想必十分喜悦和喜爱，于是又进献玉盘。

此后的延寿六年（629），麹文泰一年内两次派遣使者进献唐朝。这一年为唐太宗贞观三年，北突厥由于受到自然灾害、部落

序　章　吐鲁番的政权

离叛、内政紊乱等因素的影响，呈现出衰相，当时朝臣也多认为反攻北突厥的时机已经到来。于是唐太宗派遣李靖、李勣、薛万彻等分道出击突厥。麴文泰该年两次进献的贡品种类文献中没有明确的记载，但唐太宗继位以来，高昌确实是当时西域诸国中与唐朝关系最为亲密的政权。

麴文泰与唐太宗的亲密关系，不仅推动两国之间关系的友好发展，也扩展了唐朝对西域诸国的认识和了解。当时西域诸国如果发生大事或有大的动静，高昌的使者也都会向唐朝汇报。因此不妨说，高昌成为唐朝在西域地区的信息情报搜集中心，是唐朝了解和掌握西域诸国动态的窗口。

麴文泰延寿七年（630），高昌和唐朝的关系得到进一步的升华。这一年为大唐贞观四年，唐太宗在李靖、李勣、苏定方、张宝相等将领的征战下，唐朝击败北突厥颉利可汗，消除了隋末唐初以来的北方边患。此战极大地提高了唐太宗在东亚的国际地位。唐朝周边的政权纷纷尊请唐太宗为"天可汗"，做他们的共同领袖。高昌东边的邻居伊吾，也因为北突厥的败亡而归附唐朝。唐太宗效仿隋炀帝在此地建置伊吾郡的先例，以其地建置为西伊州，不久改名伊州。内政方面，与房玄龄齐名的贞观贤相杜如晦病逝，唐太宗伤心欲绝，多次进行祭奠，其后也曾经于睡梦中浮现杜如晦生平的样子，早上醒来便告知房玄龄。贞观时期的

## 吐鲁番：明月天山交河城

君臣之遇，总是充满欣羡与感动。北突厥的败亡和伊吾的归附，很可能直接促使了麹文泰夫妇的首次亲自进献唐朝。

这年冬天麹文泰夫妇入朝的前后皆有不少插曲。麹文泰的这次进献唐朝，西域诸国在得知消息后也都希望本国的使者能够一同携带贡品进行朝献。于是唐太宗下令麹文泰的使者厌怛纥干负责接应西域诸国的使者，但这个安排遭遇到著名谏臣魏徵的反对。魏徵认为目前国家刚刚从隋朝末至唐朝初持续多年的战乱中走出来，战争带给社会和人民的创伤尚未恢复，国民经济也处于恢复阶段，此时国家若有劳役征发，则会引起民众不安的情绪。此前麹文泰入朝时，其途经的地方州县在车马粮草的供应上已经感到吃紧，如果再增加西域诸国的其他大量的使节，必将带来巨大的经济负担。假如任由西域诸国的商贾进行贸易往来，沿线的民众将会获得益处；但若将他们作为宾客招待，国家将会承受因此带来的弊病。

除此之外，魏徵为了说服唐太宗，还引用典故展开论证。如谈及东汉光武帝建武二十二年（46），当时天下已经结束战乱，正值安宁，但面对西域诸国遣使请求内属和建置西域都护府的请求，刘秀认为不应以西域事务劳烦和疲敝中央或内地。魏徵最后总结道：假如现今允许西域十国进献，那么使者的总数约有千人以上，如果这样延边州县将如何解决这笔经济支出？还是不要做出会后悔的决策。唐太宗听从了魏徵的谏言,派人追回了麹文泰的使者厌怛纥干。

魏徵从社会民生和外交礼仪两方面反对西域诸国的使者随高昌使者一同进献。按照唐朝的外交制度,中央和地方对于入境的使节有着周到的服务和严格的规定。中央层面,使者团返回本国的差旅费用由鸿胪寺和礼部主客司按照规定依据路程远近和交通方式进行发放。地方层面,即是魏徵所说的使者团入唐以后的差旅费用由地方财政承担。这或许是唐朝与周边地区交往频繁的原因之一,也是唐朝经济文化繁荣的原因之一。

贞观五年(631)正月,唐太宗在长安城郊西南的昆明池进行狩猎活动,除了唐朝官员,周边政权的君主和酋长都陪伴参加,麹文泰亦在其中。昆明池是唐代长安城的旅游胜地之一,唐朝统治者多次在这里举行活动,如唐高祖在这里设宴招待百官、唐代宗在这里踏青等,其渊源可追溯至西汉时期。汉武帝元狩年间,欲征讨西南地区的昆明国,故疏通和开凿昆明池用于练习水战。唐高祖时期,皇太子李建成还曾经计划于昆明池暗杀秦王李世民。在这次狩猎过程中,唐太宗与陪同的麹文泰有次亲密的谈话。

唐太宗对麹文泰说:"大丈夫人生在世,有三件乐事。天下安宁太平,居民丰衣足食,是一乐也;按照礼仪时节进行狩猎,草浅而猎物肥美，射击时弓箭不虚发，是二乐也；普天之下大同，万方共同欢庆，宴会时上下融洽，是三乐也。今日你随我一起狩猎，明日再一同参加宴会。"

　　这段话所谓的三件乐事，其实也是唐太宗的政治理想。人民安居乐业，是古往今来共同的生活愿望。针对第一件乐事，唐太宗即位以后，时常与身边朝臣讨论政治兴衰和历史经验，以便更好地治理国家，让民众生活得更加美好。比如当朝臣马周谈到想要百姓安乐，重点在刺史、县令的选拔。于是唐太宗下令此后刺史的选任自己亲自负责，县令则由五品以上的京官荐举一人。针对第二件乐事，唐代帝王大多喜欢狩猎活动，唐太宗更是少年时候就喜欢弓矢。曾经自认为对弓矢的物性十分熟稔，于是将收集到的良弓展示给制作弓箭的工匠。工匠却说这些弓并非精良，指出假如木心不正，则纹理多邪乱，虽然是刚劲的弓，却不能笔直地装箭。唐太宗不仅折服于工匠的评论，而且从中觉悟出治国之道，多次召见朝臣访问百姓利害和政教得失。针对第三件乐事，唐太宗希望周边政权归附唐朝，实现天下共安同乐，所谓"四夷宾服"。

　　次日，唐太宗宴请了麹文泰和群臣。麹文泰将要返国时，唐太宗对其进行了大量赏赐。此外，麹文泰的妻子宇文氏，请求位列李唐宗室。于是唐太宗下诏赐其姓李氏，并且册封为常乐公主。为了表示优崇或笼络，唐朝统治者对降官降将、功臣朝臣、边疆地区的少数民族酋长、交往政权的君主等存在赐姓、赐名或赐姓名的现象。如对隋末唐初的降将杜伏威、郭子和赐姓李氏；对突厥酋领阿史那思摩赐姓李、南诏王皮逻阁赐名归义；对政绩优良的路剑客赐名嗣恭、坚守西域的曹令忠赐姓名李元忠；对西域宁远国王阿悉烂达干赐姓名窦忠节、护蜜国王纥设伊俱鼻施赐姓名李崇信。从这些例子中可以发现，被皇帝赐姓名是种极高的荣誉，更何况麴文泰的妻子还被册封为公主。如此不仅加固了唐太宗与麴文泰夫妇之间的友好关系，也无形中提高了高昌国在西域诸国中的地位。

高昌延寿十年（633），麴文泰派遣使者进献唐朝，这是自上次亲自入朝之后的首次与唐朝交通往来。这一年为大唐贞观七年，唐太宗身边的一位左屯卫大将军周范去世。左屯卫为唐代禁卫军系统中"南衙十二卫"之一，正三品官阶，是最高的武职事官之一。周范为人忠诚笃实且严肃正直，唐太宗每次出游，时常令其与宰相房玄龄居守长安城，周范去世前与房玄龄相拥而别，说道："所恨不能再见到陛下圣颜。"这一年末，唐高祖、太宗与群臣设宴于故西汉未央宫。高祖命颉利可汗起舞，又令岭南酋长冯智戴咏诗，继而欢笑曰："胡越一家，自古未有也！"太宗上前祝酒，盛赞大唐国威，四夷入朝，得益于高祖的教诲，群臣皆呼万岁。由此可见，此时唐朝国力逐渐发展，在周边地区的影响力迅速提高。

然而这一年前后，西域地区却并不太平，高昌与唐朝的关系也在发生着微妙的变化。麴文泰继任高昌王以来，一开始与唐朝保持着友好交往，双方在贞观五年（631）时达到亲密度的最高值，但这种局面却并没有延续下来。贞观六年（632），高昌发动了对其西南邻国焉耆的战争，并进行了大肆的掠夺。战争的一大诱因与丝绸之路的道路开辟有关。原来这一年，焉耆王龙突骑支派遣使者携带贡品进献唐朝，请求开辟大碛路以便东西方的商旅往来。所谓的大碛路，大约两汉时期已经开辟，是一条由焉耆出发，不需经过高昌而可直接通往敦煌的道路。由于隋朝末年中原地区的战乱，大碛路也逐渐封闭不通。从距离远近和自然环境来讲，大碛路虽然在距离上较其他丝绸之路北道的路线较短，但需要穿越大范围的沙漠区域，条件最为艰苦。故而大碛路的开辟，需要唐朝的大力支持。但问题是，这样一条艰险的道路，焉耆王为何要求再次开通？

其原因和麴文泰的政治路线有着密切联系。大碛路封闭以来，西域诸国的使者和商人大多选择途经高昌的入唐路线，而麴文泰执政后期开始阻塞交通，限制了西域诸国与唐朝的政治和经济往来。如果重新开辟大碛路，势必会影响途经高昌的商人数量。念及此处，麹文泰愤怒地发动了袭击焉耆的战争。对于西域诸国而言，唐朝不仅是击败北突厥的东方强国，是争相结交的大国，更是拥有着巨大商业潜力的国度，和唐朝交往，有利于提高本国在丝绸之路沿线政权中的地位和影响力。因而，贞观六年（632）焉耆国进献唐朝，表面言是希望开辟新的交通路线，实际上是期望唐朝能够主持公道，如果能够"教训"一下高昌国则再好不过了。麹文泰擅自阻断交通的后果，一方面是成为西域诸国的公敌，另一方面也容易引起唐朝的不满。那么，是什么原因导致麹文泰在政治路线的选择上，甘愿破坏与唐朝十余年的友好关系？

麹文泰即位以后，王权思想逐渐膨胀，最终在权力的深渊中迷失自我。结合现有的文献资料，可以发现麹文泰进行了若干加强王权的政治改革。比如要求官员的上奏公文中称"臣"，公文中出现"奏闻奉信"的用语，增加中央机构的官号，"王妃""太妃"称号的使用，都城建制的变化等。所有这些政治改革的举措，都与提高王权地位有关，并且也是对唐朝中央政治制度的模仿，是为"延寿改制"。

除此之外，麹文泰手上还有另外一张"王牌"——突厥势力的支持。由于文献记载的匮乏，目前难以准确判断此时与高昌交好的是哪支突厥势力。整体来看，西突厥在贞观二年（628）统

## 吐鲁番：明月天山交河城

叶护可汗去世后，接连内战，在西域的势力急速衰退，再加上缺少强有力的酋领，似乎难以被麴文泰选做后盾力量。北突厥在贞观四年（630）被唐太宗君臣击败后，处罗可汗之子阿史那社尔率领的残余势力一度在西域发展壮大。阿史那社尔精彩卓越的一生，本书后文将展开专门叙述。其大本营设在可汗浮图城，即现今新疆昌吉回族自治州吉木萨尔县及其周边地区，此地与高昌仅有天山相隔，故而最有可能成为麴文泰倚赖的势力。

王权的膨胀和强有力的外援，并没有让麴文泰立即中断与唐朝的联系。高昌延寿十一年（634）十二月，麴文泰派遣使者进献唐朝。这一年为唐太宗贞观八年，长安城内一项重大建筑工程——大明宫开始营建。同年，吐蕃政权的最高统治者松赞干布派遣使者进献唐朝，并请求赐婚。这是正史记载中唐朝与吐蕃首次使者往来。此时，松赞干布已经在青藏高原上完成区域性统一，拥有较强的军事实力，在周边亦有相当的影响力。唐太宗也派遣使者冯德遐前往吐蕃了解情况。这一年，吐谷浑扣押唐朝鸿胪寺丞赵德楷，类似于现今非法拘留外交部官员。唐太宗多次对吐谷浑发出警告，但毫无结果。再加上近些年吐谷浑频繁寇掠河西走廊地区，唐太宗终于决定使用武力，由著名将领李靖、侯君集、李大亮等率军征战。

麴文泰这一年的遣使行为，虽然具体活动文献中没有明确记

## 序　章　吐鲁番的政权

载，但起到一种"障眼法"效果。唐朝对高昌在西域地区阻塞交通的行为当然有所察觉，或许是没有足够的重视，也或许是未想好应对之策，更或许是欲继续观望。总之，唐太宗可能还没有想过与麹文泰成为敌人。

但麹文泰在西域地区的所作所为，却愈加疯狂了。麹文泰不仅连续多年没有与唐朝进行使者往来，更是在延寿十五年（638）左右，联合西突厥势力袭击了高昌东边的邻居伊州。这里需要补充一点的是，前文提及突厥阿史那社尔是麹文泰的强有力外援，但阿史那社尔于唐太宗贞观九年（635）归附唐朝，此后麹文泰又与西突厥势力结盟。西突厥派遣部落酋领叶护出兵协助。伊州即是隋炀帝西巡时期建置的伊吾郡，隋末唐初之际，由于中原地区的战乱，此处被西域诸胡占据。前文亦提及北突厥败亡后伊吾归附唐朝，唐太宗在此地建置伊州。可见此时，麹文泰已经完全不顾及唐朝的颜面，甚至对唐朝边疆地区动用武力。那么，曾经血战沙场、战功卓越、英明神武的唐太宗，又是如何应对麹文泰的突然侵袭呢？

面对这场突如其来的西域边疆受袭，唐太宗似乎还是抱有情感上的幻想。联想到高昌与唐朝开国以来的友好关系，唐太宗并没有选将派兵，而是下发诏书对其进行严厉的谴责，指责其反复无常。同时，命令麹文泰派遣大臣阿史那矩入朝商议事情。可是

吐鲁番：明月天山交河城

麹文泰并没有接受唐太宗的指令，而是派遣长史麹雍入朝谢罪。

此时麹文泰的思想观念大概颇为复杂，既有王权膨胀的政治野心，又有西突厥作为外援的狐假虎威，但对唐朝依然还心存几分畏惧，尚不敢完全忽视其指示，因而有遣使入唐谢罪的举措。事实上，任何时候高昌与唐朝关系的历史走向，都取决于各自统治者本身。

袭击伊州的风波平息不久，西域地区风云再起。继高昌延寿九年（632）袭击和大掠焉耆之后，麹文泰于延寿十五年（638）将侵袭的目光再次锁定焉耆。这次对焉耆的侵袭，同样是联合西突厥势力，由乙毗咄陆可汗亲自领兵出战。在高昌与西突厥的联合攻势下，焉耆损失惨重，五座城池被攻陷，一千五百多民众被掳掠，大批房屋也被焚毁。就军事实力而言，高昌国的常备军约有万人，而焉耆国仅有约二千人，原本就实力悬殊，更何况又有西突厥的铁骑作为外援。焉耆王原本与唐太宗支持的泥孰系可汗关系交好，但泥孰系不久前深陷于西突厥内争的旋涡，故而此时焉耆王的处境颇为糟糕。看着战乱之后满目疮痍的景象，焉耆王危急和伤心之余，再次派遣使者前往唐朝，请求"天可汗"唐太宗为自己做主。

焉耆国的使者强忍着战争的悲痛以及怀着满满的期待，不远千里来到长安，递交了国王的诉求奏表。这一年为唐贞观十二年

（638），唐太宗结束洛阳之行返回长安，朝臣虞世南去世。虞世南是唐初著名的大才子，任职期间对朝政也提出许多建设性的意见，深得唐太宗的礼遇和赞许。唐太宗曾经评价其身怀"五绝"：德行、忠直、博学、文辞、书翰。同年，唐朝与吐蕃在松州交战，地点大致在现今四川阿坝藏族羌族自治州松潘县附近，唐朝获胜，吐蕃遣使谢罪，同时再次请求唐朝赐婚。读罢焉耆使者的奏表，唐太宗一方面是气愤麴文泰的出格举动，另一方面也觉得"兹事体大"，不能偏信焉耆王的一面之词。于是，唐太宗决定先派遣使者李道裕前往西域进行调查，等调查结果出来，再做部署。

使者李道裕是何许人也？唐武德四年（621），唐高祖派遣宗室成员李孝恭、李瑗连同李靖等征讨南方的萧铣政权。平定以后，萧铣辖内的交趾郡太守丘和主动归附唐朝。交趾郡约即现今的越南首都河内。唐高祖对丘和的行为颇为满意，于是决定继续让其主政交趾，同时派遣官员对其进行封官加爵。承担这项任务的，正是李道裕。李道裕在史籍中的首次出场，便承担了出使绝域宣传诏令的使命，这也为其以后出使西域积累了宝贵经验。此后，几乎没有李道裕的相关记载，直到贞观末年再次出现。贞观十九年（645），时值唐太宗第一次征讨高句丽，负责军粮转运的韦挺因运输时间问题获罪。唐太宗大怒，以将作少监李道裕代替韦挺。众所周知，行军作战中，军粮转运尤为关键，是战争胜败的关键因素之一。此次李道裕临危受命，亦显示出唐太宗对其的重视。贞观二十年（646），宰相张亮被告发私养义儿五百人。唐太宗遣法官按察，认为张亮想要谋反，朝臣也多认为应该诛杀张亮。谋反指谋划危害江山社稷，位列唐代"十恶不赦"罪状之首，也是统治者最为忌讳的事情。朝臣本已多数附和唐太宗的意见，判定张亮涉嫌谋反，但此时将作少监李道裕却提出反对意见，认为谋反的证据尚不确凿，实为无罪。但盛怒之下的唐太宗，最后还是对张亮进行了斩杀和抄家。不久，朝廷刑部侍郎的位置空缺，唐太宗命令宰相大臣举荐可胜任者，但连续推荐的多位皆不满意。唐太宗回想起李道裕在"张亮谋反案"中的表现，授予其刑部侍郎的职位。此后，李道裕卒于唐高宗永徽年间，时任职大理卿，依然是与刑法相关的职务。

以上大致勾勒出李道裕的主要事迹，一位能力突出、坚持原则、胜任出使绝域的长者形象映入眼帘。遗憾的是，史籍中并没有交代太多李道裕的出使和调查过程。依照一般的出使流程，李道裕必然带来高昌、焉耆、西突厥乃至西域地区的最新政治和军事动态，为唐太宗制定西域政策提供重要参考。

唐贞观十三年、高昌延寿十六年（639），麴文泰最后一次派遣使者进献唐朝。这是高昌袭击焉耆之后的第二年，很可能是受

序　章　吐鲁番的政权

到李道裕出使西域的影响。是年，唐太宗身边另一位善于劝谏的大臣王珪逝世。魏徵和王珪原本皆是皇太子李建成的僚属，"玄武门之变"以后，又皆被唐太宗所礼遇，两人为"贞观之治"都贡献出了全部的智慧和力量。同年，唐太宗避暑九成宫期间，发生了一件惊天动地的"大案"。九成宫所在的位置，即现今陕西宝鸡市麟游县境内，修建于隋文帝开皇十三年（593），由当时著名建筑大师宇文恺主持修建，两年后竣工，初名为仁寿宫。贞观五年（631），唐太宗下令重新修缮，改名为九成宫，是唐太宗、唐高宗常去的避暑胜地。这次所谓的"大案"，是指北突厥归降的蕃将阿史那结社率纠集故旧部落成员在九成宫发动的袭击皇帝事件。阿史那结社率是唐太宗即位前北突厥的"拜把子兄弟"突利可汗的弟弟，当时位居正四品下等级的武官，因与兄长突利可汗的关系并不和睦，没有受到唐太宗的重用，仕途不顺，成为这场叛乱的导火索。事件很快被平息，也随之影响到唐太宗及其朝臣对待北突厥降部的处置政策。此外，唐高宗在九成宫避暑期间，也曾经因为突发的山洪而险些遭遇不测，幸赖当时的右领军郎将薛仁贵及时上报险情，才提前撤离。

此次唐太宗在召见高昌使者的时候，对其进行了明确且严厉的训示。训示主要包括四方面的内容。其一，唐太宗批评麹文泰近些年中断向唐朝进献贡品的行为，指出这是失礼的表现。同

027

时，认为高昌作为唐朝的藩属国，却在国内模仿唐朝的中央职官体系，这是等级上的僭越。因而唐太宗发怒道："麴文泰称臣于唐朝，却做出这等悖逆的行径，岂有此理！"

其二，唐太宗说如今正值岁首，是万国来朝的佳期，周边地区的君长和酋领皆不辞长途的辛劳齐聚长安，参加恭贺新年的朝会，而麴文泰却没有亲自入唐，这是何等的不恭敬。甚至修筑城墙、加深壕沟，做出抵御战争的准备，麴文泰又是打着什么算盘？

其三，唐太宗叙述了最近出使高昌使者带来的麴文泰回话。此使者很可能就是前文受命出使西域调查高昌、焉耆交战始末的李道裕。麴文泰说道："苍鹰任意飞翔于天空之上，野鸡任意游窜于蒿草中，猫任意游玩在厅堂里，鼠任意安乐于洞穴内，都各得其所，岂不是很快活！"

其四，唐太宗谴责麴文泰的不当外交活动。包括：拘留拦截想要进献唐朝的西域他国使者、派遣使者前往薛延陀规劝其自立从而摆脱称臣于唐朝。最后，唐太宗对高昌使者发出警告：麴文泰不仅失礼于唐朝，而且离间与唐朝友好的邻居政权，如果做出这等恶行还不诛杀，还如何惩恶扬善？明年，我将发兵征讨你们。

结合前文高昌与唐朝的交往频率以及麴文泰在西域地区的所

作所为，可以看出自"延寿改制"以来，麹文泰逐渐膨胀的王权思想，一步步迈向罪恶的深渊。对焉耆和伊吾的袭击，是对左邻右舍的掠夺；对过往使者的拘留，是对其他西域诸国的蛮横；对唐朝的失礼，更是用自己的霸权思想挑战唐太宗的耐心和维护边疆安定的决心。

唐太宗此时对高昌的态度，有不满和愤怒，却还心存期待，希望麹文泰能够迷途知返。参加新年朝贺的薛延陀政权，听闻到唐太宗有征讨高昌的计划，其可汗夷男提出愿意做唐军西域行军的向导。向导对于古代行军作战十分重要。世界公认的现存最早的军事理论著作《孙子兵法》就有对向导的专门论述，认为"不用向导者，不能得地利"。深入到敌方境内时，担忧山川狭隘、土地泥泞、泉井不便，假如有向导，这些问题将迎刃而解。唐朝若是出兵高昌，需要千军万马穿越莫贺延碛，即现今甘肃敦煌市至新疆哈密市之间广袤的沙漠区域，其难度可想而知。故而薛延陀的提议，唐太宗欣然接受。同时，唐太宗派遣朝臣唐俭前往薛延陀展开进一步的协同作战。唐俭是唐朝太原起兵的元老功臣之一，曾经任职礼部和户部尚书。即使如此，唐太宗依然期望麹文泰可以悬崖勒马。于是再次向麹文泰下达玺书，劝诫其权衡利弊、明辨祸福，并且要求其亲自入朝谢罪。

但是，此时的麹文泰已经不再是武德和贞观初期英姿飒爽、团结友好的国主，而是被王权思想腐蚀的"西域小霸王"。唐太宗最后抛出的橄榄枝遭到无情的拒绝，春秋鼎盛的唐太宗终于决定放弃和平处置争端的幻想，箭已在弦，不得不发。

高昌与唐朝的战争号角已然吹响，两国关系的历史走向，各自的统治者也都做出了抉择。那么剩下的，就交给战场吧。

## 二、唐代西州的建立

唐太宗贞观十四年（640），是唐朝边疆经略活动取得较多成就的一年。这一年北疆的薛延陀和西南边疆的吐蕃政权先后派遣使者请求与唐朝和亲，后者即是家喻户晓的文成公主入藏的故事。当然，本年最具影响力的事件是发生在西域的高昌之役，它标志着麴氏高昌国的终结，同时也透露着唐太宗明显的西域经略信号。

上一年十二月，唐太宗下诏征讨高昌国，唐初以来两国的友好关系至此彻底破裂。这场战争无论结果如何，必将对西域乃至东亚的政治格局产生重要影响。

唐太宗已经下定决心出征，但此时大部分朝臣却表现出一些担忧，试图阻止这场战争。反对出征的朝臣提出了两个理由：其一，征讨高昌需要途经沙碛，这对于大规模的长途行军颇为艰

## 序　章　吐鲁番的政权

难，恐难以取胜。其二，高昌地处偏远的西域，战争即使获胜，能否就此占有和守住这片区域尚不可知。

朝臣的谏言不无道理。自汉武帝开通西域以来，中原王朝或地方政权发动的西域远征极其少见。其中，著名的有汉武帝时期派遣李广利两次征伐大宛，前秦苻坚时期派遣吕光征讨焉耆和龟兹，北魏太武帝时期派遣万度归征讨鄯善、焉耆和龟兹。以上西域远征虽然最后都取得胜利，但也都付出相当的代价。李广利征伐大宛，汉武帝在全国范围内征调兵力和物资，致使"天下骚动"。苻坚随着与东晋淝水之战的兵败，政权迅速瓦解，无暇顾及西域。由于游牧势力柔然和高车在西域的发展，太武帝拓跋焘及其以后的北魏统治者也未能很好地守护住焉耆、鄯善等地区。隋炀帝时期派遣薛世雄征讨伊吾，孤军穿越沙碛，胜利后建置伊吾郡，同时留下千余士兵戍守。隋末战乱，伊吾脱离隋朝的管辖。距离唐太宗征讨高昌最近一次的西域行军是贞观八年（634）征讨吐谷浑时，唐将薛万均率兵追击吐谷浑国主伏允可汗，深入沙碛，将士缺水，不得已刺马饮血。值得一提的是，唐将薛万均为隋将薛世雄之子，父子皆有穿碛作战的经历，后文还会提及。由此可见，西域远征面临着战前穿越沙碛和战后坚守经营的两大难题。更何况战争能否取胜，也是未知数。

然而群臣的谏言和忧虑，唐太宗没有采纳。一向以"善于纳

031

谏"著称的唐太宗，此次为何没有接受劝谏，而要力排众议坚持出兵高昌呢？

回答这个问题，不妨从唐太宗下发的《讨高昌王麴文泰诏》中寻找答案。《论语·季氏篇》有云"天下有道，则礼乐征伐自天子出"，唐太宗在征讨诏书中详细地列举出为何要征讨高昌。征讨诏书主要包括十个方面的内容。其一，阐明古代帝王征伐的正当理由。古代帝王为了维护道义和法律，为了惩恶扬善，都会选择进行征伐，正如上古时期舜帝平定三苗的叛乱，又如商朝帝王平定鬼方部落。朕如今顺应天命为皇帝，弘扬大道于四海之内，推诚布公于天下之民，依赖祖先的佑护和股肱之臣的协助，使得民众安居乐业。同时，周边地区的酋领和君长也纷纷臣服和朝贡。

其二，论及高昌王麴文泰的第一个罪状：不守藩礼。作为唐朝的藩属国，麴文泰行为悖逆，企图进行不轨之事，对待上国没有忠诚的臣节，对待下属也残暴无情。以往进献的时候，对其恩礼有加，却难以满足他的贪心，也毫无感恩报效之心。反而心怀凶恶，无视对唐朝的礼节。

回顾麴文泰与唐高祖、唐太宗的交往，前期时候双方礼尚往来、互动频繁。尤其在唐太宗时期，不仅对麴文泰赏赐丰厚，还赐其妻宗姓李氏，册封为常乐公主，给予至高的地位和荣誉。因

序　章　吐鲁番的政权

而面对后期麴文泰的阙礼和悖逆，唐太宗无法忍受。

其三，论及麴文泰的第二个罪状：扣留奴役中原地区的难民。隋炀帝执政后期，民众起义风起云涌，百姓陷于水深火热之中，大量民众为躲避中原地区的战乱而离开故土迁徙到周边地区。等到唐朝逐个消灭割据势力，天下重新归为一统，此前迁徙和避难的民众也希望再回故土，开启新的生活。但麴文泰却像对待囚犯一样控制着逃难的中原民众，强迫他们服沉重的徭役，致使这些身处异乡的民众遭受苦难。

唐太宗十分重视以民为本，一方面得益于贤良的朝臣辅佐，另一方面也与亲历隋炀帝失去天下的直接经验有关。唐太宗曾经对身边的大臣谈道："往年攻破京城长安，宫中的美女、珍玩不可胜数，而隋炀帝仍然感到不满足，肆意征发和索取。再加上其西征吐谷浑、东讨高句丽，穷兵黩武，使百姓苦不堪言，最终导致政权覆灭、江山易主。我正是亲身经历这些，所以夙兴夜寐，注重清静，减少徭役，使得五谷丰登，百姓安居乐业。治理国家好比栽种树木，本根稳固不摇，才能枝繁叶茂。皇帝能够做到清静，百姓如何会感到不安乐呢？"因而想到中原百姓在高昌遭受苦难，唐太宗必然心痛难耐。

其四，论及麴文泰的第三个罪状：阻塞西域诸国的使者和商旅。伊州以西至波斯以东范围内的西域诸国，原本向唐朝频繁进献贡品,并且东西方丝绸之路上的商旅亦是往来不绝。但麴文泰却阻塞交通,擅自对过往的使者和商旅进行扣押。

唐太宗即位以后逐渐关心东西方的商贸往来事宜。贞观六年(632)左右,西域安国的使者进献唐朝,唐太宗对使者宽慰道:"西突厥已经归附唐朝,商旅可以正常通行了。"当时在场的其他西域诸国使者听闻这一消息,皆十分喜悦。可见,保持丝绸之路的畅通是沿线国家的共同心愿。麴文泰阻塞交通和扣押朝贡使者的行为,无论是从经济,还是外交方面,都是唐太宗无法容忍的。

其五,论及麴文泰的第四个罪状:介入并加剧西突厥的混乱局势。西突厥内乱以后,部落之间战争不息。唐太宗为此感到忧虑和怜悯,于是先后册封咥利失可汗兄弟继任西突厥可汗,以期能够安抚部落,恢复生机。但麴文泰却违反唐朝对西突厥的安抚政策和初衷,表现出厌恶安宁、幸灾乐祸的意图,对西突厥的酋长使用间谍,加剧了西突厥的混乱形势,致使部落民众生灵涂炭。

这里有必要补充隋末唐初西突厥汗国的发展状况。统叶护可汗势力一度强盛,控制着西域诸国。其去世以后,西突厥内乱,酋领之间互相征讨和杀戮,于唐贞观十二年(638)形成两大派系阵营。其中一个阵营是泥孰可汗派系,与唐朝保持着良好关系,泥孰可汗更是唐太宗的结拜兄弟咥利失可汗的兄长。另一个阵营是咄陆可汗系,即麴文泰第二次袭击焉耆时的西突厥势力。换句话说,唐太宗和麴文泰分别介入到西突厥的乱局之中,并且支持的是西突厥内部敌对的两个阵营。因而在唐太宗看来,麴文泰处在唐朝西突厥政策的对立面。

其六,论及麴文泰的第五个罪状:侵袭和劫掠邻国焉耆。焉耆和高昌同为天山南麓的绿洲政权,是丝绸之路上的重要城市。两国本应和睦相处,但麴文泰嫉妒焉耆对唐朝的归附和忠心,对焉耆进行烧杀抢掠,致使焉耆面临存亡的忧虑,焉耆民众遭受劫掠的创伤。

这个罪状针对的就是前文高昌先后于唐贞观六年和十二年两次袭击焉耆的恶性事件。第二次的袭击,严重损害了麴文泰在唐太宗心中的印象,破坏了两国的友好关系。面对焉耆的救援请求,唐太宗认为这不仅关乎西域地区的安宁与否,更关乎唐朝在西域乃至东亚的国际地位。

其七,论及麴文泰的第六个罪状:内政紊乱导致民不聊生。内政紊乱表现在:赏罚没有章程致使官民嗟怨;长期营建宫室致使劳役超出民众的承受能力;修造的舆服和车辇豪华奢侈;法令条文苛刻严厉;赋税繁重;缺乏自由,举手投足都容易触犯法规;畜牧饲养果园等行业皆有征税;民力接近枯竭、经济收入接近耗尽。民众怨声载道,难以承受如此苛政,老人和孩子都渴望得到圣王的恩泽。

古往今来,中外不乏因大兴土木和奢侈无度而给民众带来沉重灾难的统治者。唐太宗鉴于隋朝的灭亡与隋炀帝个人的滥用民力与肆意挥霍密切相关,因而多有克制,并且接受朝臣的监督和劝谏。如贞观初期,唐太宗对侍臣讲道:"崇尚修饰宫殿楼宇,游玩观赏池塘亭台,是帝王所想要的,但也是百姓所厌恶的。帝王喜好安逸放纵,百姓却不喜劳役和疲弊。子贡问曰:'有一言而可以终身行之者?'子曰:'其恕乎!己所不欲,勿施于人。'劳役和疲弊的事情,诚然不能施加给百姓。朕尊为帝王,富有四海,每件事情由自己决定,能够做到自我节制。若是百姓不想做的,必然能够顺应民情。"魏徵听闻后,对唐太宗怜悯百姓、节己顺人的情怀深表认同。唐太宗并非仅仅停留在认识层面,也确实践行着节用民力的思想。如贞观二年(628)朝臣建议:依照《礼记》,仲夏时节可以修建台榭,当前秋雨正要开始,宫中有湿气,请营建宫室以便皇帝居住。唐太宗言道:"朕有气病,不适应宫中的湿气,但若是允许你们的奏请,觉得浪费民力。昔日汉文帝想要建筑露台,而怜惜会消耗十家百姓的资产,朕的品德不及于汉文帝,而消耗的费用却远远超过,这哪里是作为百姓父母应该做的呀?"朝臣再三请求,唐太宗始终没有答应。由此可

## 序　章　吐鲁番的政权

知，唐太宗对于兴建宫室、轻徭薄赋有着清醒的认识和自律，因而麴文泰的种种乱政举措，从重视民生层面而言，唐太宗是无法接受的。

其八，阐明征讨麴文泰的原因。唐太宗继承天命，是百姓的衣食父母，禁止暴政，没有疆域内外的差别，原本对麴文泰念及故交，所以频繁遣使告知其旨意，勉励其善待百姓，示意其改过自新，期望其有所感悟，避免兴师动众。但麴文泰怙恶不悛，罪大恶极，上天灭亡其的时机也已来临，何况文武百官、周边君长接连请求征讨。宜顺应周边君长的心愿，伸张征伐的典制，征讨多重罪恶的元凶，拯救无辜的百姓。

在阐明古代帝王征伐的原因和列举麴文泰的六大罪状之后，唐太宗集中阐述了本次征讨高昌的原因。前文谈到唐太宗击败北突厥颉利可汗后成为东亚的强国，并且接受了西北地区诸君长所请求的"天可汗"尊称。从此，唐太宗一方面是唐朝的天子，另一方面也是唐朝周边地区诸君长的君长，肩负着维护东亚和平发展的责任。因而唐太宗征讨高昌，不仅仅是因为麴文泰侵犯到唐朝的西部边疆，也是因为干扰到西域诸国的切实利益，触犯到"天可汗"的尊严。征讨高昌，不仅仅是唐朝与高昌之间的私怨，更是关乎西域诸国，包括高昌百姓在内的共同意愿。

其九，做出行军作战的部署。以吏部尚书侯君集为交河道行

吐鲁番：明月天山交河城

军大总管、右屯卫将军薛万均为副总管、左屯卫将军萨孤吴仁为副总管、武卫将军牛进达为行军总管等各率军出征，齐聚于高昌，良将锐卒各显神勇。

行军大总管、副总管的相关部署，属于唐前期重要的军事制度。"行军"是相较于"驻军"而言的，指临时出征，一般在战争爆发前或已经爆发的情况下组织作战部队，继而出征，通常会以地名作为行军的编号。同时，行军类似于"野战军"的组织形式，不同于守卫京城长安的禁军和守护地方的镇戍兵，后者属于"常备军"。参与行军的兵源构成方面，主要有府兵制度下的府兵、临时征集招募的兵员、少数民族的蕃兵等。行军的统率和将领方面，较大规模的行军，设置行军大总管统率全军，全面负责统摄、协调参战的诸军。行军大总管之下又设置若干平行的行军总管，作为各军的统帅。如贞观八年（634），唐太宗命诸军征讨吐谷浑，当时李靖为西海道行军大总管、李道宗为鄯善道行军总管、李大亮为且末道行军总管、李道彦为赤水道行军总管等。可知李靖为最高行军统帅，李道宗、李大亮、李道彦等为诸军统帅，而西海、鄯善、且末和赤水皆是地名。此次，征讨高昌，亦属于唐初大规模的行军，由侯君集担任行军大总管，行军的编号"交河道"，正是指高昌的交河城。

其十，声明招降政策。唐太宗怜悯于战争必然伴随着伤亡，

序　章　吐鲁番的政权

念及上天有好生之德，声明若是麴文泰束手就擒、俯首请罪，则保全其性命。其余高昌的臣民若是弃恶从善，归降唐军，则进行抚慰，不加追责。若是麴文泰与臣民同恶相济，敢于抵抗唐军，则尽显唐军的威力，代表上天进行惩罚。

以上对《讨高昌王麴文泰诏》的分析，可以看出唐太宗出兵的理由，无论是理智还是情感方面，内政还是外交方面，已经非常的充分。那么，此次西域行军，唐太宗能否像此前击败北突厥和吐谷浑一样，取得最后的胜利呢？

这里不妨从分析参与行军的将帅入手，体会唐太宗如何点将，有着怎样的战略布局和考虑。首先，是行军大总管暨行军最高统帅的人选——侯君集。隋末唐初，在反隋和唐朝统一全国的过程中，名将辈出，共同谱写了历史上的"隋唐英雄传"，其中的一些传奇人物经过历代的传说与演绎，现今社会依然流传着他们神勇的故事。如人们过年时期张贴的年画图案——尉迟恭和秦叔宝，就是在隋末唐初的动荡岁月中久经沙场或一战成名的。

侯君集为豳州三水县（现今陕西省咸阳市旬邑县）人氏，青壮年时以武勇闻名。唐太宗为秦王时将其召入幕府，多次追随李世民南征北战，逐渐获得恩宠和礼遇，并且参与谋议。唐高祖武德九年（626），"玄武门之变"爆发，侯君集是李世民"智囊团"的核心人物之一，出力尤多，可谓深得信任。论功行赏时，其与

039

房玄龄、长孙无忌、杜如晦、尉迟敬德五人为第一。唐太宗继位以后，官拜左卫将军，爵位晋升为潞国公。前者官阶为从三品，是唐朝等级第二高的武职事官，位列"南衙十二卫"之首，主管长安城的宫廷警卫，后者官阶为从一品，在唐朝爵位中仅次于王。不久之后，再次升迁为右卫大将军，成为最高的武职事官。贞观四年（630），其官至兵部尚书，属于文职事官，官阶为正三品。同时，也步入唐太宗朝的核心行列。贞观九年（635），唐太宗征讨吐谷浑，以李靖为西海道行军大总管，侯君集时任积石道行军总管。在这场战役中，当唐军击败吐谷浑主力，伏允可汗率领轻兵逃入沙碛。唐军诸将领在下一步作战计划方面出现分歧，大部分将领认为不必继续深入沙碛展开追击，而侯君集提出："吐谷浑现已兵败，部众分散，军事设施被摧毁，君臣之间已出现离心，应该乘胜追击，否则追悔莫及。"李靖采纳了侯君集提出的率领轻兵长驱直入、速战速决的作战策略，兵分两路，最终取得胜利，平定吐谷浑。侯君集、李道宗的南路进攻，在多次遭遇战中连战连捷。

可以说，吐谷浑之战充分展现出侯君集的军事才能，使其跻身于贞观朝名将之列。贞观十二年（638），其任职吏部尚书，同样属于正三品的文职事官，但相较于兵部尚书，吏部尚书为六部尚书之首。从侯君集的任官经历可以看出，其由武官起家，十数年之间升至为武官的最高官阶，之后任职文官，数年间又官至文官的最高阶，仕途相当顺利，深受唐太宗所倚重。也正是转任文官以后，侯君集开始系统学习文化知识，获得官僚同事的赞誉。

不久之后，侯君集再次成为耀眼的明星。贞观十二年（638），唐朝与吐蕃的战争爆发，即前文提及的松州之战。唐太宗任命侯君集为当弥道行军大总管、执失思力为白兰道行军总管、牛进达为阔水道行军总管等率军出征，最终取得胜利。需要注意的是，这是侯君集首次担任最高行军统帅，战争的胜利极大地提高了其在朝廷中的地位和国家中的声望。而此时距离征讨高昌的时间仅有15个月左右。侯君集在吐谷浑之战和吐蕃之战的两次卓越表现，显然使其成为日后征讨高昌最高行军统帅的有力人选之一。

唐太宗征讨高昌行军部署中提及的第二位将领为薛万均。前文提及薛万均为隋朝名将薛世雄之子。薛世雄在隋炀帝时期先后参与征讨吐谷浑、高句丽、窦建德等，其子万述、万淑、万均、万彻，皆有骁勇之名。隋末唐初，薛万均、薛万彻兄弟以善武为幽州总管罗艺所器重和亲善。罗艺于隋末唐初凭借涿郡（现今北京附近）的丰厚物资和体恤战士等举措，获得相邻郡县的拥护，自立为幽州总管，武德二年（619）率众归附唐朝，被赐姓为李氏。明年，河北割据势力窦建德率众袭击幽州。薛万均出谋划策道:"如今敌众我寡,应以计谋取胜。"于是以羸弱之兵在河畔诱敌,而薛万均以精悍之兵设伏,等到窦建德的军队渡河至一半时发动攻击,最终击败窦建德。武德三年(620),窦建德卷土重来,率军二十万攻城。薛万均、薛万彻兄弟率领约百名死士从地道出城,进而袭击敌军背部,斩首一千余级。同时,罗艺率兵袭击窦建德的营地也取得成功,再次粉碎窦建德的进攻。

在两次击退窦建德的过程中,薛万均的表现可谓智勇双全,这也成功地引起了爱才如命的秦王李世民的注意。窦建德兵败以后,其残余势力刘黑闼逐渐占据河北。李世民征讨刘黑闼时,委薛万均以重任。贞观二年(628),唐太宗诏令右卫大将军柴绍征讨陕北割据势力梁师都,以薛万均为副将。薛万均当时官任殿中少监,官阶为从四品上,主管皇帝衣食住行。北突厥突然率众赶来支援梁师都,唐军战败。但在薛万均的指挥下,唐军击败北突厥的援兵,开始围剿梁师都。但此时唐军将领认为对方城墙坚固,恐不能攻下。而薛万均却说:"城中毫无生气,鼓声也不能成章,这是破亡的征兆。"不久,梁师都被其从父弟斩杀。薛万均因功官拜从三品的左屯卫将军。贞观八年(634)征讨吐谷浑,薛万均再次出征,担任沃沮道行军副总管,率众退敌,勇冠三军,继而跟随李靖、李大亮在北路追击吐谷浑,深入沙碛。此次征讨吐谷浑,薛万均虽然勇猛,但也险遭不测。在赤水川的一次战斗中，薛万均率先出击，不料被敌军围攻，被击落马下，随之徒步而战，属下士兵也多有伤亡，幸赖将领契苾何力的救援得以生还。

总的来讲，薛万均是名将之子，身怀武艺，骁勇善战，在武德年间数次击败窦建德，贞观年间参与征战梁师都、击败北突厥，在征讨吐谷浑的过程中也有突出表现，尤其是渡碛作战的经验，这些都为其日后成为征讨高昌将领候选人的重要依据。

唐太宗征讨高昌行军部署中提及的第三位将领为萨孤吴仁。萨孤吴仁是唐朝前期著名少数民族将领，虽然记述唐朝历史的基本典籍《旧唐书》和《新唐书》没有为其像侯君集、薛万均那样设传，但近年其墓志铭由陕西西安市公安局在打击违法倒卖文物行动中缴获，为详细认识萨孤吴仁波澜壮阔的一生提供了素材。

萨孤吴仁为洛阳人氏，也是武将世家，熟悉兵法，武艺高强，闻名于长安与洛阳两京之间。隋朝末年归顺于唐高祖李渊的起义军，在攻占长安城的战役中，获得一等功勋，成为开国功臣。此后萨孤吴仁在唐高祖第四子齐王李元吉幕下任职将军，武德五年（622）前后追随齐王参与征讨隋末群雄窦建德、王世充、刘黑闼等，获得官阶最高的正二品勋官上柱国和正四品开国伯的爵位。此时萨孤吴仁仕途可谓一帆风顺，但皇太子李建成、秦王李世民、齐王李元吉之间的矛盾日渐白热化。随着"玄武门之变"的爆发，太子、齐王兵败，作为齐王府的僚属萨孤吴仁似乎受到牵连，被远派至兰州担任折冲府统军。

一代名将不会因此被时代遗忘，此后萨孤吴仁的光芒再次四射。贞观五年（631），其爵位晋升至从三品的开国侯。虽然文献中没有明确记载升迁的原因，但爵位通常与功绩相关，想必萨孤吴仁有立功的表现，开始受到唐太宗的青睐。此后，萨孤吴仁顺理成章地参与到贞观八年（634）征讨吐谷浑的战役中。同薛万均一样，萨孤吴仁也是追随李靖在北路展开追击。在曼都山的战役中，萨孤吴仁斩获吐谷浑国主的心腹大臣慕容孝俊，不仅加快了战争的进程，也迎来自己的高光时刻。战后因功获得从三品官阶的云麾将军。之后萨孤吴仁仕途稳步升迁，贞观十二年（638）时，官至从三品的武职事官右骁卫将军，主管长安城的宫廷警卫。

总的看来，萨孤吴仁家族作为北朝隋唐以来的蕃将世家，先后参与征讨窦建德、王世充、刘黑闼的统一战争和征讨吐谷浑的边疆战争，并且都有卓越的表现。虽然一度任职地方，但最终凭借自身的努力和战功重返京城长安，任职高级武官。所有这些都为其日后成为征讨高昌将领候选人的重要理据。

唐太宗征讨高昌行军部署中提及的第四位将领为牛进达。和萨孤吴仁一样，记述唐朝历史的基本典籍《旧唐书》和《新唐书》没有为其设传，但作为陪葬唐太宗昭陵的功臣之一，其墓葬于20世纪70年代被发掘清理，记载生平的墓志铭现藏于昭陵博物馆。

牛进达为濮州雷泽县（现今山东省菏泽市附近）人氏，身怀武艺，历经隋末唐初的风云变幻。早年参加翟让、李密为首领的著名起义军瓦岗军。之后因李密兵败于王世充，部众被王世充所收纳，牛进达大概此时加入王世充的阵营。之后牛进达与秦叔宝、程咬金等十余将领因不满于王世充的品行和为人，向王世充告别："虽然承蒙您特殊的礼遇和关照，但遗憾不能共事，请求告辞。"王世充虽然怜惜甚至愤怒，奈何他们皆武艺非凡，不敢进逼，只能眼睁睁地看着他们离去。牛进达、秦叔宝等随之归附唐朝，开启新的军旅生涯，同时也踏上了光荣之路。此后牛进达先后参与征讨刘武周、王世充、窦建德、刘黑闼等割据势力，战功显赫。同时，在唐高祖武德九年（626）可能参与"玄武门之变"，成为秦王李世民的心腹武将。贞观初年，牛进达被派往南方地区抚慰少数民族的变乱，凯旋之日，官职由右武卫中郎将改任右卫中郎将。虽然官阶同为正四品下，但右卫为"南衙十二卫"之首，仍然属于升官。贞观八年（634），牛进达作为鄯善道行军副总管参与征讨吐谷浑，战后因功升迁为从三品的左武卫将军。

总的看来，牛进达自归附唐朝以后，参与多次战役，有着丰富的作战经验，同时深得唐太宗的信赖，这些都为其日后成为征讨高昌将领候选人的重要理据。

以上对《讨高昌王麴文泰诏》中涉及的将领侯君集、薛万均、萨孤吴仁和牛进达四人的事迹做了较详细的分析，可以发现他们有着诸多的共同点。首先，他们皆身怀武艺，因而能够在隋末唐初这样动荡的年代里脱颖而出。其次，他们皆骁勇善战，因而能够击败梁师都、刘武周、窦建德、王世充、刘黑闼等割据势力，在唐朝统一全国的战争中贡献自己的力量，同时获得封赏、摘得荣誉。再次，他们无一例外地皆参与过贞观八年（634）征讨吐谷浑的战役，这不仅让他们获得宝贵的西北地区行军作战的经验，也增加了他们之间并肩作战的战友情谊。最后，也是最重要的，他们都有过"南衙十二卫"的任职经历，可谓深受唐太宗的信赖和重视，因而被委以重任。

毫不夸张地说，是唐太宗成就了他们，也是他们成就了"贞观之治"的伟业。

需要补充的是，除了征讨诏书里提到的侯君集、薛万均等，还有其他人物也是征讨高昌的行军将领，这里再简单介绍。

第一位是葱山道行军副大总管契苾何力。从行军编号和挂帅职位来看，契苾何力应是此次征讨高昌仅次于大总管侯君集

序　章　吐鲁番的政权

的"行军副统帅"。契苾何力同萨孤吴仁一样，都属于唐初著名的少数民族将领，其先祖是铁勒别部酋长。契苾何力于贞观六年（632）时追随其母率领部众归附唐朝，被安置在河西走廊的甘州和凉州，即现今甘肃省张掖市和武威市一带。契苾何力初入长安城，便被委任为官阶从三品的左领军将军。之后参与贞观八年（634）征讨吐谷浑的战争，在赤水川战役中，营救薛万均、薛万彻兄弟。在追击吐谷浑的过程中，契苾何力亦展现出非凡的智略。战争结束后，其得到唐太宗的青睐，并且委以宫廷警卫的重任。虽然相较于征讨诏书中提到的四位将领，契苾何力由于入唐时间较晚，故而没有参加征讨窦建德、王世充等唐朝统一全国的战争，但是出征吐谷浑使其一战成名，随之步入当朝名将之列。继而为其日后成为征讨高昌将领候选人的重要理据。

第二位是行军副总管姜行本。姜行本为秦州上邽县（现今甘肃省天水市附近）人氏，属于官宦世家，其父姜謩在李渊任职太原时期已经受到器重，协助招兵买马，攻下京城长安，是当之无愧的唐朝开国功臣。姜行本在贞观初期担任从三品的将作大匠，是唐代"五监"之一将作监的最高长官，主管国家土木工程的修建。其主持修建的九成宫、洛阳宫得到唐太宗的褒赏。唐太宗出游时，其也常常伴随左右。之后"由文转武"，任职从三品的左屯卫将军，并且担任唐太宗特别组织的"飞骑"卫士的首领，类似于现今国家元首贴身保镖队的队长。由此可以判断出姜行本必定也是武艺非凡，所以能够胜任此重要职位。可能也是这个原因，唐太宗将其作为征讨高昌的将领之一。

第三位是行军总管曹钦。记述唐朝历史的基本典籍《旧唐书》和《新唐书》没有为其设传，记载其生平事迹的墓志铭出土于20世纪70年代。依据墓志铭，曹钦为京兆好畤县（现今陕西省宝鸡市麟游县附近）人氏，同样属于北朝隋唐以来的官宦世家。隋末唐初，其先是供职于陇西的割据政权薛举幕下，于武德元年（618）归附唐朝。之后参与征讨刘武周、王世充、窦建德等唐朝统一全国的战争，屡立战功，并且协助秦王李世民发动"玄武门之变"，获得丰厚的赏赐。众所周知，"玄武门之变"对李世民及其党羽而言，是场关乎生死存亡的考验，任何一方获胜，都将改变唐朝乃至以后的历史走向。因而仅凭参与事变，足见曹钦是李世民的心腹大将。贞观八年（634），其以昆山道行军总管参与征讨吐谷浑，事后官拜大将军。由此可知，曹钦亦是凭借多年征战沙场，被唐太宗所信任，跻身当朝名将之列。

第四位是行军副总管李宽。同前文提及的萨孤吴仁、牛进达、曹钦一样，记述唐朝历史的基本典籍《旧唐书》和《新唐书》没有为其设传，而记述其生平事迹的墓志铭和碑铭流传于世。据记载，李宽为秦州成纪县（现今甘肃省天水市附近）人氏，其家族属于北朝隋唐以来的官宦世家。李宽于武德二年（619）归附唐朝，隶属于齐王李元吉幕下，随之参与征讨王世充、刘黑闼、苑君璋。武德七年（624），改官为正四品下的左亲事府统军，可谓深受齐王李元吉的重视。"玄武门之变"爆发，太子与齐王兵败，李宽也因此贬官为陕州（现今河南省三门峡市附近）河北府统军，陷入仕途低谷，将近九年未有升迁。其人生的转折点发生在贞观九年（635），改官为正四品下的右卫中郎将。贞观十三年（639），其征讨吐谷浑部落有功，获得最高的勋官上柱国。由此可知，李宽的经历与萨孤吴仁的类似，两人都因为曾经担任齐王李元吉的僚属，在"玄武门之变"后遭受冷遇，继而有立功的表现，被唐太宗所信赖和倚重。

此外，还有一位行军总管阿史那社尔，因为与高昌结缘深厚，将在本书后文进行叙述，这里暂时不予介绍。

总之，通过以上对八位参与征讨高昌将领的分析，可以看出他们个个骁勇善战。唐太宗为征讨高昌，在将领选择上可谓下足了功夫，派出了"名将天团"。事实上，这也是唐朝开国以来规模最大的长途行军战事，或是因此，唐太宗在将领选择上，慎之又慎。

通过以上对征讨高昌将领的分析，可以看出至少在唐朝的中央层面，唐太宗已经做出适宜甚至可以说是周密的行军部署。至

## 吐鲁番：明月天山交河城

少在将领选择上，体现出唐太宗之重视。除此之外，不要忘记上年薛延陀政权曾经主动提出愿意做征讨高昌的向导。但是前文也谈到，同年发生的"九成宫大案"，致使唐太宗及其朝臣重新调整对北突厥降众的处置方案，而调整后的方案，却一定程度上加剧了薛延陀与唐朝的紧张关系，为什么这样说呢？

"九成宫大案"以后，唐朝认为北突厥降众不适宜继续留在黄河以南地区，于是册立酋领李思摩为可汗，命其率领北突厥降众迁徙至黄河北岸，使之作为唐朝北方边境的军事屏障，长久地守护北疆。新的处置方案，无论对北突厥降众还是唐朝而言都是有利的。因为北突厥降众可以回到赖以生存的漠北家园，而唐朝也多了重北疆的军事屏障。然而，李思摩却不愿或者说是不敢返回故地。因为自北突厥败亡以后，漠北地区即现今的内蒙古及其以北地区出现权力真空，薛延陀政权趁机发展壮大，逐渐成为这片区域的新霸主。站在薛延陀的立场而言，自然不愿意看到已经控制的领地出现其他部族展开政权建设。所以说，唐太宗对北突厥降众的新方案，使得唐朝与薛延陀的关系变得微妙和紧张。如果说，此前答应做向导，有利于巩固双方的友好关系，那么此时这种"为他人做嫁衣"的行为，对自己已经没有任何益处。

这种情况下，薛延陀是否还愿意继续做唐朝征讨高昌的向导，便成为未知数。尽管如此，唐朝还有另一个向导的选择——

序　章　吐鲁番的政权

焉耆。在贞观前期，高昌已经两次侵袭焉耆，每次都伴有大规模的劫掠。所以当唐朝决定征讨高昌，焉耆当然情愿提出帮助，更不用说做向导这种举手之劳了。因而当行军大总管侯君集派遣使者与焉耆联系的时候，焉耆王喜出望外，请求作为唐朝征讨高昌的声援力量。如此，唐朝征讨高昌，在"地利"方面，又有了新的保障。

唐朝已经在行军部署、联系外援方面做出充分的准备，只等待具体的战事行动，此时的高昌王麴文泰的动向又如何呢？

麴文泰此时还没有认识到危险的降临，因为他有自己对战事的评估。麴文泰对朝臣说："唐朝距离我们这里大约有七千里的距离，其中沙碛就占有两千里，沙碛之中缺乏水草，刮风时或寒风刺骨，或热风如火，哪里能够大规模行军？我过去前往长安朝觐唐朝的时候，看到秦州、陇州以北的地区城市萧条、荒凉，简直不能与隋朝时期的景象相比。假设唐朝现在出兵，如果军队数量众多，则必然面临粮草紧缺的问题，假设军队数量在三万以下，则我能够克制。再说唐朝将士行军需要途经艰险的沙碛，其将士必然疲惫不堪，我以逸待劳，等待唐军承受这份艰苦，如此说来还需要担忧吗？"由此可见，麴文泰对即将到来的战争颇有几分自信与乐观。

事实上，这种自信与乐观也并非盲目，而是有客观依据的。前文提到，麴文泰在隋炀帝大业五年（609）、唐太宗贞观四年（630）两次亲自来到长安朝觐。正是这两次朝觐活动，麴文泰看到了河西走廊和关中地区两个时期的城市景象。大业五年（609），正值隋朝国运强盛，因而麴文泰在朝觐途中目睹到城市的繁荣和百姓的富庶。而贞观四年（630），距离唐朝完成全国统一、百姓告别满目疮痍的战乱生活并没有太久，唐朝尚处于国民经济恢复发展的初期。于是沿途给麴文泰留下萧条破败的印象。至于麴文泰对唐朝军队行军遇到的穿越沙碛的困难，如恶劣的生态环境和气候条件，也是客观存在的事实。最后，麴文泰提出以逸待劳的应对方案，更是最佳的御敌策略。

此外，麴文泰对战争形势的自信与乐观，还取决于自己也有军事外援。西突厥乙毗咄陆可汗此前在与高昌联合侵袭焉耆的过程中已经尝到"甜头"，所以当高昌用金帛珠宝来换取对自己的支持时，亦是毫不犹豫地答应了。双方相约互为表里，共同应对唐朝军队的到来。

唐朝、高昌乃至东亚、西域备受瞩目的高昌之役已经准备就绪，胜利女神将会偏向何方？

整体而言，唐朝征讨高昌的战争过程相对顺利，其中也不乏插曲。首先，战争爆发前高昌国内流传着高昌败亡的童谣。现今文献中记载的唐代童谣多与当时重大历史事件和重要历史人物存

## 序　章　吐鲁番的政权

在关联。如唐高宗永淳元年（682），东都洛阳流传着"新禾不入箱，新麦不入场，迨及八九月，狗吠空垣墙"的童谣，似乎预示着不能丰收。而这一年七月洛阳遭遇大雨，农作物严重受损，酿成饥荒。又如唐僖宗时，山东曹州（现今山东省菏泽市附近）流传着"金色虾蟆争努眼，翻却曹州天下反"的童谣。"金色"指代"黄"，"虾蟆"属于蛙科动物，体型类似蟾蜍而较小，"曹州"也是黄巢的故乡。因而这个童谣预示和象征着黄巢于曹州率众起义，引起天下大乱。

高昌国内流传的童谣似乎可以反映出战争的人心所向。童谣的内容为："高昌兵马如霜雪，汉家兵马如日月。日月照霜雪，回首自消灭。"童谣把高昌和唐朝的军事实力分别比作霜雪和日月，而日月的光芒照在霜雪上，自然会融化得快，也就是唐朝可以轻而易举地攻破高昌。对于战争而言，士气格外重要。现在双方交战在即，而国内四处传播着高昌必败的谣言，麹文泰的心情恐怕五味杂陈，有对传播谣言者的愤怒、有对国民取信谣言的担忧、有对能够击败唐朝军队的怀疑、亦有对可能战败的极度恐慌等。等到麹文泰冷静下来，便立刻下令搜捕童谣最早的传播者，但却毫无所获。究竟谁是童谣的发起者？真相大概永远无法知晓。可能是高昌内部"亲唐"势力故意制造的舆论，可能是邻国焉耆精心策划的攻心战术，也可能是唐朝史家刻意捏造的虚假谣

吐鲁番：明月天山交河城

言，等等。

其次，行军副总管姜行本于伊州就近制造攻城器械。此次唐朝军队西域远征，需要大量攻城略地的武器装备和作战工具，若是由内地随军携带，则有长途运输的麻烦和辛劳。面对这个困难，唐太宗和侯君集的应对策略便是在西域地区就近取材制造。能够胜任这项重任的，姜行本是理想人选，因为前文提及姜行本曾经任职将作大匠，主管国家土木工程的修建。而姜行本也不负重托，率先领兵行军至伊州，依山伐木，制造攻城的器械和工具，高质量地完成工作。高昌之役结束后的论功行赏，唐太宗特意褒奖了姜行本的功劳，言道："进攻作战的重心，以具备精良的器械装备为第一要义，将士们关心装备，凭此战胜敌人。爱卿尽早着手督办修缮器械，并且迅速、高效地完工，为攻破高昌奠定基础。爱卿的功劳，前人是无法比拟的。"

流传至今的《姜行本纪功碑》留下了更多的历史细节。记功碑于唐太宗贞观十四年（640）六月所立，碑高七尺二寸，宽三尺二寸，共十八行，每行四十七字，由瓜州（现今甘肃省酒泉市瓜州县附近）司法参军司马太真撰写。其内容主要包括：唐朝征讨高昌的缘由、高昌的若干罪过、唐朝的行军部署、姜行本协调沙州（现今甘肃省酒泉市和敦煌市附近）刺史刘德敏和右监门中郎将衡智锡等于折罗漫山（现今天山东部）伐木制造器械以及等待行军大总管侯君集的到来等。因而可以说，姜行本顺利并且圆满地完成了制作战具的工作，为此后的行军作战提供了重要保障。

再次，麴文泰在与唐朝军队正面交锋之前突然去世。此前麴文泰料定唐朝军队无法大规模地穿过沙碛，等到听闻侯君集率领的大军已经穿越敦煌至伊州之间的沙碛并且抵达碛口时，麴文泰惊骇过后，暴毙而亡。碛口的位置，大致是指伊州至高昌之间沙漠的入口，已经十分接近高昌。因而这一情报对麴文泰而言，完全出乎意料，再也想不出御敌的策略，继而因病离世。危难之际，麴文泰之子麴智盛继高昌王。

麴文泰的离世，仿佛给高昌国的上空笼罩了一层沉重的阴霾，高昌民众不仅陷入悲痛的哀悼之中，也增加了对即将到来的战争的恐惧。高昌朝臣为麴文泰拟定的谥号为"光武"。按照古代的谥法文化，"能绍前业曰光，克定祸乱曰武"。即是说，能够延续前代帝王大业的可称为"光"，战胜平定祸害叛乱的可称为"武"。东汉王朝的开国皇帝刘秀，一方面粉碎了王莽政权，另一方面统一全国，重新树立起刘氏皇族的威望，因而谥号为光武帝。麴文泰也获得了"光武"的谥号，某种程度上反映出其在击溃"义和政权"中发挥的作用，同时也表明国人对其执政能力的认可，将其视为麴氏高昌国的中兴之主。

再者，田地之战彰显出唐朝军队的礼法文化和充足准备。侯君集率领的大军一路高歌猛进，经碛口继续向西前进，抵达柳谷。此时，担任巡逻任务的骑兵汇报高昌的民众已经定好国王麴文泰的下葬日期，到时高昌国人都会聚在一起。听闻此消息，侯君集身边的将领请求在下葬日发动对高昌的进攻。侯君集回答道："不可如此！高昌王因为傲慢无礼，所以天子诏令我等替天行道，惩罚麴文泰，若是现在趁其国丧而发动袭击，这并不是问罪之师所应该做的。"侯君集的回答颇有儒将风范。令人想起开皇二年（582），隋文帝诏令高颎、长孙览、元景山等征伐陈朝，恰逢陈宣帝去世。时任行军统帅的高颎认为"礼不伐丧"，即依据礼节，不可在对方国丧期间发动战争，于是班师回朝。

于是侯君集率领将士继续声势浩大地前行，准备攻打田地郡。田地郡是高昌国东边的重要门户，双方在此展开了激烈的交战。田地郡的守城将士已经做好婴城自守的准备。侯君集先是进行劝降，期望尽可能避免双方的伤亡。这也是《孙子兵法》中讲到的"不战而屈人之兵，善之善者也"。然而，田地郡的将士并没有投降的意思，如此一场恶战不可避免。在征讨高昌的军队出发之时，唐太宗已经下令山东地区善于攻城和制造器械的民众全部参与作战。此时，这支队伍适逢用武之地。侯君集下令夜幕降临之后展开攻城，由副大总管契苾何力为先锋。唐军将士们有的

## 序　章　吐鲁番的政权

伐木填壕，有的推动撞车撞击城墙，有的利用抛车向城中投掷石块。霎时间，战鼓声、呼喊声、厮杀声、惨叫声不绝于耳，混杂在一起。城墙上的高昌将士纷纷被石块击中，即使拿出毡布或被子也无济于事，渐渐地丧失战斗力。侯君集见状，顺势而发，再次展开进攻，第二天中午时分顺利攻下田地城。经统计，田地城之战一共俘获高昌将士、百姓多达七千余人，极大地鼓舞了唐朝军队的士气。

最后，士气高涨的唐朝将士一举攻破高昌城。攻占田地城之后，唐朝将士经过一番休整便向高昌国都进发。所有将士心中都十分明白，即将迎来终极一战，所有将士也都满怀期待最终的胜利。行军统帅侯君集仍然是先发动先遣部队，由中郎将辛獠儿率领精锐骑兵进逼高昌城。辛獠儿不负众望，经过一番激战，取得首胜。继而侯君集率领大军抵达高昌城下。面对浩浩荡荡、气势恢宏的唐朝军队，刚刚即位的麴智盛顿时陷入恐慌。随即向侯君集提出停战请求："得罪大唐皇帝的是我父王，上天的惩罚也降临，父王已经离世。我继位时间短暂，还请尚书明察！"侯君集接到书信，义正辞言地回复道："如果你能悔过，当自缚于城门之下。"麴智盛收到回信，没有再回复，也没有出城投降。如是，侯君集下令攻城。一部分将士负责填充壕沟，一部分将士奋勇登梯攻城，一部分将士奋力投掷石块，一部分将士登高俯望城中。

## 吐鲁番：明月天山交河城

霎时间，万箭齐发，飞石如雨下，高昌城中士兵、百姓被飞石击中的，无不应声而倒。

前文提到麹文泰尚有西突厥作为外援，麹智盛也急需借助西突厥的势力抵御甚至击败唐军的进攻。西突厥乙毗咄陆可汗派遣的支援兵力屯驻于天山北部的可汗浮图城，以此达到与高昌表里相应的军事战略。然而，随着侯君集率领将士一路西进，在可汗浮图城屯驻的西突厥兵力由于惧怕不战而退，率众西奔。如此，麹智盛失去了救星，可谓万念俱灰。

唐军的兵威和进攻势头远远超出麹智盛的想象，于是下令大将麹士义留守城中，自己与大臣麹德俊来到城门下，声称愿意向大唐天子效力。侯君集再次遣使招降，麹智盛言辞中仍然含有不肯屈服的意味。这倒惹得侯君集身旁的副总管薛万均勃然大怒，说道："应当先拿下都城，看此小儿还有什么话说！"于是继续遣兵攻城。麹智盛终于顶不住压力，汗流如注地趴在地上说："唯有听从将军的命令！"于是，高昌王麹智盛打开城门，举国投降。继而侯君集分别派遣将领对高昌所辖郡县进行清点俘虏的工作，麹智盛及其朝臣显贵被要求押送至内地。

战争伤亡、俘虏统计、领地接收等工作完成后，侯君集命令僚属撰写详细完整的战争过程和胜利结果，即露布。紧接着派遣得力士兵，骑用最快的马匹，将捷报传递至数千里之外的长安。

序　章　吐鲁番的政权

在那里，唐太宗君臣还在焦灼、热切地期盼着胜利的消息。唐太宗收到捷报后尤为喜悦，随即安排了场庆祝宴，在场的朝臣按照官品各有赏赐。

从贞观十三年（639）十二月唐太宗下诏征讨，到贞观十四年（640）八月侯君集等攻破高昌国都，至此，高昌之役以唐军的胜利宣告结束。这也是唐朝开国以来，在西域地区取得的最大胜利，唐太宗对西域地区的经略意图也由此愈加强烈了。

离开高昌之前，侯君集命令下属寻找精美庄严的石材，准备刻石纪功，记录下唐朝军队这场伟大的胜利。贞观十四年（640）十二月，侯君集等将士凯旋回京。同月，朝廷在太极宫观德殿举行了献俘仪式，并且举办庆功宴会。民众也可以连续三天聚会饮酒，共同庆祝战争的胜利，感受国家的强大和繁盛。

以侯君集为行军统帅的高昌之役在全军将士的共同努力、浴血奋战下取得显著胜利。然而，庆功宴过去不久，个别将帅却面临牢狱之灾。为什么会出现这种情况？

原来这支征讨高昌的军队存在严重违反军纪的情况，因而引起朝臣的不满和纠察。侯君集攻破高昌国初期，在没有经过朝廷允许的情况下，擅自把罪人的家属发配为奴隶，又私自收取财货宝物。所谓"上行下效"，将士在得知这一情况后，也展开了大肆的抢掠行为，以致行军统帅也难以控制局面。征讨之师回到京城长安以后，相关部门向唐太宗反映，请求按照司法程序进行调查判罪。

面对突如其来的变故，中书省的二把手，时任中书侍郎的岑文本勇敢地站了出来，为侯君集辩护。岑文本博通经史，擅长写文章诏敕，年少时因为父亲雪冤而知名。岑文本认为侯君集等属于功臣大将，不可以轻易被屈辱，于是向唐太宗递交了奏折，鲜明地表达了自己的观点。奏折主要包括三个方面的内容。其一，侯君集的将领或位居宰辅，或任职禁军，皆受到陛下提拔，如是才有出任征讨高昌将领的机会，但他们却出现违反军纪的现象，不仅没有洁身自好、守法奉公报答陛下的恩情，反而罪恶深重，实在应该接受法典的制裁，以此肃正朝廷纲纪。但是高昌王麹文泰昏暗迷失，人神共弃，之前朝臣都认为其所在遥远偏僻，应置之度外，唯独陛下英明有神算，制定出必胜的策略，侯君集等将领不过是执行陛下的计划，所以取得胜利。因而从实际而言，这是陛下的功劳，侯君集等仅有长途的辛劳，不能说其有功勋。陛下道德隆盛，将功劳推让给出征的将士，朝廷内外的文武百官皆称赞陛下赏赐及时。假如论功行赏刚结束不久，就将侯君集等将领下狱于大理寺，虽然他们是咎由自取，但部分朝臣对获罪内幕并不知情，而普通百姓恐怕也会认为陛下只记录他们的罪过，而忽略遗忘他们的功绩。

其二，岑文本指出自古以来皇帝选任将帅出征，战胜则获赏，战败则受罚。统治者应该做到牢记人的功劳，忽视人的过错。继而列举历史上李广利征伐大宛有功却不爱惜士卒、陈汤矫诏斩杀匈奴单于有功而贪盗财物、韩擒虎平定陈朝有功而放纵士卒暴乱，但汉武帝、汉元帝、隋文帝仍然对他们进行赦罪、封侯和赏赐的案例。借此称赞前代统治者皆能够看重人的长处，而忽略其短处。

其三，岑文本强调包容臣下的过错是君主的美德，汉武帝、汉元帝等尚且能够做到，那神武的陛下也一定能够做到。期望陛下可以对侯君集等从轻处理，表彰他们微薄的功劳，忽略他们的大过。这样一来，对陛下而言，表面上是突破法典，而实际上却彰显出陛下的盛德；对侯君集等而言，表面上是获得宽宥，而实际上却揭露出罪过；立功的士卒将由此得到劝勉；负罪的将领也将由此知错就改。

除了行军统帅侯君集有违纪行为，行军副总管薛万均也"惹上官司"。诸将士凯旋长安以后，有人举报薛万均在征讨高昌期间与高昌女子有通奸的不法行为。唐太宗听闻之后大发雷霆，下令委派大理卿孙伏伽严查此事。孙伏伽是隋末唐初司法系统当中有名的官吏，先后任职大理寺史、万年县法曹、治书侍御史、大理少卿等，有着丰富的办案经验。面对控诉，薛万均声称冤枉，并且要求与原告女子对簿公堂。

紧要关头,著名谏臣魏徵表达了自己对该事件的看法。首先,魏徵指出薛万均兄弟在建朝初期较早地归附国家。通奸的事情真假难辨,若是证据确凿,自然可以交由孙伏伽处置;但若是子虚乌有,薛万均必然要求辨明,如果真的让薛将军与亡国女子围绕通奸之事进行辩论,即使前者的说辞否认控诉,也会引起民众的猜疑。其次,魏徵引用《论语·八佾篇》孔子所言"君使臣以礼,臣事君以忠",认为礼虽然有上下之分,但君臣都需要遵守,君主应该以礼对待朝臣,朝臣反过来也应该对君主忠诚。假如对于薛万均的控诉是准确的,则有损于君臣的形象,给朝廷内外带来负面影响;假如控诉是虚假的,那么经此折腾,将对君臣上下、文武百官造成更大的负面影响。最后,魏徵列举春秋五霸的典故,期望唐太宗可以仿效圣王。最终,唐太宗采纳了魏徵的谏言,撤销了对薛万均的调查。

侯君集和薛万均因为岑文本和魏徵的谏言免除了牢狱之灾,但行军总管赵元楷就没有那么幸运了。在征讨高昌的过程中,侯君集的坐骑被虫咬发病,赵元楷亲自用手指沾了沾,闻了闻气味。这一举止被御史弹劾,认为是谄媚而有失身份。弹劾的结果是,赵元楷被贬官为栝州(现今浙江省丽水市附近)刺史。

当然整体而言,胜利之师更多的是受到嘉奖和赏赐。比如行军总管萨孤吴仁由此前的牟平县开国侯、食邑七百户封赏至朔方郡开国公、食邑二千户；总管牛进达封赏至琅琊郡公、食邑三千户；副总管姜行本进封金城郡公、赏赐丝织品一百五十匹、奴婢七十人；总管曹钦赐绢五百匹、马二十匹，勋官进为上柱国；副总管李宽进封上原县开国侯、食邑七百户。而这些将帅也大部分参与到唐太宗后期、唐高宗初期的征讨高句丽、龟兹、西突厥等战役中，延续着荣耀，为开拓和巩固唐朝的边疆贡献着自身的力量。

随着麴氏高昌国的覆灭，一个紧迫和现实的问题摆在唐太宗面前：应该如何治理高昌故地及其民众？

唐太宗对此似乎早有方案，那就是仿照贞观四年（630）在伊吾建置州县的办法，继续将中原的州县制度推广和实施于高昌故地。前文提及在魏晋南北朝的前凉时期，张骏于吐鲁番建置高昌郡，是首次将中原的郡县制度实施于西域地区。此后的前秦苻坚政权、西凉李暠政权、北凉沮渠蒙逊政权皆延续了高昌郡的建置。麴氏主政高昌以后，仍然实行着郡县制度。因而郡县制度事实上已经在吐鲁番地区施行了近三百年的时间，有着深厚的制度基础。这也成为唐太宗方案选择的重要参考因素。

然而，名臣魏徵再次提出反对意见。魏徵的谏言里说："陛下您刚登基不久，麴文泰夫妇率先入朝觐见和朝贡。此后，西域

吐鲁番：明月天山交河城

诸国的朝贡使节和贡品开始被其扣留，再加上麹文泰失礼获罪于国家，陛下才对其给予征讨。如果只对麹文泰进行罪罚，这自然没有问题，但不如安抚高昌的民众并且拥立麹文泰之子，这样做正是古语所言慰问受苦的民众，讨伐有罪恶的统治者。这样也会使陛下的威名和盛德传播于远方，对于国家而言也是有益的。如果现在只是贪图高昌的领地，推行郡县制度，那么将常年需要千余将士就地驻扎屯戍，每隔几年换防一次，都会造成人员的伤亡。屯戍也需要准备衣食物资，告别家乡和亲人。这样做的结果就是，十年之后陇右地区将会变得空虚和荒凉，而陛下最终也没有获得高昌缴纳的半点赋税，正是分散有用的物资花费在无用的事务上，微臣认为这是不合适的。"

魏徵的谏言体现出他的民生思想，并且立足于高昌和唐朝关系的变化，有理有据，但是唐太宗并没有同意。贞观十四年（640）九月，唐太宗在高昌故地建置西昌州和辖县，西昌州不久更名为西州。同月，又于交河城建置安西都护府，并且留下军队镇守。隋炀帝经营西域时，最早建置安西都护府，因而唐太宗的这项举措极有可能是对隋炀帝的效仿，反映出唐初对隋朝西域政策的延续。

此外，唐太宗也在属于西突厥的可汗浮图城建置庭州。庭州的辖境包括现今昌吉回族自治州、乌鲁木齐市等地区，是唐朝在

序　章　吐鲁番的政权

天山以北地区的重要军政建置。武则天执政晚年，于庭州建置北庭都护府，继而形成安西都护府和北庭都护府共同管制西域的新格局。

唐太宗为了尽快使高昌的民众适应和接受新的治理模式和唐朝统治，特别派遣官员左卫郎将、驸马都尉窦奉节前往高昌进行安抚工作。窦奉节是何许人也？隋末唐初，窦氏家族在政治和社会上具有强大的影响力。窦奉节的父亲窦轨在李渊太原起兵时，给予了军事援助，并且参与攻破长安、征讨王世充等战役，战功显赫，是名副其实的开国功臣。重要的是，窦奉节的叔父窦威乃是唐高祖李渊的皇后的堂兄。由于这两层关系，李渊将自己的女儿永嘉公主嫁给了窦奉节。换句话说，窦奉节乃当朝皇帝唐太宗的妹夫或姐夫。皇亲国戚的特殊身份，使得窦奉节的宣旨和安抚活动更被赋予了一种象征意义。

在安抚高昌民众的诏书里，唐太宗主要传达了四个内容。首先，记述唐太宗即位以来，和周边地区相处融洽，唯有高昌王麴文泰怀有异心，缺少作为臣属的节义，违反唐朝的规定，积累了众多罪过，诸如苛政扰民、赋税繁重、徭役频繁、劫掠商旅等。其次，唐太宗念及情谊，多次对麴文泰进行劝导，但是其不知悔改，因而在满朝文武和周边政权的请求下，发动了对高昌的战争。战争只是为了惩罚罪魁祸首麴文泰，由于其突然去世，其子

吐鲁番：明月天山交河城

麴智盛袭位，唐太宗出于哀悯，不再追究。再次，唐太宗结合高昌的历史与现状进行安抚，指出高昌民众都是中国人，只因你们的先祖为躲避魏晋时期的战乱而来到高昌地区，并且接受历代麴氏王族的统治。你们参与战争，进行抵抗，也是被国王驱使，并非出于本心，唐太宗会赏罚分明，惩罚那些推动麴文泰实施苛政的官员，其余民众一概无罪，允许改过自新。对于曾经劝诫麴文泰不可作恶以及有才能的官员，也会重新任用。最后，唐太宗宣布将实行郡县制度对高昌故地进行治理，劝导高昌民众应积极遵守唐朝的礼法文化，确保生活家园的安宁。

由此可见，唐太宗对刚刚结束战争的高昌民众进行了充满关怀的安抚活动，一方面尽快地稳定高昌民众的情绪，另一方面着手进行统治秩序的重建。

至此，吐鲁番的历史步入"西州时代"。此时唐朝的疆域东方极至于大海，西方极至于焉耆，南方极至于林邑，北方极至于大漠，四方之内皆列为郡县，东西跨度大约九千五百一十里，南北跨度约一万九百一十八里。疆域的拓展，是"贞观之治"的又一政治表现。

郡县制是中国古代中央集权制在地方治理上的一种体现，其萌芽于春秋战国时期。秦始皇初并天下，历经分封与郡县之争，将郡县制推行于全国。两汉时期，实行郡国并行制，同时设刺史

## 序　章　吐鲁番的政权

监察地方，将全国分为十三部，逐渐向州、郡、县三级管理制过渡。魏晋南北朝时期，中原地区政权更迭频繁，地方制度多实行三级管理制。隋文帝初年，又改为州、县二级管理制。唐朝建立以后，郡改称为州，并且在重要地方建置都督府。唐太宗初年，省并州县，至贞观十三年（639），全国共有州府358个，有县1551个。

平定高昌以后，唐朝在高昌故地新增一州五县。为了更加便利有效地管理西州，唐太宗在高昌国原有郡县的基础上进行整合。将高昌国原有的高昌郡、交河郡、田地郡、南平郡、横截郡五郡改置为高昌县、交河县、柳中县、天山县、蒲昌县五县。五县的驻所即行政中心，分别对应原来的高昌城、交河城、田地城、始昌城、东镇城。西州的行政中心或设在高昌县的高昌城。古今对比，今天吐鲁番市的行政区划由东边的鄯善县、中间的高昌区和西边的托克逊县组成，市行政中心驻高昌区。

此外，西州的行政建置在唐太宗以后也发生若干变化。如唐高宗显庆三年（658），西州改置西州都督府。都督府在唐代属于军事色彩明显的行政机构，通常建置在政治和军事地位重要的地方，其基本职责是负责若干州的军事建设和巡防工作，涉及政治、军事、经济等领域，如果兼任所驻州的刺史，则掌管民事，成为最高的地方长官。唐代州郡的名称也有过变化，一般以诏令的形式在全国范围内进行变更。唐玄宗天宝元年（742），西州改为交河郡。唐肃宗乾元元年（758），复改为西州。西州所辖的高昌县，于宝应元年（762）改为前庭县。

州县以下，唐朝内地实行乡里制度，平定高昌以后，乡里制度也推行到西州地区。唐朝规定：一百户居民结为一里，五里结为一乡，四家结为一邻，五邻结为一保；城市里居住的民众以坊为单位，田野里居住的民众以村为单位；坊、村和邻、里之间相互督察。乡里制度也伴随着郡县制度，在西州地区给予实施。

平定高昌以后，唐朝将高昌国原有的二十二县改置为若干乡。依据吐鲁番出土文书的显示，目前所知约有24个乡和38个里。乡有安西乡、武城乡、崇化乡、尚贤乡、归德乡、神山乡、五道乡等。其中一些乡的命名，沿用了原来县的名称，如宁戎乡、安乐乡、龙泉乡、永安乡等，分别对应高昌国时期的宁戎县、安乐县、龙泉县、永安县等。里有六乐里、净泰里、礼让里、和平里、正道里、忠诚里、仁义里、德义里等。

可以看出，西州乡、里的名称大多具有浓厚的中国传统文化色彩，寓意都十分美好。如果将西州的里与当时长安城的里坊名称作比较，其中也不乏相同名称的。如两者都有和平里、安乐里、安义里等。

一切都在向安稳、积极的方向发展，但西突厥的内争始终是

序　章　吐鲁番的政权

影响西域形势的关键因素。贞观十六年（642）前后，西突厥乙毗咄陆可汗击败唐太宗扶持的乙毗沙钵罗叶护可汗，并且派兵袭击伊州，继而又派遣属部围击西州的天山县。远在长安的唐太宗获知这一消息时，表达出对建置西州决策的懊悔和反思。唐太宗对身边的侍臣言道："朕最近听闻西州遭遇军事袭击，虽然说已经妥善应对完毕，没有什么大碍，但怎么会不引起忧愁呢？过去魏徵、褚遂良劝谏朕拥立麹文泰的亲属子弟为王，继续统治高昌的民众，而朕没有采纳他们的计策，时至今日才感到一些悔恨。历史上汉高祖在化解平城之围后赏赐娄敬，袁绍在官渡之战兵败后诛杀了田丰，朕时常以这两则事例为鉴戒，怎么能忘记所说过的话呢。"

唐太宗提到的两则事例，皆是历史上著名的谋士献策与统治者决策密切相关的典故。西汉初年，朝臣娄敬最早提出应建都长安。面对西汉与匈奴一触即发的态势，娄敬利用出使匈奴的机会，经过详细分析双方的力量对比，认为不可此时出兵匈奴。汉高祖刘邦不仅执意进攻，而且关押了娄敬，最终酿成"白登之围"，又称"平城之围"。事后汉高祖赦免了娄敬，同时对其进行封赏。东汉末年，袁绍在谋士田丰的献计帮助下击败北方群雄之一的公孙瓒势力，但在此后与曹操的对抗中，因没有听从田丰的谋略，致使贻误战机和用兵失败。事后袁绍虽然懊悔没有听从田丰的计谋，但因顾及自己的颜面而将其杀害。两则历史典故的共同点在于统治者没有采纳下属的谋略，继而引发军事危机，甚至命悬一线。不同的是，汉高祖能够知错认错，正确恰当地对待属下的献策，而袁绍却一错再错，失去了重要的智囊人物。唐太宗之所以将两事引为鉴戒，也是期望自己能够在治国理政时兼听则明，避免因一意孤行而带来弊政。事实上，虚心纳谏不仅是唐太宗个人执政的优秀品质，也是"贞观之治"一个显著的时代特点。

前文曾述及魏徵反对建置西州，唐太宗的话表明褚遂良也曾经反对过这一决策，那么，褚遂良反对的理由是什么呢？褚遂良是唐初名臣褚亮之子，博通文史，擅长书法，得到当时书法家欧阳询的器重。虞世南去世后，唐太宗感叹身边没有可以议论书法的人，魏徵推荐了褚遂良，言其下笔雄劲，深得王羲之的笔法。唐太宗曾经花费重金搜集了王羲之的书法作品，愁苦不能辨别真伪，而褚遂良一一仔细端详，使得去伪存真。褚遂良在贞观后期逐渐获得唐太宗的重用，对朝政得失多有进谏，日后也进位宰相，和长孙无忌一同成为唐太宗的"托孤大臣"。褚遂良有感于唐太宗平定高昌以后，每年需要从内地抽调和征发一千余人前往西州参与驻防，于是向唐太宗上奏表达自己的看法。奏表包括三方面的内容。

## 序　章　吐鲁番的政权

首先，褚遂良结合历史梳理了前代帝王的边疆经略观念。认为古代圣王都是优先治理华夏区域，继而再涉及周边的民族区域，将集中的精力用于在华夏区域内推广德政和教化，几乎不从事蛮荒地域的经略活动。历史上周宣王的征伐活动仅限于周边地区，故而出现中兴局面，秦始皇征战边远地区，导致国家的分崩离析。汉武帝凭借文帝、景帝时期积累的财富，穷兵黩武，开始经营西域地区，并且设置使者校尉进行管理，持续用兵将近三十年，从大宛国那里夺得品种优良的汗血宝马，也从安息国那里获得过新鲜美味的葡萄。但也由于长期的用兵，导致国内财政枯竭，百姓流离失所，继而推行算缗、增收租税等经济政策，再加上受到自然灾害的影响，很多地方出现了盗贼生事的现象。当时的朝臣搜粟都尉桑弘羊提出派遣将士前往在西域地区的轮台进行屯田戍边、修筑城池以提高国家在西域的威望。汉武帝幡然悔悟，没有采纳桑弘羊的提议，并且颁布了著名的罪己诏书，四海之内所有的百姓都为此感到激动和喜悦，国家也逐渐步入正轨。假使汉武帝践行了桑弘羊的提议，天下百姓的生活将会更加民不聊生。因为这个缘故，东汉光武帝吸取了汉武帝的教训，王朝西部疆域止于葱岭，汉章帝也不再向西域派遣西域都护。简言之，褚遂良举例周宣王、秦始皇、汉武帝等统治者的边疆经略经验和教训，期望引起唐太宗的注意。

## 吐鲁番：明月天山交河城

其次，褚遂良论述在西州推行郡县制的利弊得失。认为唐太宗平定高昌、建置西州虽然提高了唐朝在西域地区的威望，但高昌之役的军费开支增加了河西地区民众的经济负担，百姓们又是运输军粮，又是被征发参军，甚至出现十室九空的现象，少数州县变得荒凉和萧索，恐怕五年之内无法恢复生机。同时，每年征发千余人前往西州屯垦戍边，使得将士遭受离家的苦楚。征发的将士还需要自备行装和路费，有的甚至在前往的途中离世。再加上征发的人员当中还有罪犯和流亡的百姓，把戍边的重任交给他们，势必会增加边疆安全的不稳定性，有害而无益。高昌路途遥远，又需要穿越大面积的沙漠区域，气候条件恶劣。《周易》有云："安不忘危，理不忘乱。"假如张掖、酒泉两地遇到敌情，难道能够获得高昌人力和物力的支援吗？终究还是需要倚赖陇右地区州县的支持。如是而言，河西地区才是国家的心腹之地，需要给予重视，而高昌是他人的手足，并非国家所应积极关注的地方，哪里能够消耗国家的人力物力，用来从事没有实际利益的事务呢？《尚书》有云："不作无益害有益。"讲的不正是这个道理吗！

最后，褚遂良提出恰当的高昌之役善后举措。认为唐太宗响应上天的意志，在漠北地区平定北突厥，在青海湖地区攻破吐谷浑。在两者的善后处置措施上，前者拥立北突厥酋领继续统治余部，后者也扶植吐谷浑宗王继续管理部众，可谓一脉相承。因而对于高昌，可以采用相同的举措，拥立高昌宗室子弟。这正是对有罪的进行讨伐，屈服之后再拥立新主继续统治民众。这样做也会让周边地区的部落政权喜闻乐见，心怀对唐朝德政的感激和对唐朝威望的畏惧。所以应该挑选可以继任高昌王的宗室成员，安排其返国主政，使其牢记唐朝皇帝的恩德，长期作为捍卫唐朝西部边疆安全的军事屏障。这样处置不仅内地的将士没有了被征发的劳苦，也会使民众慢慢变得富强，起到一劳永逸的功效。

褚遂良奏表的论调与前文魏徵的言论非常相似，并且更加翔实和有说服力。两人都聚焦到调发将士驻防西州的政策，认为是有害无益的，应该采取拥立高昌王使其继续统治民众的方案。

唐太宗没有因为西州出现暂时性的军事危机而采纳魏徵、褚遂良的谏言，表明唐太宗密切关注西域的边疆安全。事物的发展不会是一帆风顺的。可贵的是，唐太宗坚持了自己的决策。从整个唐太宗西域经略的历程来看，随着贞观后期与吐鲁番西边焉耆、龟兹关系的恶化，甚至与一直扶持的西突厥泥孰系也兵戎相见。这反映出西域形势的变幻莫测，并不是唐朝一方可以主导的，西突厥内部两大势力乙毗咄陆可汗与泥孰系可汗也在西域扩展自己的势力。换句话说，西州出现的军事危机并不是唐太宗建置举措的失败，而是当时西域形势多方势力角逐下不可避免的一种情况。

支撑唐太宗坚持西州经略的因素有两个至关重要。其一，从贞观四年（630）获得"天可汗"称号后，唐太宗需要妥善处理与周边地区的关系进而维护唐朝在东亚的核心地位。其二，唐太宗认为高昌民众"咸出中国"，这种认知成为其经略西州关键动力。作为胸怀天下、抚育万民的君主，高昌民众理应接受唐朝的治理，而唐朝保卫西州的安全，也是义不容辞的责任。

此后，直至安史之乱，西州始终是唐朝在西域重要的政治、军事、经济、文化中心。

## 三、安史之乱后西州的存亡

安史之乱是唐朝由盛而衰的转折点。风华正茂、睿智果决的李隆基在铲除韦后、太平公主势力之后，自信地登上皇帝宝座。唐玄宗李隆基立志要彻底告别昏暗时代，阿谀、邪恶与乱纪将不再是主旋律，大唐气象也将重新焕发出生机和活力。团结在唐玄宗周围的文臣武将姚崇、宋璟、张九龄、高仙芝、封常清等，并不逊色于"贞观之治"时期。杜甫诗歌中的："忆昔开元全盛日，小邑犹藏万家室。稻米流脂粟米白，公私仓廪俱丰实。"描绘的正是"开元盛世"局面。然而进入执政后期，盛世缔造者积极向

## 序　章　吐鲁番的政权

上、锐意进取的政治取向逐渐被求仙慕道、贪图享乐所代替，再加上李林甫、杨国忠等专权宰相败坏朝政，大时代也不得不走向没落。

天宝十四载（755）十一月，身兼范阳、平卢、河东三镇节度使的安禄山率其部下十五万众于范阳（现今北京市附近）起兵反叛。叛军一路南下，势如破竹，河北道所途经的州县，望风瓦解，一月左右攻下东都洛阳。然而此时唐朝内部仍然弥漫着阴谋与猜忌。曾经战功显赫的西域将领高仙芝、封常清先后被唐玄宗赐死，半年后哥舒翰失守潼关，叛军攻破京城长安。李唐王朝危在旦夕。

唐玄宗仓皇出逃，意欲前往蜀中。突来的变故，引起逃往将士们的不满与怨恨，终于在马嵬驿（今陕西省兴平市附近）发生事变，奸相杨国忠被士兵杀死。此后，唐玄宗与太子李亨分道扬镳，唐玄宗继续南下前往成都，而李亨不久于灵武（现今宁夏回族自治区吴忠市附近）即位，是为唐肃宗。

唐肃宗重新调整平叛部署，其中一项举措就是调遣西域的戍边将士远赴中原赴难。时任安西节度使的梁宰收到勤王的命令别有所图，安西将领李嗣业在段秀实的建言下劝说梁宰发兵，于是安西派遣五千兵马远赴中原。以龟兹为中心的安西已然出兵，以西州、庭州和伊州为中心的北庭地区也不甘示弱，由将领马璘率

吐鲁番：明月天山交河城

领三千甲士出征。除此之外，文献也记载于阗国王尉迟胜将国政委托其弟，亲自率兵五千前来支援。葱岭及现今帕米尔高原以西的大食、拔汗那等西域诸国也积极参与到平叛进程当中。可见唐朝统治者"天可汗"的感召力依然发挥着重要作用。

西域戍边将士远赴中原参加平叛大业固然有利于唐肃宗调遣兵力、重整山河以及与安史叛军周旋，但也相应地削弱了西域本身的边防力量，由此引发系列严重后果。唐太宗时期开始与唐朝交往的吐蕃政权当时已经初露锋芒，此后逐渐成为唐朝的近患和劲敌。唐高宗时期，吐蕃吞并现今青海一带的吐谷浑政权，在河西和陇右等地区多次侵扰唐朝州县和重创唐朝军队，其中包括咸亨元年（670）薛仁贵兵败大非川。同年，吐蕃也袭击唐朝在西域的军事要地"安西四镇"。唐朝与吐蕃争夺西域的战争由此拉开序幕。武则天和唐玄宗时期，吐蕃仍然尝试介入西域局势，甚至联合突骑施、大食对抗唐朝，增加了唐朝西域边防的压力。安史之乱爆发以后，吐蕃政权乘虚而入，逐渐占领凉州（现今甘肃省武威市附近）、甘州（现今甘肃省张掖市附近）、肃州（现今甘肃省酒泉市附近）等河西和陇右地区的州县，西域与唐朝中央的联系变得时断时续。

从吐鲁番地区出土的唐代纪年文书可以管窥西州与唐朝中央的音信联系情况。唐太宗于贞观二十三年（649）驾崩，同年唐

序　章　吐鲁番的政权

高宗即位，继续沿用"贞观"年号。次年正月，唐高宗下诏更改年号为"永徽"，颁布于天下。吐鲁番出土的《唐永徽元年安西都护府承敕下交河县符》文书有"永徽元年二月四日"的字样，这表明远在西域的西州在改元一个月左右后已经使用新的年号。但是安史之乱以后，西域地区的年号使用情况时常有延迟的现象。经过唐代宗朝君臣、将士的努力，持续七年有余的安史之乱终于平定。唐代宗于广德三年（765）正月更改年号为"永泰"。然而吐鲁番出土的文书却有"广德三年十一月""广德四年正月"等字样，这表明当时西州仍然尊唐朝为正统，但却并不知道唐朝中央已经更改年号的消息。此后唐代宗于永泰二年（766）再次更改年号为"大历"，而吐鲁番出土文书中有"永泰三年"的字样，表明西州年号的使用依然出现延迟。直到大历三年（768）时，西州以及安西、北庭等西域地区才使用"大历"的年号。

唐德宗前期，西州年号的使用仍有延迟。唐代宗大历十四年（779）驾崩，同年唐德宗即位，继续使用"大历"年号。次年，唐德宗更改年号为"建中"，建中五年（784）更改年号为"兴元"，兴元二年（785）又更改年号为"贞元"。吐鲁番出土文书中有"建中七年"的字样，表明西州长达三年不知唐朝中央已经更改年号。于阗地区出土的文书尚有"大历十七年"的字样，内地与西域的音信隔绝可想而知。

077

虽然西州年号的使用存在延迟的现象，但其与唐朝中央仍有为数不多的联系。据《李元忠神道碑》记载，大历二年（767），唐代宗派遣宦官焦庭玉至北庭，任命李元忠为伊西北庭节度使兼卫尉卿等使。大历四年（769）左右，唐代宗颁发《喻安西北庭诸将制》的诏书，内容主要是褒奖河西、安西、北庭将领的勤王节义，制文最后提及等到形势稳定，将以爵位和财政答谢、奖赏西州贤士大夫忘身报国的忠诚。这表明当时唐朝中央已经同包括西州在内的西域地区取得联络。大历七年（772）八月，唐代宗赐北庭都护曹令忠姓名为李元忠。前文在叙述贞观五年（631）唐太宗赐姓高昌王麹文泰夫人李氏时，曾谈及赐姓的意义。此次唐代宗赐姓名的举措，再次表现出对坚守西域将领的关怀和嘉奖。但是好景不长，由于河西、陇右地区仍然处在吐蕃政权的控制之下，再加上唐朝与回纥政权关系的恶化，唐朝中央再次与西域失去联络。

直到唐德宗初期，唐朝中央与西域重新取得联系。建中二年（781），安西、北庭的使者绕过吐蕃占领的河西和陇右地区，经由漠北回纥辗转抵达长安。唐德宗对于恢复联络十分兴奋，随之颁发诏书对坚守西域的将士进行加官和褒奖。管辖西州的伊西北庭观察使李元忠升任为北庭大都护。建中三年（782），唐德宗下诏对在艰难时期因守护西北边疆而牺牲的伊西北庭节度使杨休

序　章　吐鲁番的政权

明、河西节度使周鼎、西州刺史李琇璋等进行褒奖和追赠，其中李琇璋赠官户部尚书。赠官体现出统治者对去世官员的关怀和认同，是去世官员最后获得的政治荣誉。

遗憾的是，唐德宗对西域戍边将士的关怀止步于此，不久后"泾原兵变"爆发，唐德宗为获取吐蕃政权的援助，甚至提出放弃西域的重镇。安史之乱以后，河朔藩镇的割据成为历史遗留的问题，终唐代宗之世，未能得到妥善的解决。唐德宗即位以后，锐意削藩，不久与河朔藩镇开战。与此同时，原本受中央诏命征讨山南东道节度使梁崇义的李希烈，逐渐萌发叛乱念头，并且与河朔藩镇联合，共同对抗唐朝中央。唐德宗此时已经乱了阵脚，事态的发展也超出他的预期，却仍然宠信身边的奸相卢杞。卢杞认为三朝元老颜真卿忠诚、正直、刚毅，享誉海内，能够服众，可派遣其前往宣慰安抚李希烈。唐德宗偏信了卢杞的计谋，诏书下达后，满朝文武都感到愤恨不平。结果颜真卿在宣慰过程中死于非命，一代忠良和书法大师就此陨落。之后唐德宗派遣淮西招讨使李勉、东都汝州节度使哥舒曜、山南东道节度使贾耽等征讨李希烈。继而李希烈围攻襄城（现今河南省许昌市襄城县附近）。前线出现危机，唐德宗欲再次集结兵力，支援襄城。重新征集的将士中，包括泾原节度使姚令言率领的五千兵力。泾原将士冒雨奔赴长安，却因犒赏不足问题引发将士不满，酿成兵乱。乱兵进

## 吐鲁番：明月天山交河城

入京城长安，大乱宫殿，抢掠国库，而唐德宗早已仓皇出逃。如果说河朔藩镇和淮西李希烈的叛乱仅属于地方的，尚有回旋余地，那么泾原将士攻占京城长安和另立朱泚为皇帝，对于唐德宗而言则属于心腹之患，唐朝中央到了崩溃的边缘。为了化解这场危机，唐德宗与吐蕃商议，愿以伊西、北庭之地作为条件，换取吐蕃的军事援助。所谓的伊西、北庭之地，正是安史之乱后唐朝将士仍然在坚守的西域国土。

唐德宗为了收复京城长安、获得吐蕃的军事支持，甚至不惜割让包括西州在内的西域领地。这一方面反映出当时形势的危急，另一方面也反映出安史之乱以后与中央联系时断时续的西域地区，在唐德宗心中的地位已经逐渐下降，不仅没有了继续经略和维持的观念，还沦为危难时刻利益交换的筹码。

庆幸的是，朝臣李泌及时阻止了唐德宗的这一念头。李泌年少时即展现出非凡的才华，博学多识，爱慕道术，先后任职四朝，得到统治者的青睐，虽先后被杨国忠、元载、李辅国等当权派排挤，但始终能够全身而退，颇具传奇色彩。李泌提出三点反对意见。首先，安西、北庭长期以来作为唐朝在西域的重镇，在稳定西域局势方面发挥出显著作用，能分散吐蕃的兵力，假若割让与吐蕃，将会加重关中地区的军事压力。其次，安西、北庭虽距离内地遥远，但将士尽忠竭力，为国家固守西域近二十年，一

序　章　吐鲁番的政权

旦对之放弃给予吐蕃，必将令将士寒心和怨愤，他日追随吐蕃入寇，对国家则像报私仇一样。最后，所谓吐蕃的援助，近来观望不前，心怀两端，甚至劫掠京畿州县，并没有起到应有的作用，更别说有什么功劳。其他朝臣也赞同李泌的意见，最终唐德宗否决这一决策。

唐德宗险些因为平定内乱而失去西州在内的西域地区，但随着西域形势的急剧变化，唐德宗终于还是难以维持中央与西域隔绝状态下时断时续的联系。贞元二年（786），唐德宗任命杨袭古为新一任的伊西北庭节度使。同月，上任节度使李元忠去世。贞元五年（789）左右，吐蕃与回纥围绕北庭地区展开激烈争夺。争夺的结果，不仅导致北庭的陷落，也标志着唐朝治理西域的终结。

西域究竟发生了什么？

事实上，安史之乱以后吐蕃占据唐朝的河西、陇右地区，唐朝与回纥的关系一度恶化，此时的西域，除了与唐朝中央维持着时断时续的联系外，其自身也处在内外交困的局面中，内部各势力存在着种种矛盾纠纷。

其一，回纥政权的跋扈与压榨。漠北的回纥政权是伴随着突厥第二汗国的衰落而崛起的。唐玄宗时期，唐朝与回纥的关系时好时坏，并且有局部战争。回纥酋领骨力裴罗即位后，统一诸部落，接受唐朝的册封，双方关系趋于良好。安史之乱爆发以后，回纥数次率兵支援唐朝平定叛乱。在唐肃宗至德二载（757）唐朝收复两京的香积寺之战和新店之战，都发挥出重要的作用。唐肃宗、代宗两朝，与回纥多次和亲。唐肃宗也将亲女儿嫁于回纥可汗，区别于一般的宗室女的和亲，可见唐朝与回纥关系的亲密。但到唐代宗时期，回纥逐渐骄纵，不仅有过侮辱唐朝太子的行为，也多次光天化日之下在长安城内劫掠女子、行凶杀人。

西域方面，回纥成为联系唐朝中央和安西、北庭的纽带，再加上比邻西域东北部，对北庭地区在经济利益方面征求无厌和过度压榨。依附在北庭的沙陀部落也常常遭受回纥的侵扰和掠夺。如是而言，镇守北庭的唐朝将士和当地的沙陀部落与回纥之间积怨已久，双方矛盾一触即发。此外，西域附近的葛逻禄部落、白服突厥部落也时常遭遇回纥的侵掠。

其二，吐蕃对西域同样虎视眈眈。吐蕃利用葛逻禄、白服突厥与回纥之间的矛盾对葛逻禄和白服突厥进行贿赂，取得他们的支持。唐德宗贞元五年（789）冬季，吐蕃联合葛逻禄、白服突厥发动对北庭的进攻。回鹘（回纥788年后改名回鹘）得知消息后，派遣大相颉干迦斯率兵前来救援。吐蕃军队以逸待劳，又有联军的配合，击败了回鹘军队，转而对北庭的进攻更加猛烈。北庭将士和沙陀部落苦于回鹘此前的侵掠和吐蕃的强势进攻，最终选择投降吐蕃。伊西北庭节度使杨袭古率众奔往西州,颉干迦斯也率余众返回。

其三,回鹘卷土重来,西州将士仍然固守。唐德宗贞元六年(790),回鹘大相颉干迦斯举全国之兵力企图收复北庭,但再次兵败于吐蕃。伊西北庭节度使杨袭古收拾余众准备返回西州时,颉干迦斯欺骗其说道:"随我一同前往牙帐吧,再送你返回唐朝。"杨袭古信以为真,然而抵达回鹘牙帐后,却被拘留,不久遇害身亡。唐朝在天山东部的三大重镇为伊州、庭州和西州,伊州约于唐代宗大历初年陷落于吐蕃,北庭此时也被吐蕃占据,至此,仅剩下西州将士依然坚守西域。

伊西北庭节度使杨袭古的遇害,似乎是安史之乱以后唐朝在西域势力衰退情况下不可避免的悲剧,此后"西州"逐渐淡出史家的视野,吐鲁番也将迎来新的统治者和变局。

首先,吐蕃与回鹘继续争夺天山东部地区。贞元七年(791)八月,回鹘派遣使者入唐进献吐蕃和葛逻禄的战俘,这表明回鹘击败吐蕃夺取北庭。据敦煌文献《金刚坛广大清净陀罗尼经》题记记载,西州于贞元八年(792)年被吐蕃攻陷。唐朝中央此时与西域几乎音信全无,因而很少有记载涉及当时的西域形势变化。20世纪末,俄国探险家于鄂尔浑河上游喀剌和林遗址发现《九姓回鹘可汗碑》,为研究唐后期回鹘在西域的活动提供了重要的线索。石碑由汉文、粟特文、突厥文三种文字铭刻，损坏程度严重，仅汉文部分相对完整，主要记述保义可汗事迹，其中提及回鹘不仅击败吐蕃收复北庭，而且逐渐控制天山北部，继而南下龟兹向东追击吐蕃，最终驱逐吐蕃。又据摩尼教《赞美诗集》，回鹘于9世纪初时已经占据东天山的北庭、龟兹、焉耆和西州等地区。

唐穆宗时期，东天山地区仍然在回鹘的控制之下。长庆元年（821），唐朝与回鹘和亲，唐宪宗之女、唐穆宗之妹太和公主出嫁回鹘。吐蕃闻讯，出兵侵扰。回鹘上奏提供军事援助，分别从安西和北庭调出一万骑兵抗拒吐蕃对和亲的阻拦。

其次，黠戛斯政权一度占据东天山地区。唐文宗时期，强盛一时的回鹘政权遭遇内外双重考验。外部方面，饥荒、病疫、大雪等灾害，加剧了回鹘的经济危机和社会矛盾。内政方面，统治集团争权夺利，相互厮杀。先是回鹘宰相安允合与特勤柴革阴谋篡位，萨特勤可汗发觉后诛杀了两人。此举引起拥兵在外的另一宰相掘罗勿的怨恨，继而掘罗勿伙同沙陀势力抗衡萨特勤可汗。双方交战中，萨特勤可汗兵败自杀，掘罗勿拥立新可汗𧶽馺（音厄萨）特勤。内争并未因此而止息，反而掀起更大的波澜。将军句录末贺不满掘罗勿的行径，竟然联合回鹘的敌对政权黠戛斯十万兵力袭击掘罗勿，给予回鹘政权致命一击。回鹘汗国由此分崩离析。

## 序　章　吐鲁番的政权

　　黠戛斯活跃在回鹘的西北区域，亦位于天山以北，唐肃宗乾元年间被回纥击败，中断了与唐朝的交往。此番黠戛斯攻破漠北回鹘汗国之后，也分兵进军西域。唐武宗会昌二年（842），黠戛斯派遣使者入唐，自言已经占据安西、北庭等五部，其范围与吐鲁番在内的东天山地区相当。随着回鹘酋长仆固俊的崛起，黠戛斯势力最终退出东天山。

　　最后，吐鲁番进入高昌回鹘王国时期。回鹘汗国瓦解之后，部众发生了大规模的迁徙活动，其中南迁的一支在与唐朝几次较量之后逐渐与当地民众融合。向西迁徙和发展的主要分为三支：一支西投吐蕃，成为日后甘州回鹘政权的主体部分；一支西奔葛逻禄，迁徙到葱岭附近，建立了喀喇汗王朝；一支抵达东天山地区，建立了高昌回鹘王国。

　　高昌回鹘的建立者为仆固俊。唐懿宗咸通七年（866），回鹘酋长仆固俊攻克西州、北庭、轮台等城镇，为政权的建立打下基础。此后高昌回鹘与辽、北宋、西辽、蒙古等政权都不同程度地进行政治和经济交往，甚至是隶属关系。

　　以上可以看出，两汉至宋元，吐鲁番政权的变迁纷繁而又富有传奇色彩。

# 第一章
# 吐鲁番的环境

　　独特的自然地理环境使得吐鲁番炎热干旱，这里拥有国内陆地最低点的艾丁湖、历史悠久且闻名遐迩的葡萄种植、荒漠戈壁下常年流淌清水的坎儿井，也有充满神话色彩的火焰山。隋唐时期吐鲁番地区的政治归属变动频繁，游牧文明和农耕文明在此交会和碰撞，使其面临着复杂的地缘关系。唐朝统治者西州经略的成功，对整个西域形势的稳定和开拓具有深远的战略意义。

第一章　吐鲁番的环境

## 一、独特的自然地理

新疆"疆"字的右半部，形象地展现出新疆"三山夹两盆"的地貌分布，而中间的那一横，即指横亘在中亚内陆的天山山系。天山西起咸海之滨的图兰平原，东至中国和蒙古国边境的沙漠戈壁，东西绵延2500多公里。中国境内天山西起乌恰县克孜河谷，东至哈密市星星峡以东，长达1700多公里，最高峰托木尔峰海拔约7443米。同时，天山也是古老而年轻的山系，在漫长的地质演进时期，地质建造、基岩断裂、板块碰撞、垂直运动等共同作用下塑造成现代的天山。

山间盆地和谷地是天山山系的重要组成部分。其中，吐鲁番—哈密盆地位于天山山系东段，是整个山系中最大且最低的山间盆地。从地质学上讲，吐鲁番盆地南北两侧均是大断裂，符合断陷盆地的特点。盆地早在中生代的三叠纪初已经形成，至侏罗纪，盆地构造形式开始变化，沉积中心向东南迁移。吐鲁番盆地四周山地环绕，地势北高南低，北部为雄伟的博格达山，平均海拔4000米以上，最高峰博格达峰海拔约5445米，中部为低洼封闭的绿洲，中南部有全国内陆最低地艾丁湖，海拔约-154.3米，南部为库鲁克塔格山。记述北魏时期历史的《魏书》，提及高昌

## 吐鲁番：明月天山交河城

"四面多大山"，北有赤石山以及"夏有积雪"的贪汗山，后者对应的即是火焰山和博格达山。唐代著名边塞诗人岑参任职西域期间，曾描述到"火山今始见，突兀蒲昌东。赤焰烧虏云，炎氛蒸塞空"。其中，"火山"即火焰山，"蒲昌"即西州蒲昌县。

结合唐代的地理文献，吐鲁番的地理景观主要有天山、交河、石碛、大沙海等。唐太宗建置西州后，重新规划行政区域，西州由高昌县、交河县、柳中县、天山县、蒲昌县五县组成。高昌县位于西州中部，取名于高昌国，县北30里有折罗漫山，即天山，县西有交河，产赤盐，味道甚美。交河附近的水泽有羊刺草分布，它的上面生有蜜，味道与蜂蜜相似，当地民众称为刺蜜。柳中县同样位于西州东部，相距30里，来往驿站多经行此地，修筑有险固的城墙，天山在县东北，县东南90里是一望无际的沙漠，称为大沙海。交河县位于西州西北部，相距80里，辖区内的交河发源于北边的天山，水分流于城下，故名交河，是西汉时期车师前王庭所在地，也是吐鲁番绿洲形成的关键。天山县位于西州西部，相距150里。蒲昌县位于西州东北部，相距180里，为西汉时期车师后王庭所在地，也是乌孙的东境。

上述的地质和地形条件，造就了吐鲁番独特的自然环境。吐鲁番盆地深居内陆，又受到周边大山的影响，致使气候极其干旱、炎热，大风频繁，降水量也属于天山山系中最少的地区。盆地冬季温暖而夏季酷热。据气象学数据，现今吐鲁番年均气温约13.4℃，热季日最高温超过35℃的炎热日在100天以上，以"火洲"闻名于世。全年无霜期约长达262天，年降水量约17.3毫米，而年蒸发量约达2741.9毫米。

据《隋书》记载，高昌气候温暖，谷子、麦子可一年两熟，适宜种植桑蚕，特殊的灌溉方式坎儿井扩大了绿洲的面积，使吐鲁番绿洲成为历代中央王朝治理西域的重要屯垦区之一，如汉元帝置戊己校尉在车师前王庭进行屯田，唐朝在这里有"天山一屯"，即屯田5000亩。结合吐鲁番出土文书，其中不仅有大量文书涉及屯田种植，还可以发现当地具有相对完善的水利灌溉系统和管理制度。如名为《唐西州都督府上支度营田使牒为具报当州诸镇戍营田顷亩数事》的文书统计了西州诸镇戍单位的营田数额，文书残缺，言及营田总数达十余顷、赤亭镇的兵额有42人、白水镇30余人营田6顷等信息。又如名为《唐开元二十二年西州高昌县申西州都督府牒为差人夫修堤堰事》的文书中，言及十六所"新兴谷内堤堰"修建料用单功600人、"城南草泽堤堰及箭干渠"修建料用单功850人，反映兴修水利事宜。

日照时间长，昼夜温差大，历史上吐鲁番也是著名的瓜果之乡和棉产地，现今吐鲁番仍盛产葡萄、哈密瓜、长绒棉。据相关研究，葡萄原产于东地中海沿岸，之后传至中亚和东亚地区。

2003年，考古工作者于吐鲁番鄯善县洋海墓葬发现汉代以前的葡萄藤标本，充分说明吐鲁番的葡萄种植历史悠久。魏晋南北朝时期，葡萄的种植在西域得到推广，该时期的吐鲁番文书也有不少反映葡萄种植和商贷的文书。葡萄的种植也推动了葡萄酒酿造业的发展。唐太宗平定高昌后，将当地的马乳葡萄引进到宫廷御苑中栽培，按照学得的高昌酿酒法进行生产，酿成后，有八种颜色，酒味芳香酷烈，赐予朝臣共享。

## 二、复杂的地缘关系

吐鲁番独特的自然地理条件和显著的军事交通地位，使其成为汉唐时期丝绸之路沿线的重要城市。以吐鲁番地区为基础建立起的政权，由于自身力量的相对薄弱，使其不可避免地受到周边游牧政权和中原王朝的影响和控制，处在错综复杂的地缘环境之中。

两汉时期，车师前国所在的吐鲁番地区土地肥沃，中央王朝与匈奴部落对其展开激烈的争夺。西汉王朝与匈奴之间有"五争车师"的说法，最终随着匈奴势力的衰退和汉宣帝时期西域都护府的建立，吐鲁番在内的西域地区归属西汉。东汉时期，中央王朝与西域"三绝三通"，车师的驻守和屯田对中央王朝的西域经

## 第一章　吐鲁番的环境

略至关重要。魏晋时期，中原政权曾经在高昌建置戊己校尉，负责管理西域事务，但整体而言，与西域的联系并不频繁。其间前凉政权的张骏首次建置高昌郡，之后的前秦、后凉、西凉、北凉割据政权皆曾经控制高昌。同时，吐鲁番也存在车师前部政权。南北朝时期，吐鲁番地区经历了剧烈的政治变动，高昌成为中原的北魏、漠北的柔然与高车三大势力争夺的焦点，高昌国的建立也发生在此时。随着阚氏、张氏、马氏高昌政权的覆灭，吐鲁番历史上迎来发展相对稳定的麴氏高昌国时期。

隋唐时期，吐鲁番历史的发展与周边突厥、铁勒、薛延陀、焉耆、回纥、吐蕃以及中原王朝的盛衰息息相关。

突厥是 6 世纪中叶兴起的游牧部落，也是与麴氏高昌国交往最为密切的草原霸主之一。突厥的名称与突厥人擅长的冶铁技艺相关。文献中对突厥起源的传说有"匈奴说""铁勒说""乌孙说""海神说""狼传说""平凉杂胡说"等多种版本，这可能与突厥部落不同时期的迁徙有关。6 世纪中叶，突厥主要活跃在现今阿尔泰山和准格尔盆地一带。前文提及突厥击败柔然政权之后，建立起突厥汗国。此时麴氏高昌国正值麴宝茂在位。20 世纪初，吐鲁番三堡出土一方石碑，石碑正面题名为《折冲将军新兴令麴斌芝造寺布施记》，其中内容提及高昌王麴宝茂的官衔有突厥官名"希利发"。"希利发"在《隋书》《旧唐书》等正史中

吐鲁番：明月天山交河城

又称作"俟利发""颉利发"等，常设在属国或属部，西突厥曾经对管辖的西域诸国国王皆授予"颉利发"，并且派遣吐屯的官员负责监统和征收赋税。石碑反面题名为《宁朔将军绾曹郎中麴斌芝造寺铭》，其中内容提及突厥势力强盛，高昌与突厥结盟联姻。据学者们的研究，这方石碑反映的是麴宝茂娶突厥木杆可汗之女，这与《隋书·高昌传》记载的麴伯雅的祖母为突厥可汗之女相一致。可见，在突厥汗国兴起之初，高昌国已经与突厥有着密切的交通往来，高昌不仅附属于突厥，两者也通过政治和亲稳定关系。麴宝茂之子麴乾固继位后，仍然接受突厥的官名"希利发"，这在其供养的佛经题记中有所体现。

麴乾固时期也与西突厥的阿波可汗有往来。吐鲁番出土文书中出现的"阿博珂寒"，即是阿波可汗。前文曾指出隋文帝初年，突厥汗国因内战发生分裂，以现今蒙古高原的杭爱山为界，西边为西突厥，东边为北突厥。阿波可汗正是西突厥的建国可汗。这里有必要对突厥的内战略加讲述，以便了解在隋唐之际，高昌国如何在漠北北突厥和西域西突厥两大强权之间选择军事同盟。当然，前提是高昌国有选择的机会。事实上，多数情况下高昌同周边相邻政权一样，都是被迫的附属。

突厥汗国初期的汗位继承呈现出"舍子立弟"的现象，为后来的汗位争夺埋下伏笔。突厥建国可汗之一土门可汗去世后，其子乙息记可汗继位；乙息记可汗病逝后，舍弃其子摄图，其弟木杆可汗继位，首次出现"舍子立弟"。木杆可汗在位时期，东西征讨，疆域和势力获得极大的扩展和提高。木杆可汗去世，舍弃其子大逻便，其弟佗钵可汗继位，第二次出现"舍子立弟"。佗钵可汗时期，中原地区的北齐和北周政权争相讨好突厥，竭尽国库对其奉养，可见当时双方的军事力量对比。佗钵可汗病逝前夕，对其子菴罗说道："我听闻论亲密关系没有哪种能胜过父子关系的，我的兄长木杆可汗舍其子而让我继承汗位，我去世后期望你支持大逻便继位。"于是突厥内部准备遵照佗钵可汗的遗嘱拥立大逻便，但有部众提出大逻便的母亲身份卑贱，难以服众，而菴罗的母亲尊贵，应当继位。双方各执一词，互不相让。

正当两难之际，乙息记可汗之子摄图从领地归来，表明自己的态度："假若拥立菴罗，我将会率领部众坚决支持，假如拥立大逻便，我必将严守领地，与其兵戎相见。"摄图此话一出，朝臣考虑到他年长的地位和雄厚的实力都感到畏惧和恐慌，不敢反对，因而国人拥立菴罗为可汗。大逻便由于未能如愿继位，不仅心存不满，而且数次辱骂菴罗。菴罗不能控制局面，计划将汗位转让给摄图。朝臣之间也相互议论，认为目前国内诸可汗的子嗣之中，摄图贤能，最有威望，于是摄图继任为新的突厥大可汗，称为沙钵略可汗。摄图为感谢菴罗的退让，封其为第二可汗，属于小可汗。大逻便对此心存不满,向摄图请示说道:"我和你都是可汗的后人,如今你继位为可汗,享受尊位,我却没有名位,怎么可以这样?"摄图担心大逻便生出事端,于是也封其为小可汗,名号为阿波可汗,仍统领其部落。

与沙钵略可汗继承汗位大约同时,中原地区也发生了政权的更迭,北周外戚杨坚开启了隋朝时代。沙钵略可汗一方面继续着北方草原的统一事业,另一方面也南下侵扰中原地区,以期隋朝能像北齐、北周那样继续侍奉自己。隋文帝一改前朝争相讨好突厥的局面,决定出兵反击。如是,两个新兴的君主和酋领,势必要以武力展开对话了。

突厥与隋朝的交战,加上突厥内部固有的围绕汗位继承的矛盾,终于引发突厥汗国的分裂。开皇三年(583),沙钵略可汗率领阿波、贪汗等诸小可汗南下,隋文帝也派出河间王杨弘、豆卢勣、窦荣定、高颎、虞庆则等出塞分道出击。此时隋文帝除了具备守护边塞的决心和勇气以及出色的将帅之外,还有能够制胜的计谋。朝臣长孙晟凭借北周末年出使突厥的经历,对突厥领地的山川险要、内部诸势力的强弱矛盾了如指掌。如面对沙钵略的南下,长孙晟提出"远交而近攻,离强而合弱"的谋略,促使阿波可汗倒向隋朝的阵营,较早地退出战争。适逢沙钵略兵败,听闻阿波可汗有二心,新生的愤怒加上旧积的忌妒,于是率兵击破阿波可汗的牙帐，俘获其部众，甚至杀害了阿波可汗的母亲。阿波可汗遭到重创，顿时无处可归，危难之际或许想起长孙晟曾经谈及"联合达头，相合为强"的策略，继而决定投奔达头可汗寻求支援。

达头可汗是室点密可汗之子，也属于小可汗，领地范围包括突厥汗国的西部。依据19世纪末发现于蒙古高原的《阙特勤碑》记载，后世的突厥可汗将土门与室点密兄弟共同追忆为建国可汗。因而按照辈分讲，达头可汗其实是沙钵略可汗和阿波可汗的叔父。达头可汗对沙钵略可汗的行径感到愤怒，也十分同情阿波可汗的遭遇，给予十余万兵力协助阿波可汗夺回领地和复仇。有了达头可汗的支持，阿波可汗如获重生，同时吸纳与沙钵略可汗有矛盾的部落，向东步步反击，连兵不已，数次击败沙钵略可汗，收复故地，并且建立起西突厥汗国。面对阿波可汗的强势进攻，沙钵略难以抵挡，最终选择向隋朝称臣，企图借助隋朝的力量与阿波可汗抗衡。

阿波可汗与沙钵略可汗相互征战的这段时期，高昌的归属文献中没有明确的记载。此前高昌王麴宝茂因为与木杆可汗联姻，可认为高昌附属于土门系可汗，而非西部的室点密系可汗。西突厥汗国建立以后，阿波可汗不仅收复故土，也趁势发展壮大，其领地的范围东至都斤山（现今蒙古高原杭爱山），西越金山（现

吐鲁番：明月天山交河城

今阿尔泰山），统属龟兹、铁勒、伊吾等西域诸国。按照空间范围来说，既然天山南麓东端的伊吾与西端的龟兹附属于西突厥，那么位于两者之间的高昌或许也应附属于西突厥。但是《隋书》的记述却没有提及高昌，故而部分学者认为此时的高昌并不隶属于西突厥，而是仍然归附北突厥。

此外，麴乾固时期也与突厥的贪汗可汗有往来。吐鲁番出土文书中出现的"贪旱珂寒"，即是贪汗可汗。贪汗可汗与阿波可汗的关系和睦融洽，在阿波可汗与沙钵略可汗交恶之后，沙钵略侵夺了贪汗可汗的部众，并且废去他的小可汗之位。贪汗可汗也选择了投奔达头可汗。

高昌虽然隶属于突厥，但两者关系的发展也并非一帆风顺。麴乾固延昌三十年（590），亦即隋文帝开皇十年，突厥攻破高昌四座城池，致使有两千高昌民众降附隋朝。由于文献记载匮乏，目前还难以判定此次袭击高昌的突厥势力，究竟是属于西突厥还是北突厥。

隋炀帝时期，高昌一度附属于铁勒。铁勒又称敕勒，是中国古代西北地区的游牧政权，北朝隋唐以来其部落分散生活在亚欧草原，分布范围广泛，各个部落之间姓氏有别，总称为铁勒。铁勒诸部没有固定的居所，随水草的丰盛和季节的变化流动迁徙，没有统一的酋领，依据活动的区域分别隶属于西突厥和北突厥。

## 第一章 吐鲁番的环境

铁勒诸部善于骑射,自突厥汗国兴起以来,常常追随突厥东征西讨,扩展领地。自阿波可汗覆灭以后,西突厥的势力日益衰退,第三任统治者处罗可汗在位时期,统御失序、无道,致使汗国内叛乱频发,其中就包括与铁勒之间的数次交战。西突厥对铁勒长期的军事压迫和经济掠夺,引来铁勒部众的奋起反抗。铁勒此前曾击败过西突厥第二任可汗泥利可汗,势力和影响逐渐壮大,部众拥立神勇绝伦、享有声望的莫何可汗。隋炀帝大业初年,莫何可汗率领诸部一举击败处罗可汗,致使西突厥的部众向西迁徙。这时铁勒的领地范围包括伊吾、高昌、焉耆诸国。铁勒的迅速崛起,不仅成功击退西突厥,也将附属于北突厥的高昌纳入麾下,可谓冠绝一时。

铁勒控制高昌以后,派遣重臣常驻在高昌,负责收取商税。这里商税征收的对象,主要指丝绸之路上途经高昌的商人。铁勒对高昌控制力的强弱,从大业八年(612)麹伯雅朝贡隋朝返回后计划施行文化习俗改革遇到的阻力可以看出来。前文提及麹伯雅的改革,属于文化习俗上的"举国内徙",这场改革除了遇到国内反对派的阻力之外,也因为国内常驻有铁勒的重臣,而不能真正地执行。

隋朝后期,西北地区诸政权之间交战频繁,局势动荡。突厥西部的达头可汗,早期支持阿波可汗建立西突厥汗国,而自己也

### 吐鲁番：明月天山交河城

一直企图成为突厥汗国东西两部的大可汗，故而在隋文帝后期与北突厥之间相互征伐，矛盾不断升级，甚至也侵扰隋朝边境州县。隋文帝也派遣将帅杨素、高颎等积极应对。此时北突厥的酋领为都蓝可汗，是沙钵略可汗之子。都蓝可汗与隋朝关系逐渐恶化，不再朝贡隋朝，双方也展开军事较量。不久都蓝可汗被部下杀害，北突厥出现权力真空。达头可汗乘虚而入，自立为步迦可汗，终于获得梦寐以求的大可汗之位。然而好景不长，达头可汗一方面面临隋朝的击讨，另一方面也难以调和汗国诸部之间的矛盾，继而引发内部叛乱。大可汗之梦如昙花一现，达头可汗于慌乱之中出奔吐谷浑，此后不知所终。

西北地区局势动荡的另一表现是西突厥汗国发生内乱。西突厥处罗可汗被铁勒击败后，适逢隋朝朝臣裴矩在敦煌联络西域诸国。在裴矩的劝诱下，处罗可汗派遣使者朝贡隋朝。大业五年（609），隋炀帝前往河西地区游玩，其间派遣使者韦节出使西突厥，希望处罗可汗能够亲自朝觐，但以失败告终。隋炀帝虽然生气和不甘，但由于相距遥远，也无可奈何。此时，恰逢西突厥的另一酋长射匮遣使入朝求婚。朝臣裴矩认为这是千载难逢的机会。于是向隋炀帝献计说道："处罗可汗拒绝朝觐，是自恃强大的缘故。如果实施计谋使其变弱，制造矛盾，就会容易控制。近来求婚的酋长射匮，他是突厥西部都六可汗之子，达头可汗之孙,世代因袭为可汗,领地在西方。如今听闻他失去领地,隶属于处罗可汗,之所以前来朝觐,是想向朝廷寻求支援。期望陛下能热情款待射匮的使者,册封射匮为大可汗,如此西突厥便出现分离的倾向,处罗可汗和射匮可汗双方都将归附朝廷。"

隋炀帝仔细琢磨了裴矩的谋略,认为一石二鸟,大为赞同,随即下令执行。裴矩于是对射匮的使者传达了隋炀帝的旨意,动之以情,晓之以理。之后隋炀帝在仁风殿亲自接见了使者,言及处罗可汗骄傲自满,对隋朝不恭顺,但射匮态度友好,朕计划册封其为西突厥大可汗,继而发兵征讨处罗可汗,之后再把双方和亲的事情提上日程。同时为表示信义,隋炀帝赐予使者桃竹白羽箭,命其转交射匮。强调道:"这件事适宜迅速执行,正如快箭已发一样。"使者返回途中,途经处罗可汗牙帐,处罗可汗对白羽箭甚是喜爱,想要据为己有,使者机智应对,全身而退。射匮听取了使者的传话,喜出望外,立刻密谋和召集兵马,袭击处罗可汗。交战的结果,处罗可汗兵败,甚至顾不上妻子,率领数千将士向东方逃窜。

射匮为达头可汗之孙,达头可汗为室点密之子,故而可将射匮视为室点密系统;处罗可汗为泥利可汗之子,泥利可汗之父鞅素特勤身世虽然不详,但属于木杆可汗子孙的问题则不大,而西突厥汗国的建国可汗阿波可汗为土门可汗之孙,故而可将处罗可汗视为土门系。如是而言，身为部落酋长的射匮击败了处罗可汗，并在隋炀帝的支持下继任可汗，其意义和影响不仅是西突厥发展史上的一次内乱，更深远的在于西突厥汗国可汗的系统由土门系转移到室点密系。

处罗可汗兵败于射匮，再次与高昌发生联系。原来处罗可汗及其余众在向东逃亡途中又遭遇射匮的追兵劫掠，逃遁到高昌的东部附近，在天山临时找到据点。高昌王麹伯雅获知后，惶恐不安，仿若拿到烫手的山芋。麹伯雅非常清楚西突厥与铁勒之间的恩怨，正是由于数年前西突厥处罗可汗兵败于铁勒，才导致自己臣属铁勒。现在处罗可汗受内乱躲避在本国境内，该怎么处理？假如上报铁勒，那么铁勒很可能对处罗可汗展开报复，到时自己说不定也会被要求出兵，造成生灵涂炭。假如隐瞒消息，那么等到铁勒知道自己知情不报，自己将受到严厉的惩罚。

最终，麹伯雅选择将这一情况禀报隋炀帝。隋炀帝收到情报后，盛赞裴矩的锦囊妙计，现在已经达到分化西突厥的目的。继而隋炀帝派遣裴矩前往高昌招纳处罗可汗。为了成功笼络处罗可汗，裴矩将隋文帝时期滞留在京城长安的处罗可汗之母向氏带上一同前往。正如裴矩所预想的，母子团聚，处罗可汗感激涕零，在母亲的劝说下，决定离开西域觐见隋炀帝。隋炀帝派遣朝臣樊子盖前往武威迎接，麹伯雅与处罗可汗一并入朝。樊子盖参与平

第一章 吐鲁番的环境

定陈朝的战役,为当朝名将,又多次任职地方官,称为良吏,深得隋文帝、炀帝的信任和赞赏。隋炀帝西巡期间,观察河西地方的风俗和治理情况后并不满意,认为这里法治贯彻得不到位,于是委任樊子盖为武威太守,期望这位国之良臣起到西方万人敌的功效。

铁勒因为莫何可汗率领部众勇敢反抗、西突厥衰落等原因一度强盛,在西域的混乱局势中控制高昌数年,随着西突厥、北突厥势力发展的变化,高昌再次面临归属何方的问题。

一方面,西突厥汗系由土门系转移到室点密系之后,汗国迎来"中兴"局面。射匮可汗总结历史的经验,深知内部的团结统一对于汗国的发展至关重要。于是重新整合西突厥诸部,继而开拓疆域,取得可观的成效。同时,受历史因素的影响,西突厥也视北突厥为敌人。不久,射匮可汗去世,其弟统叶护可汗继位。统叶护可汗英勇而有谋略,善于作战,其在位期间再次降服北边的铁勒,西边领地比邻波斯,南边抵达罽宾(现今兴都库什山南麓附近)。《旧唐书》在描述此时统叶护可汗的势力时说:"西戎之盛,未之有也。"显然,统叶护可汗已经成为新一代西域霸主。

另一方面,北突厥都蓝可汗与隋朝关系恶化以及去世之后,隋文帝扶植的突利小可汗继任为北突厥的大可汗,又称启民可汗。突利为沙钵略可汗之弟处罗侯可汗之子,处罗侯和都蓝在沙

吐鲁番：明月天山交河城

钵略可汗去世后相继为大可汗。在北突厥都蓝可汗与突利可汗内争期间，突利因势力弱小选择归附隋朝，因而继任大可汗之后对隋文帝十分忠心，自言愿意千年万年为隋朝管理羊马事业。此后启民可汗频繁朝贡隋朝，隋朝也对其赏赐丰厚。北方的草原世界终于告别战争，进入来之不易的和平发展阶段。这种友好关系与稳定局面持续到隋炀帝执政后期，启民可汗之子始毕可汗继位之后，势力逐渐壮大。朝臣裴矩故伎重施，向隋炀帝建议分化北突厥，避免其尾大不掉。

如果说此前裴矩分化西突厥的政策促使射匮可汗暂时归附隋朝取得了成功，那么这次裴矩失策了，并且险些终结隋朝的国运。始毕可汗得知裴矩的计谋之后，终止了对隋朝的朝贡，同时也意味着漠北地区十余年的和平局面进入尾声。大业十一年（615），隋炀帝在狩猎期间，始毕可汗突然率领数十万骑兵发动进攻，隋炀帝被围困于雁门县（现今山西省忻州市代县附近）。这便是继汉高祖刘邦"白登山之围"之后，中国古代统治者再次被北方游牧政权出兵围困的历史事件。此后虽然隋炀帝得以解围，但这件事却无异于向周边政权宣告：东亚北突厥的称霸时代到来了。再加上受到隋末唐初中原地区战乱的影响，大量隋朝民众迁徙到北突厥境内，正所谓"北狄之盛，未之有也。"

面对西突厥射匮可汗和北突厥始毕可汗的兴盛，铁勒诸部的

第一章　吐鲁番的环境

莫何可汗与也咥小可汗主动取消可汗称号，分别臣属于西突厥和北突厥。结合当时的势力情况，回纥等分布在郁督军山（现今蒙古高原杭爱山）的六个部落隶属于始毕可汗，薛延陀等分布在阿尔泰山的部落臣属于射匮可汗。

然而，文献中关于此时高昌隶属的记载出现矛盾。据正史《旧唐书》记载，当时射匮可汗的领地范围东起现今的阿尔泰山，西至咸海，自玉门关以西的西域诸国都隶属于西突厥。若按照地理空间，高昌位于阿尔泰山和玉门关以西，那么高昌似乎应该属于西突厥。但《旧唐书》又记载当时的契丹、室韦、吐谷浑、高昌诸国臣属于始毕可汗。两种记载，哪一个正确呢？

综合来看，隋末唐初的高昌隶属于始毕可汗的可能性更大。联系前文提及的麴伯雅后期发生的"义和政变"，高昌国内反对麴伯雅的势力夺取政权，并且以北突厥为后盾，而麴伯雅父子则凭借此前与西突厥的交往而投奔其领地。

麴伯雅在西突厥避祸期间，还进行了联姻。射匮可汗的长子咄度设迎娶了麴伯雅的女儿。如是而言，麴伯雅的"保护伞"更加坚固了。随着"义和政权"的倒台，麴伯雅、麴文泰父子重掌国政。凭借与西突厥的关系，高昌也完全附属于西突厥射匮可汗。

纵观突厥汗国兴起以来，突厥势力的每一次分化和整合除了

103

吐鲁番：明月天山交河城

影响自身的兴衰之外，还深刻影响着西域和漠北的形势发展。地处西域要地的高昌，无法在西突厥、北突厥两大强权之间获得自由的发展，甚至有时隶属于第三方铁勒。即使如此，高昌几乎也没有放弃过展开"多边外交"的努力。如在突厥汗国分裂前，同时与西突厥、北突厥有联系；又如向铁勒称臣期间，也派遣使者朝贡隋朝。此外，高昌与突厥的关系背后，或隐或现也能看到隋朝存在着推动作用。

进入到唐代，早期吐鲁番地区依然是西突厥和北突厥的势力分界点，而西突厥和北突厥势力的此消彼长仍然将对高昌的隶属权持续发挥作用。贞观四年（630），唐太宗击败漠北颉利可汗后，北突厥余部一部分逃往西域。其中，颉利可汗之侄欲谷设（与西突厥欲谷设并非一人）逃至高昌。欲谷设听闻其兄突利可汗归降唐朝后受到礼遇，随即亦归附唐朝。随着唐太宗开始经略西域，高昌再次陷入周边政权的争夺局面之中。直到唐太宗贞观十四年（640）平定高昌国，建置西州，吐鲁番成为唐朝在西域的州县，才迎来更加辉煌和繁荣的发展阶段。

前文对高昌与唐朝的交往历程已经梳理清楚，这里再结合西突厥的内乱，观察高昌是如何从唐太宗在西域亲密的朋友转变为最后兵戎相见的敌人。西突厥统叶护可汗统治西域之时，通常在统治区授予颉利发的官衔，同时派遣吐屯负责监统和收取赋税。

## 第一章　吐鲁番的环境

唐朝建立以后，统叶护维持着与唐朝的友好关系，多次派遣使者朝贡，进献的物品也颇具西域特色，比如鸵鸟蛋、狮子皮等。唐高祖对统叶护也是真诚和热情的结交。事实上，双方也有着共同的目的和利益，那就是联合应对北突厥的扩张。统叶护似乎更加需要唐朝作为战略同盟，于是率先提出和亲的请求。唐高祖对此心存犹豫，对朝臣言道："西突厥距离我朝路途遥远，假若遇到紧急情况，也是远水难救近火，如今他们想和亲，应该怎么办？"朝臣裴矩献计说道："当今面临的主要问题，是北突厥的边患，不如应允西突厥的和亲，增强我们的势力和威望。数年之后，唐朝强大以后，再结合形势调整与西突厥的关系。"唐高祖听从了裴矩的建议，派遣宗室高平王李道立出使西突厥商量具体事宜。统叶护大喜过望，准备了万钉宝钿金带、五千马匹作为献礼。最终因为北突厥颉利可汗从中作梗，使得和亲计划搁浅。

统叶护可汗的去世，不仅中断了强盛一时的称霸局面，也是西突厥由盛而衰的转折点，此前隶属西突厥的西域诸国，正如挣脱缰绳的野马，得以自由地奔跑。统叶护在位期间虽然领地得到扩大，财富日渐增多，但在处理部落之间关系方面，缺乏恩惠和情义，引起一些部落的不满和叛乱。其伯父莫贺咄伺机将其杀害，自立为可汗，简称为俟毗可汗。俟毗可汗继位后以突厥部众为基础分别设立小可汗，自称大可汗。此举没有得到部众拥护，其中的弩失毕部公然推选泥孰为可汗。泥孰的父亲曾是统叶护的部下，自认为不够资格出任可汗，便积极迎取避难在西域康居之地的统叶护之子咥力特勤继任可汗，是为乙毗钵罗肆叶护可汗，简称肆叶护可汗。如此，一山难容二虎，肆叶护可汗与俟毗可汗互相征讨。两者也分别派遣使者朝献唐朝，希望能得到支持。虽然唐太宗此前听闻统叶护去世非常难过，并且派遣使者焚烧玉帛进行祭奠，但面对西突厥的内争局面，却并没有选择支持统叶护之子肆叶护，也没有对俟毗给予谴责，而是两不相帮。就在西突厥内斗过程中，西突厥势力锐减，隋末唐初隶属于西突厥的西域诸国纷纷叛离，获得自由发展的空隙。

高昌自然也是叛离西突厥的西域诸国之一，此时与唐朝的关系也维持得甚好，甚至在唐太宗贞观四年（630）和夫人共同进献唐朝，但是好景不长，西突厥的内斗愈演愈烈，肆叶护可汗凭借统叶护之子的身份和实力逐渐占据上风，吸纳了不少部众，甚至俟毗可汗的部众也归附到肆叶护阵营当中。在肆叶护与俟毗的决战中，俟毗被击败，撤退至现今阿尔泰山附近，之后被泥孰所杀。经历此番战役和持续的火拼，肆叶护终于登上西突厥大可汗之位。此后肆叶护开始对外扩张，向北征讨铁勒、薛延陀等部落，但兵败于薛延陀。肆叶护的性情刚愎自用、猜忌，缺乏统御之术，因听信谗言，将原本战功赫赫的部下乙利小可汗杀害，此

第一章　吐鲁番的环境

举影响恶劣，再次加重西突厥内部之间的离心力。继而又将矛头指向泥孰，欲暗地里除掉他。泥孰得知后，逃往焉耆避祸。肆叶护的行为彻底引起部众的愤恨，弩失毕部等酋长联合其他部族计划袭击肆叶护。肆叶护出逃至康居，不久去世。西突厥部众迎接泥孰为大可汗。泥孰与唐太宗交好，唐太宗册封其为咄陆可汗。咄陆可汗去世后，其弟同俄设继位，为沙钵罗咥利失可汗。

咥利失可汗在位期间，加剧了西突厥的内部分裂。贞观九年（635），咥利失曾献马五百匹，向唐太宗请求和亲，结果没有被答应。事实上，此时唐太宗对西域事务的关注和了解也在逐渐加深。之后咥利失重新统一部落，将汗国分为十部，以碎叶（现今吉尔吉斯斯坦托克马克城附近）为界，以东为五咄陆部，以西为五弩失毕部，每部由一人统管，授予一箭，号为十箭。由于咥利失不被部众拥护，其中一个酋长统吐屯率先发难，与咥利失数次交战。咥利失虽然战胜，但为了安全起见，还是选择出奔焉耆。这里可以看出，焉耆与泥孰系西突厥关系甚为亲密，以致经常作为避难之所。危险并没有解除，统吐屯与阿悉吉部私下谋划拥立欲谷设为大可汗，以咥利失为小可汗。恰在此时，统吐屯被人杀害，欲谷设也被部下袭击。趁此良机，咥利失重回西突厥，收复失地。唐太宗贞观十二年（638），西突厥西边诸部拥立欲谷设为乙毗咄陆可汗，与咥利失再起战火，双方大战之后，伤亡惨重，

107

各自收兵调养。西突厥龙虎相争的局面经此奠定。

高昌也正是在西突厥内争期间，选择或被迫选择加入乙毗咄陆可汗阵营中的。在贞观十二年（638）左右高昌袭击伊州的事件中，高昌的外援为西突厥叶护，表明高昌在此时已经属于乙毗咄陆的势力范围。咥利失与乙毗咄陆中分西域之后，两者的领地范围以伊犁河为界，以东属于咥利失，包括焉耆、龟兹、鄯善、且末、石国、史国、吐火罗等西域诸国；以西属于乙毗咄陆，包括结骨、拔悉密、触木昆等部。前文提及的贞观十二年（638）焉耆遇袭事件，表面上是乙毗咄陆与高昌联合劫掠焉耆，其大背景显然是乙毗咄陆与咥利失的内争。只不过，高昌与焉耆各自属于不同的阵营。

乙毗咄陆可汗接下来的胜利，让高昌坚信自己选择了正确且强大的盟友。贞观十三年（639），乙毗咄陆可汗联合其他部落袭击咥利失，咥利失兵败而亡，但内争并没有因此而画上句号。咥利失之子继任可汗，不久去世。西突厥弩失毕诸部拥立咥利失之侄为乙毗沙钵罗叶护可汗。唐太宗也派遣使者对其进行册封。西突厥内部继续上演着内争，乙毗咄陆的势力逐渐壮大，由伊犁河西部扩展到东部，与沙钵罗叶护多次交战。乙毗咄陆的强盛，让已经与唐朝关系决裂的高昌更加有恃无恐。此时的高昌异常自信，认为即使与唐朝开战，乙毗咄陆也会派兵援助。

# 第一章　吐鲁番的环境

正是麹文泰对西突厥乙毗咄陆可汗势力的倚仗和自身王权观念膨胀等因素的影响，高昌与唐朝终于兵戎相见，需要以战争的方式来结束数年的积怨。麹文泰在唐朝军队攻破都城前病亡，高昌的身份也由战前的西域政权沦为唐朝的州县。

高昌国覆灭的原因，有麹文泰自身的因素，也与西突厥形势的演变密切相关。高昌在西突厥和唐朝之间，最终选择了西突厥；麹文泰在乙毗咄陆可汗、咥利失可汗、唐太宗之间，最终选择了乙毗咄陆。选择一方，意味着放弃另一方，这是西域复杂地缘关系中残酷而又客观的事实。如果说麹文泰联合乙毗咄陆袭击焉耆，唐太宗尚可以容忍，那么两者联合侵袭伊州，则是过于低估唐太宗捍卫西部边疆安全的决心了。

自6世纪中叶突厥汗国兴起以来，高昌先后隶属于突厥东部木杆可汗、北突厥始毕可汗、西突厥统叶护可汗、乙毗咄陆可汗等。唐太宗在高昌故地建置西州以后，标志着高昌与突厥将近百年地缘关系的终结。此后虽然西突厥的内争还在持续，但与吐鲁番地区再发生联系，就已经不是高昌与西突厥之间的事情，而是唐朝与西突厥之间的事情。

此外，北突厥败亡之后，其部落除了归降唐朝之外，一部分逃往至漠北薛延陀和西域。参与平定北突厥的薛延陀部落趁机发展势力，回纥、拔野古、同罗等部落纷纷归附，继而取代北突厥成为漠北地区的新霸主。薛延陀势力发展期间,与北突厥酋长阿史那社尔在西域多次交战,可能曾一度占领高昌地区。详细内容,将在后文展开叙述。

伊吾地区是高昌国东边的近邻,两者的关系也影响着高昌历史的发展。伊吾之地古称昆吾,周穆王征伐西戎时曾进献赤刀。伊吾土地肥沃,两汉时期,中央王朝在此屯田,与匈奴展开多次争夺。魏晋时期,中央王朝在此建置伊吾县、伊吾都尉。隋文帝开皇初年,突厥汗国分裂以后,伊吾比邻金山,故而隶属于当时的西突厥。之后由于铁勒莫何可汗率众击败西突厥,伊吾又与高昌等西域诸国隶属于铁勒。

吐鲁番出土文书中也有高昌与伊吾交往的记载。如《众保等传供粮食帐》记载的"噩吴吐屯",学者们认为指的就是伊吾君长"伊吾吐屯设",或为铁勒在伊吾派遣的官员。

隋炀帝大业五年(609)四月,高昌、吐谷浑与伊吾相约一同派遣使者进献隋朝。同年六月,适逢高昌王麹伯雅亲自入朝,隋炀帝派遣大将薛世雄、观王杨雄、元寿、刘权等攻破吐谷浑。面对突如其来的军事压力,吐谷浑西边近邻伊吾为了避免战火,君长吐屯设主动献地千里。此举甚是符合隋炀帝的心意,然而却依旧不能阻挡隋炀帝进一步经略西域的步伐。裴矩此前在《西域图记》序言中明确提出伊吾为当时中原通往西域的三大门户之

第一章　吐鲁番的环境

一，隋炀帝可谓志在必得。第二年，隋炀帝以薛世雄为玉门道行军大将，联合北突厥启民可汗出兵西域，目标对准伊吾。启民可汗违约未至，薛世雄孤军穿越沙碛，击败伊吾。伊吾起初认为隋朝军队不能顺利穿越沙漠，因而没有认真备战，等到前线告知隋军已经逼近都城，仓皇之间，唯有弃城投降，献出好酒好肉犒劳隋军。随后薛世雄在两汉旧伊吾城的东边修筑新城，这即是隋炀帝继鄯善郡、且末郡之后在西域建置的第三个郡——伊吾郡。

隋末唐初，随着隋炀帝深陷征讨高句丽的泥潭和遭受广大范围内民众起义的乱局，伊吾之地被西域诸部族占据。不久，伊吾又隶属于当时漠北地区强盛的北突厥。贞观四年（630），北突厥败亡，附属于颉利可汗的伊吾城主归附唐朝。唐太宗以其地为西伊州，之后改为伊州，是为唐朝在西域建置的第一个州。

随着西突厥内争的演进，伊州不可避免地受到侵扰。贞观十二年（638）左右，高昌联合西突厥叶护袭击伊州，直接危害到唐朝西北边疆的安全。前文提及此时唐太宗对高昌仍抱有情感上的幻想，下令传召其大臣阿史那矩入朝，而高昌却仅派遣长史麴雍来朝谢罪。或许这个时候，唐太宗已经在酝酿该如何解决高昌问题了。平定高昌以后，高昌与伊吾地区的地缘政治也成为历史。

焉耆国作为高昌国西边的近邻，两者的恩怨对高昌历史的发

111

展也有影响。焉耆是汉唐时期传统的西域政权，位列西汉的"西域三十六国"，即现今新疆维吾尔自治区库尔勒市和焉耆回族自治县附近。6世纪初，活跃在中亚的嚈哒政权翻越帕米尔高原向东发展，一度攻破焉耆。政权破灭之际，焉耆国人逃亡流散，无人能够担起重任，于是求救于东邻麹氏高昌国。高昌王麹嘉派遣其次子主政焉耆。因而不妨说，历史上高昌对焉耆政权的延续发挥过重大作用。

隋末唐初，焉耆同高昌、伊吾等西域诸国曾共同隶属于铁勒政权。唐前期焉耆有居民约四千户，军队约两千人。地域范围东西六百余里，南北四百余里，都城周长六七里，东距高昌七百二十里，西距龟兹国九百里，途中多是沙漠景观，四面环山，道路险峻，易守难攻，有着理想的天险屏障。此外，焉耆南边近海水，芦苇丰盛，渔业和盐业发达。这里的"海水"，指的是现今博斯腾湖。值得注意的是，焉耆的东邻高昌和西邻龟兹都曾是唐代治理西域的最高军事政治机构安西都护府所在地。

唐代著名高僧玄奘法师西行求法归来后，与弟子辩机撰写的《大唐西域记》之中西天取经的第一站就是焉耆，书中称其为"阿耆尼国"。玄奘法师笔下的焉耆土地肥沃，风俗质朴，土产有黍、香枣、葡萄、梨等；服饰材料为白棉布，习俗断发不带头巾；货币方面，金钱、银钱、小铜钱混合使用；国王勇敢但缺乏谋略；宗教方面，国人信仰小乘佛教，寺庙有十余所，僧徒有2000余人。

　　玄奘法师在途经焉耆的过程中，还记载了关于阿父师泉的传说。泉水位于道路南侧的沙崖上，沙崖有数丈之高，泉水从沙崖中部流出。对于经行沙漠的商旅而言，泉水的存在是维持生命的基本保障，因而看到或找到泉水的感觉仿若经历漫漫长夜之后终于等到黎明的曙光。阿父师泉的起源传说与佛教相关。相传，数百名商人和僧侣经行到达沙崖时，携带的水已经用尽，一行人既疲劳又口渴难耐，顿时茫然无措，面临生理和心理的双重考验。众人之中有一位僧人，随身没有行李，旅途中的食物主要依靠大家的施舍。众人相互之间议论道："这个僧人信奉佛法，一路上得到我们的供养，旅途长远却没有行李。如今我等遭遇困境，他竟然也面无忧色，应该将事情告知他。"僧人听闻后回答道："你们若是想喝水，应当崇信佛法，皈依佛门，遵守戒律。"众人全部答应，完成了受戒仪式。僧人又教导道："待我登上沙崖后，你们呼唤'阿父师为我下水'，然后水量任凭你们的需求。"僧人上去一会儿后，众人按照僧人的教导说出取水请求，泉水瞬间从沙崖中间涌出，充足的泉水满足了大家的需求。众人兴奋不已，唯独僧人还不见下来。众人于是上崖寻找师父，发现时已经圆寂。大家一同哭号，伤心师父的去世，最后火葬了师父。众人为

## 吐鲁番：明月天山交河城

了追念师父，收集砖石在师父休息打坐的地方修建了石塔。石塔至今犹在，旁边的泉水也常年潺潺流淌。

焉耆和高昌同为丝绸之路天山南麓的绿洲小国，历史上多从属于周边的强大政权，而两者之间也上演着战争与和平。贞观二年（628）以前，高昌对焉耆曾发动一次寇扰。正是因为这次袭击，使得焉耆对高昌怀恨在心，焉耆王得知玄奘与高昌王结为兄弟后，在玄奘途经焉耆时，焉耆王对其缺乏礼遇，拒绝提供马匹。于是玄奘法师在焉耆仅住宿一夜，便匆匆离去，继续前行，赶往龟兹国。

高昌和焉耆与西突厥都有着密切联系，包括同时隶属于西突厥，但随着西突厥的内乱，高昌与焉耆的关系仍然剑拔弩张。前文提及贞观六年（632）焉耆王突骑支派遣使者进献唐朝，希望唐太宗可以重新开辟从焉耆直达敦煌的大碛路。此举引起麴文泰的极大不满。因为如果大碛路开通，相当于天山南麓的丝绸之路中道出现分流，原来作为商旅必经之地高昌，则会因为新道路的开辟而减少人流量，进而减少并影响高昌的财政税收。麴文泰大怒之后，决定发兵再次袭击焉耆，抢掠一番，满载而归。高昌与焉耆的关系因此进一步恶化。

此次高昌袭击焉耆，打破了高昌、焉耆、西突厥和唐朝四者之间的平衡关系。高昌与唐朝方面，贞观二年（628）前那次高昌对焉耆的寇扰，当时唐朝统治者尚未有精力和能力插手西域事务，但此时唐太宗通过击败北突厥已经成为西北诸政权的"天可汗"，况且两者之前也一直保持着友好关系，故而袭击唐太宗支持的焉耆，等于将矛头间接地指向唐朝。前文提及西突厥内乱以后，焉耆成为泥孰系可汗的避难之所。咥利失可汗继位后，与焉耆关系亲善，焉耆也将其作为可以依赖的朋友和援助势力。

随着西突厥内争双方势力的此消彼长，高昌与焉耆分别加入或被迫加入不同的阵营。高昌站在乙毗咄陆可汗一方，而焉耆属于泥孰系的咥利失一方。贞观十二年（638），高昌与乙毗咄陆联合进攻焉耆，大掠男女一千五百人而归。此时乙毗咄陆的势力处于上升期，高昌在庆幸自己选对了盟友的同时，与唐朝的关系也将渐渐地无法挽回。

焉耆接连受到高昌的侵扰和劫掠，自然视其为仇敌，故而在得知唐太宗下诏征讨高昌时，激动和欣喜难以言表。当行军大总管侯君集抵达西域时，焉耆王主动请求声援唐军，凭借对周边交通和地形的熟悉，为唐朝攻破高昌发挥出积极和显著的作用。平定高昌时，焉耆王前来拜见主帅和祝贺唐军，唐军也将此前高昌劫掠的焉耆民众释放送归于焉耆。焉耆随即派遣使者进献唐朝，衷心致谢。至此，高昌与焉耆的地缘关系也画上句号。

综上，可以看出西北地区局势的动荡与演变，深刻影响着高昌自身的发展以及与周边政权的关系，而高昌与周边政权的关系又反过来制约高昌的历史走向。地缘政治在其中发挥着重要作用。唐太宗建置伊州以后，高昌成为唐朝在西域面对的第一个西域政权，高昌也因为是距离唐朝最近的西域政权而一度成为西域诸国的代言人。得天独厚的地缘条件，让双方有过真挚的友谊。但是随着西突厥内争的持续发酵，天山南北的西域诸国不得不卷入这场纷争，高昌也不例外。

高昌正是在纵横捭阖之间，完成了历史的蜕变。

## 三、显著的军政地位

吐鲁番地区独特的地理环境，使其发展常常受到周边政权的影响，陷入多元和复杂的地缘政治关系之中。高昌国覆灭以后，吐鲁番以新的姿态——唐朝的西州出现在西域。不同的是，自建置起，西州就承担着唐朝进取西域和巩固西北边疆的重任。

在武则天执政后期建置北庭都护府之前，安西都护府是唐前期在西域的最高军政机构，而其最初的坐落之地正是西州。前文曾提及隋朝时已经建置安西都护府，虽然职官类文献没有相关记载，但出土的墓志文献确有佐证。如《宋知感及夫人张氏合葬墓志》言及宋知感的曾祖父廓在隋朝任职"银青光禄大夫、安西都护"。又如《侯方墓志》言及侯方曾祖父昱在隋朝任职"安西都护"。贞观十四年（640）九月，唐朝在高昌国故地建置西州，同月建置安西都护府，其最高长官为安西都护，官阶为正三品，与中书省、门下省最高长官的官阶相同，从官阶上即可看出其位高权重，可以说是唐代职官体系中最高的地方官。

都护的职能主要是抚慰辖区的少数民族部落，抵御外寇，征讨叛乱势力，维护辖区的边疆安全和稳定，下属的官员有副都护、长史、司马、录事参军等。除了安西都护府，唐朝前后在边疆地区还建置过安北都护府、单于都护府、安东都护府、安南都护府、北庭都护府，构成系统的边防体系。

安西都护府的职能和军事力量随着驻所的迁移而有所变化，同时与唐朝统治者的西域政策、西域的周边形势等因素相关。在建置之初，安西都护府的职能主要是统领西州、庭州、伊州三州的军事事务，维护西域东天山地区的安全。结合前几任安西都护的官衔，他们多兼任西州刺史。

从前文魏徵、褚遂良反对建置西州的奏疏中，大致可以推断出西州早期的军队数量至少有千余人。这千余人的军队，主要包括三部分：平定高昌后留下的部分镇守兵、府兵制度下的府兵、内地犯罪的囚徒等。侯君集、薛万均、萨孤吴仁等将领平定高昌班师回朝之前，曾留下部分军队镇守高昌故地，巩固战果的同时防止变乱的发生，这部分军队构成西州军防力量的最早兵力。

早期西州军队第二个主要部分来自当地府兵。府兵制度是唐代前期重要的军事制度，常常与经济方面的均田制度、政治方面的三省六部制度并称，是唐朝初年立国的三大制度基础。府兵即折冲府之兵，唐前期不同阶段折冲府的数量有所变化。唐玄宗时期韦述、张九龄、李林甫等编撰的记述典章制度的文献《唐六典》记载折冲府有五百九十四个，反映的或是开元时期的数量。而北宋宋仁宗时期欧阳修、宋祁编撰的《新唐书》记载折冲府有六百三十四个，反映的或是贞观时期分天下为十道时的数量。折冲府的等级分为上、中、下三个级别，对应的兵额分别为一千二百人、一千人、八百人。长官有折冲都尉、左右果毅都尉等。府兵又称卫士，主要从官阶六品以下的官员子孙和没有徭役的男丁中征选，二十岁应征，至六十岁而罢。所有府兵又统领于左右卫、左右骁卫、左右武卫等中央十二卫和东宫禁军。府兵的主要职责是前往京城长安轮班宿卫、按照需求在地方服役或到其他地方出征和戍防。

西州建立后不久，府兵制度就已经推广实施。结合吐鲁番出土文书，贞观十六年（642）、贞观十八年（644）出现有岸头府、前庭府，唐高宗永徽五年（654）、显庆四年（659）出现的蒲昌府、天山府，加起来就是唐朝在西州建置的四个折冲府。西州府兵在名义上统属于中央禁军中的右领军卫，由于距离京城长安遥远，府兵的职责主要就是在本地服役。此外，文书中也能看到"校尉""旅帅""队正"等字样，这些都属于府兵的基层长官名称。

早期西州军队的第三个主要部分是内地迁徙到西州的囚徒。贞观十六年（642）正月，唐太宗一方面派遣使者安抚西州，另一方面加强西州的军事力量。后者的突出表现就是下令将京城长安和地方州县的死刑囚犯流徙至西州，将犯流刑、徒刑的囚犯同样发配到西州戍边，依据罪名的轻重规定戍边的时间。这项政策中提到的死刑、流刑、徒刑涉及唐代的法律。唐朝建立以后对律法的修订非常重视。唐高祖太原起兵攻破长安后，"约法二十条"，粗略地制定了法律规范，等到形势大致稳定后，诏令朝臣刘文静、萧瑀、裴寂等结合隋朝开皇和大业时期的律令进行修改，形成"武德律"。唐太宗时期又命令朝臣长孙无忌、房玄龄等继续完善，形成"贞观律"。房玄龄与法官学士等最终制定出律文五百条，包括名例、卫禁、户婚、贼盗、斗讼、诈伪等十二篇。在《名例篇》中规定刑法有五种，分别是笞刑、杖刑、徒刑、流刑和死刑。其中，每种又存在量刑和形式的差别，如杖刑分杖六十、七十至一百不等。徒刑起源于西周时期，指获罪服役，具体分服役一年、一年半、两年、两年半、三年五种期限。

吐鲁番：明月天山交河城

流刑，指通常说的流放，依据犯罪轻重，分二千里、二千五百里、三千里三种。

出土文献中也有鲜活的例子反映这一政策的落实情况。如现今河南省洛阳市千唐志斋博物馆收藏有著名的《唐盖蕃墓志》，其中提到盖蕃的兄长盖伯文在贞观时期因犯罪被处以死刑，之后"得减死配流高昌"，指的正是盖伯文因政策变化发配到西州的事例。

安西都护府驻所的迁移存在两种意义的迁徙。第一，在西州内部的迁移。安西都护府最初驻所在交河县交河城，其地理位置偏西，或许是为了应对西突厥乙毗咄陆可汗势力。之后大约在贞观十六年（642）迁移到高昌县的高昌城，其原因在于高昌城具有较浓厚的政治、军事、经济基础，能够更好地管辖西州。第二，由西州迁移到西边的龟兹。随着唐太宗西域经略的演进，在其执政晚年时基本控制了天山南北地区，如此西域的统治中心也应随之西迁。军事力量方面，安西都护府驻所在龟兹时，镇戍的军队多达二万四千人，马匹二千七百匹，衣物赏赐六十二万匹段。所谓衣物赏赐，相当于唐朝中央拨付的经费，而匹段分别是纺织物的计量单位。此时唐朝在西域的各项制度趋于成熟，进入常态化治理阶段，西域形势也趋于稳定。

伴随着唐朝军队数额在西域的增加，相应的西域镇戍体系也逐渐完善。唐朝建立后,边防的镇戍体系概括来说,由道、军、守捉、城、镇等不同级别的军事单位构成。如《新唐书》记载,唐前期的河东道(现今山西省及附近范围),分布有天兵军、大同军、天安军、横野军四个军,岢岚守捉等五个守捉。又如剑南道(现今四川省及附近范围),分布有昆明军、宁远军、通化军等十个军,羊灌田守捉等十五个守捉,新安城等三十二个城,犍为镇等三十八个镇。至于西域地区的军事单位,伊吾军和天山军属于河西道(现今甘肃省及附近范围);瀚海军、清海军、静塞军及沙钵守捉等十个守捉属于北庭道(现今天山以北及附近范围)。需要说明的是,这些军事建置不同的文献记载略有差异,或是反映不同时期的变化,或是记载本身抵牾。

一般而言,军、守捉、城、镇的职能大同小异,皆是戍边防御单位,但兵力配置逐渐递减。如军级别的兵力配置千人至万人不等,北庭都护府城内的瀚海军兵额达一万两千人,马四千二百匹,伊州的伊吾军兵额有三千人,马三百匹。镇分为上、中、下三等,五百人为上镇,三百人为中镇,不满三百则为下镇。上镇的长官称将,官阶为正六品下,另有镇副、录事、仓曹等属官。戍,同样分为上、中、下三等,对应的兵力分别为五十人、三十人和三十人以下。上戍的长官称主,官阶为正八品下,另有戍副、佐、史等属官。统属三十人不到的下戍,长官品阶为正九品下，与一些州县的长官县丞相当，以此可见唐朝对边防的重视。

目前结合传世典籍和出土文献，可以大致勾勒出西州及其附近的军事防御体系。西州有天山军，唐玄宗开元二年（714）建置，驻扎在西州城内，兵额五千人，马匹五百。前庭府在高昌县，县内有山头烽、宁戎驿等。岸头府在交河县，县内有柳谷镇、白水镇、酸枣戍、神山烽、龙泉馆等。柳中县有柳中驿。天山府在天山县，县内有银山镇、礌石戍、赤山烽、天山馆等。蒲昌府在蒲昌县，县内有罗护守捉、赤亭戍、维磨戍、塞亭烽、赤亭馆等。以上不同类型的镇戍力量，连同周边伊州、庭州、焉耆等地的兵力，不仅共同巩固着西州大本营，也维系着天山东部地区的安全稳定。

烽燧在中国古代的军事防御中扮演着重要角色，也是文人墨客诗文中常见的边塞和战争意象。七绝圣手王昌龄的"玉门山嶂几千重，山北山南总是烽"描述了西北边塞玉门关内外烽燧林立的情形；诗圣杜甫的"烽火连三月，家书抵万金"描绘了战争的残酷和将士百姓对家人的思念。结合吐鲁番出土文书，可以进一步了解上述西州及其附近烽燧的日常运转情况。

唐代一般的规定，相距三十里设置一烽燧，但边州地区如西州可以因地制宜结合地形、军事的实际需求布置。一个完整的烽燧单位，主要包括烽燧主体烽台、烽梯、守烽设备和器具等。在

# 第一章 吐鲁番的环境

兵员配置上，烽燧由长官烽帅、副帅和五名烽子共同驻守，实际驻守的兵数，同样会依据防御的实际情况有所调整。烽帅统筹全局，同时负责文书传递，烽子作为哨兵昼夜轮班观望和侦察。遇到敌情，白天放烟，黑夜举火，以此为信号传递军情。据吐鲁番出土的烽燧相关文书记载，守烽将士多是由西州本地进行征发，并且每两年一更替，服役期内每月守烽十五天。经济方面，守烽将士普遍就近屯田耕种，解决部分日常食用问题。

如果烽子逃亡或者因故不能正常守烽，可以选择"雇人上烽"，吐鲁番出土文书记载了相应的雇佣契约。如名为《唐西州高昌县武城乡张玉埵雇人上烽契》的文书首尾相对完整，记述某年正月二十八日，高昌县武城乡的张玉埵（音堆）雇用同乡的解知德代替自己驻守柳中县的某烽燧十五日。双方约定，支付佣金银钱八文之后，若是没有按时守烽，罪过全在解知德一方，不在张玉埵方，又如果其中一方反悔，需要赔付对方两倍佣金。文书结尾有雇佣人、受雇人、担保人、见证人的签字落款。又如名为《唐显庆三年西州范欢进雇人上烽契》的文书，记述了交河县岸头府府兵范欢进以银钱十文雇用高昌县前庭府府兵白喜欢代替自己守烽十五日。契约规定，假如出现延误，责任在白喜欢一方，不在范欢进方。文书结尾残缺，只有雇主的签字落款。

此外，烽燧相关文书中，最生动有趣的莫过于名为《唐小德

123

## 吐鲁番：明月天山交河城

辩辞为被蕃捉去逃回事》的文书。文书前后残缺，大致讲述一位名叫小德的西州百姓被蕃族俘获并成功逃离的故事。小德于某月二日拉车前往城东进行农事活动，遇到敌人从东北方向突然杀出，将小德与其牛一并抓获。敌人关押小德一路前行，第三天时到达突播山，第四日晚在小岭谷休整。小德趁着解手的机会，从敌人手中逃脱，经过三天的奔波，抵达唐朝的维磨戍烽燧。抓获小德的敌人为天山北部的蕃族，总共约有二百骑兵。小德略懂蕃语，从敌人的对话中听到他们计划向驼岭进发。小德的惊险经历，凸显出烽燧在军事防御和军情传递上的重要作用。

随着边疆形势的变化，节度使体制也逐渐建立起来，节度使与都护、军、守捉、戍等上下贯通、相互补充，形成严密的军事防御体系。提到节度使，可能首先浮现脑海的是安史之乱的元凶安禄山。叛乱爆发前，安禄山兼任范阳、平卢、河东三镇节度使，虽然可能未必全部直接掌有实权，但此般头衔也足具威慑力。事实上，这种身兼数个节度使的现象，安禄山并非首例。唐玄宗时期的名将王忠嗣，其父王海宾在开元初年与吐蕃的战役中英勇牺牲。唐玄宗出于哀怜，将幼年的王忠嗣鞠养于宫中，年长后多与其讨论兵法。王忠嗣不负圣恩，战功赫赫，终成一代名将，其麾下的哥舒翰、李光弼等亦骁勇善战。王忠嗣本身卓越的军事才能，再加上与唐玄宗的特殊关系，使其在当时颇受恩遇，天宝五载（746）时一度身兼河西、陇右、朔方、河东四镇节度使。史称其"佩四将印，控制万里，劲兵重镇，皆归掌握，自国初以来，未之有也"。从中可以看出王忠嗣的位高权重，唐朝开国以来，掌握兵权之重之大是为第一人。但三个月后，王忠嗣考虑到治军的实际效果和为官之道，辞去朔方和河东两镇节度使。

那么节度使究竟是一种怎样的军事体制呢？唐朝的军事制度大致经历了兵农合一类型的府兵制、征兵类型的彍（音郭）骑以及职业兵类型的藩镇兵制，其间也夹杂兵募、团结兵、健儿、镇戍等兵制。军事体制的变化与唐朝边疆形势的发展密切相关，尤其体现在西北和东北边疆。唐朝建立以后，西北地区分布有北突厥、薛延陀、后突厥、回纥、西突厥、突骑施、吐蕃等政权，东北地区分布有奚、契丹、靺鞨等部落。不同时期，唐朝与这些政权进行了持久甚至大规模的战争，唐朝在边疆地区不断地增加防御力量。与此同时，唐朝也在一次次的战争中总结经验教训，对边防体制逐步调整，使其更好地发挥出防御效力，巩固边疆和王朝的安全与稳定。节度使兵制正是为应对唐高宗后期以来后突厥、吐蕃、奚、契丹势力的兴盛做出的制度变革。

唐睿宗景云二年（711），贺拔延嗣任职凉州都督，充任河西节度使，此为唐朝第一个节度使。到了唐玄宗开元后期，在边疆地区逐渐形成九节度使和一经略使的新边防格局：

吐鲁番：明月天山交河城

（1）安西节度使，负责招抚和稳定西域，统辖龟兹、焉耆、于阗、疏勒四国，兵额两万四千人，马两千七百匹，驻所与安西都护府相同，在龟兹；

（2）北庭节度使，负责防御和节制突骑施、坚昆、后突厥三个游牧政权，统辖瀚海军、天山军、伊吾军，兵额两万人，马五千匹，驻所在北庭都护府内；

（3）河西节度使，负责阻断和隔离羌胡，统辖赤水军、大斗军、玉门军等八军和张掖守捉、白亭守捉等三守捉，兵额七万三千人，马一万九千四百匹，驻所在凉州；

（4）朔方节度使，负责捍卫和防御后突厥等北方游牧政权，统辖定远军、西受降城、安北都护府等七个军府，兵额六万四千七百人，马一万四千三百匹，驻所在灵州（现今宁夏回族自治区吴忠市附近）；

（5）河东节度使，同朔方节度使形成掎角之势，携手防御北方游牧政权，其统辖的军和守捉与上文所言的河东道大同小异，兵额五万五千人，马一万四千匹，驻所在太原府；

（6）范阳节度使，节制和防御奚、契丹，统辖静塞军、北平军、唐兴军等九军，兵额九万一千四百人，马六千五百匹，驻所在幽州；

（7）平卢节度使，镇守和安抚室韦（现今内蒙古自治区东北部和黑龙江省附近）、靺鞨（现今黑龙江省东北部和俄罗斯东南部附近），统辖平卢军、卢龙军、榆关守捉和安东都护府，兵额三万七千五百人，马五千五百匹，驻所在营州（现今辽宁省朝阳市附近）；

（8）陇右节度使，防御吐蕃、党项等，统辖临洮军、河源军、白水军等十军，合川守捉、平夷守捉等三守捉，兵额七万五千人，马一万六百匹，驻所在鄯州（现今青海省海东市附近）；

（9）剑南节度使，向西抗御吐蕃，向南安抚獠等部落，统辖松州、雅州（现今四川省雅安市附近）等八州兵马，平戎、南江等六军镇，兵额三万九百人，马二千匹，驻所在成都府；

（10）岭南五府经略使，安抚西南和岭南獠等部落，统辖经略军、清海军，桂管、容管、安南、邕管四经略使，兵额一万五千四百人，驻所在广州。

以上十节度使、经略使，大约共有兵额四十九万，马八万匹，承担起巩固唐朝边疆稳定的重任。相较而言，地处西域的安西节度使和北庭节度使所统辖的兵额较少，但这并不能否认两者的作用和贡献。

此外，需要补充的是，安西节度使的全称为安西四镇节度使，或称四镇节度使，其在开元初期又称为碛西节度使，如唐玄宗时期的宰相杜暹曾任碛西节度使。北庭节度使的全称为伊西北庭节度使，或称伊西节度使、伊西庭节度使，唐德宗初年对坚守西域的李元忠加官之一即为伊西北庭节度观察使，其中"伊西"指的正是伊州和西州。

节度使体制形成后，西州在多数情况下归属北庭节度使管辖。因为在少数时间内，随着西域形势的变化，北庭节度使与安西节度使之间存在多次合并和分置的情况。如唐玄宗开元十五年（727），安西节度使和北庭节度使分置；开元十九年（731），安西节度使和北庭节度使合并为安西四镇、北庭经略使；开元二十九年（741），又分置安西四镇节度使、伊西北庭节度使。从中也可以看出，西州在安西都护府设立之初，隶属于安西都护管辖，随着军事体制的变化和安西都护府的西迁，西州逐渐归属北庭节度使的驻所北庭都护府管辖。

以上从军事制度和建置方面讨论了西州在唐前期显著的军政地位，以下结合具体战争事例，以便更直观地反映西州在系列西域战事中发挥出的前沿阵地作用。

首先，来看安西都护府驻所在西州时期的自卫反击战。唐太宗平定高昌，一定程度上打击了西突厥乙毗咄陆可汗的嚣张气焰，但西突厥的内争仍在进行。乙毗咄陆与唐太宗册立的泥孰系乙毗沙钵罗可汗频繁交战，都想获得唐太宗的军事支持，但是

第一章 吐鲁番的环境

唐太宗并没有介入的打算，而是充当"和事佬"，希望两者停战。唐太宗的袖手旁观，实际上让西域形势的发展更加有利于实力较强的乙毗咄陆。随着乙毗咄陆势力再次壮大，引来不少西域诸国的归附。不久，乙毗咄陆派遣石国吐屯袭击乙毗沙钵罗。乙毗沙钵罗被擒，继而被乙毗咄陆杀害，其领地鄯善、且末、史国、康国等也被吞并。此时乙毗咄陆虽然遭到弩失毕部的不满和叛乱，但仍然趁势出兵吐火罗，踏上追求无限领地的不归路。

贞观十六年（642）前后，乙毗咄陆又把目标对准唐朝的伊州和西州。大约四年前，乙毗咄陆曾派遣叶护联合高昌王麴文泰袭击伊州。如果说唐太宗对上次伊州事件因为高昌的关系还不想直接动用武力，那么如今高昌已经变为西州，面对乙毗咄陆的侵扰，唐朝做出了有力的反击，而承担这次军事指挥的是西州以及西域的最高军政长官郭孝恪。

郭孝恪，许州阳翟县（现今河南省禹州市附近）人氏，年少时即具有志向和气节。隋末唐初，逢天下大乱，郭孝恪作为乡里享有声望的人物，率众数百人投奔起义军领袖李密，李密大喜过望，说道："古人言汝州、颍州多产奇士，果然不错。"郭孝恪受命与李密另一得力部下李勣负责坚守黎阳县（现今河南省鹤壁市浚县附近）。李密败亡之后，郭孝恪归附唐朝，任职宋州（现今河南省商丘市附近）刺史。秦王李世民征讨洛阳王世充期间，郭

129

吐鲁番：明月天山交河城

孝恪献计说："王世充政权已经日渐窘迫，兵力即将耗尽，也到了无计可施的地步，面缚投降指日可待。窦建德前来救援，但其粮运受阻，当下正是天灭王世充的良机。现在请固守虎牢关（现今河南省荥阳市西北），屯兵于汜水，继而随机应变，则易于制胜。"李世民听从了郭孝恪的计谋，虎牢关之战的胜利，是李唐王朝统一全国的关键性胜利。在攻下洛阳的庆功宴上，李世民充分肯定了郭孝恪的功劳。此后郭孝恪又历任赵州、江州、泾州等地刺史，所任地方官皆恪尽职守，深得百姓爱戴。继而由地方官入京为官，先后任职太府少卿、左骁卫将军、凉州都督，官阶分别为从四品上、从三品、正三品。郭孝恪的晋升之路，反映出一代名将的奋斗历程。

贞观十六年（642），郭孝恪的命运开始与西州和西域紧密地联系在一起。这一年，郭孝恪由凉州都督出任西域最高长官安西都护，兼任西州刺史。西州作为高昌国故地，当地的旧士族、内地流放和发配的罪犯以及内地征发的镇戍士兵等汇聚于此，可谓鱼龙混杂。另外西州周边的沙碛使之与内地在地理空间上呈现出隔绝的状态，因而西州的地方治理显得尤为棘手。但西州作为唐朝经略西域的前沿阵地，军事和政治地位又格外重要。再加上西突厥的内争延续数年不止，随时可能危及伊、西、庭三州。总之，此时唐朝在西域东天山地区隐藏着统治危机，急需提出解决

## 第一章 吐鲁番的环境

方案。

大概是这个缘故，唐太宗需要一位德才、智谋、武功兼备的朝臣坐镇西州，维护西域的边疆安全。与其说是唐太宗选择了郭孝恪，不如说是充满青春、激昂和奋进的时代选择了郭孝恪。

郭孝恪任职西州期间，推诚布公，对内对外安抚得当，一如既往地获得当地民众的爱戴。适逢此时，西突厥乙毗咄陆可汗击败吐火罗，自恃强大，在西域肆意妄为，不仅拘留唐朝的使者，甚至派兵入寇伊州。郭孝恪胸有成竹，率领轻骑二千自乌骨道出击，击退敌众。乙毗咄陆还没有意识到自己面临的是怎样一个对手，又派遣处月、处密部落袭击西州的天山县。郭孝恪从容应对，率兵将其击退，并且乘胜追击，攻破了处月部落的大本营，俘虏了大量处密部众。两次战役，充分彰显出安西都护府在守护伊、西、庭三州时所发挥的核心和关键作用。

乙毗咄陆接连兵败西域，其对唐朝的态度也有所变化。此前乙毗咄陆拘留唐朝使者元孝友等人，妄言道："我听闻大唐天子文才武略，如今我出兵康居，你等是否同等看待我与李唐天子？"言语之间，将自己与天可汗唐太宗比肩，自视甚高。贞观十七年（643），乙毗咄陆兵败郭孝恪之后，遣使向唐朝求婚，唐太宗数落道："你们已经连续数年没有朝献，并且胆敢拘留我的使者，这种行为就如在丛林中摘了一片树叶，在大海中盗了一滴

吐鲁番：明月天山交河城

水，对我大唐而言微不足道，但却反映出你们的偏执、认识的缺乏。"

自此之后，西突厥乙毗咄陆势力逐渐式微，唐太宗扶植的泥孰系日渐强盛。乙毗咄陆在进攻康居的途中，又击破帕米尔高原以西的米国，大肆劫掠，却没有将劫掠的战利品赏赐部下将士。将领泥孰啜为发泄不满，抢夺了战利品。乙毗咄陆不留情面地将其斩杀。事情并没有因此结束，泥孰啜的部下胡禄屋举兵偷袭乙毗咄陆，后者损失惨重，引发国中大乱。乙毗咄陆逃往吐火罗，其部下规劝其返回旧地遭到拒绝。乙毗咄陆率众继续向北逃亡，当抵达西域石国时，部下所剩无几，又遇到阿悉吉部落的袭击。此时的乙毗咄陆众叛亲离，西突厥内部诸势力反对其继续担任可汗，派遣使者前往京城长安请求唐太宗主持可汗的选任工作。于是唐太宗遣使温无隐前往西突厥，连同西突厥大臣在历任可汗之子中选择贤者出任可汗。结果乙屈利失乙毗可汗之子继任，是为乙毗射匮可汗。这里提到的温无隐乃唐初名臣温大雅之子，乙屈利失乙毗为咥利失可汗之子。

连续两次击退西突厥乙毗咄陆，郭孝恪名震西域。不久，西域形势再次发生变化。贞观十八年（644）前后，一向与唐朝关系交好的焉耆与唐朝关系恶化。在贞观六年（632）与贞观十二年（638）两次受袭事件中，唐太宗都给予了最大的关怀和支持。

两年前平定高昌之时，唐朝又归还滞留在高昌的七百余名焉耆战俘。可见，唐朝对焉耆一贯秉持着友好交往的态度。但西突厥的内争，使得焉耆像高昌一样，不得不在西突厥与唐朝两强之间做出战略伙伴的选择。受地缘关系的影响，就近以及有着近百年西域统治基础的西突厥成为焉耆的依赖对象。西突厥的内争，又使得焉耆抛弃长期关系密切的泥孰系，倒向当时势力强盛的乙毗咄陆可汗。为了加固这重依附关系，乙毗咄陆的重臣屈利啜为其弟迎娶了焉耆王之女。焉耆与西突厥的联姻，预示着焉耆完全归附西突厥，也预示着与唐朝关系的决裂，由此也就不再派遣使者进献唐朝。

身处西域的郭孝恪敏锐地洞察到焉耆局势的变化，地处京城长安的唐太宗也奇怪为何焉耆突然停止进献。清楚缘由之后，唐太宗下令郭孝恪加强防御，等待机会，若情况有变，随时出击。郭孝恪于是请求出战，掌握形势的主动权。唐太宗应允，任命郭孝恪为安西道行军总管，率领步兵、骑兵三千人自银山道征讨焉耆。

出征之前，突然有焉耆王之弟颉鼻等王室成员三人归附唐朝，唐军如虎添翼。何出此言呢？因为焉耆的都城所在地，四面环水，有如天险，易守难攻。然而焉耆王突骑支同几年前的高昌王麴文泰犯了一样的错误——自恃地形险要而轻敌。焉耆王室的归附，恰好解决行军路线的难题。郭孝恪果断命颉鼻之弟栗婆准

吐鲁番：明月天山交河城

为行军向导，制定了夜袭焉耆的部署。唐军倍道兼行，夜晚赶至焉耆都城附近，随即派遣部分习水的将士先行渡水。等待拂晓之后，迅速攀城作战，一时间战鼓声如雷鸣，响彻西域。焉耆城中已经乱了阵脚，郭孝恪看准时机下令大军压境，纵兵出击，最终俘获焉耆王突骑支，俘虏士兵千余人，取得重大胜利。前线的捷报，也沿着丝绸之路传到长安。

唐太宗对郭孝恪的精彩表现进行了玺书表彰："爱卿击破焉耆，俘虏了国王，立下战功又树立了国朝的威望，不负所托。焉耆地处偏远的西域，依仗天山地形的险要，又自恃遥远，因而心怀叛逆。爱卿声望地位崇高，报国情深，行军带兵出征，奉行讨伐治罪的诏令。用极短的时间攻取了焉耆的壁垒，继而廓清余众，没有剩下敌人。尽心竭力，经历艰辛，战胜天险获取胜仗，非常值得嘉奖。"不难想象唐太宗听闻获胜后的喜悦心情，这其中不仅包括击败焉耆的欣喜，也包含对自己选择了适当边将的自豪感。

此番唐太宗与郭孝恪在处理焉耆局势的事件中，也透露出统治者与边将、中央与西域之间的密切联系。唐太宗高度关注着战势的发展，虽然身居皇宫，却心系战争进程，其间曾对身边的朝臣说道："郭孝恪于八月十一日开始出兵奔赴焉耆，历经一旬的时间能抵达焉耆，必当在二十二日攻下焉耆，获得胜利的捷报今天一定能到！"话音刚落不久，胜利的捷报就传到唐太宗的耳边。

唐朝虽然取得焉耆之战的胜利，但从唐朝对焉耆王的处置结果以及对攻破焉耆后的处置方式来看，唐太宗似乎并没有继续经略西域的意图。郭孝恪击败焉耆之后，以栗婆准摄政国事，羁押突骑支及其妻子送至唐太宗所在的洛阳宫。唐太宗赦免了突骑支的罪过。此时唐太宗还没有占领焉耆的意思，并不像平定高昌一样建置州县，而是采取扶植焉耆王室总摄政事，达到一种羁縻控制或管理的状态。这也为焉耆政局的动荡不安埋下伏笔。

郭孝恪率军凯旋不久，焉耆发生政变。此前乙毗咄陆可汗支持的焉耆重臣屈利啜卷土重来，率兵营救焉耆王突骑支，囚禁摄政大臣栗婆准。郭孝恪奋勇还击，追奔数十里。而西突厥的泥孰系势力，新继任的乙毗射匮此时随着势力的发展也插手焉耆政局，派遣处般啜进军焉耆，如是西突厥两大敌对势力乙毗咄陆和乙毗射匮会聚于焉耆。处般啜又派遣吐屯进献唐朝，唐太宗闻知处般啜的行径，对其使者发怒道："焉耆是我率兵击破得到的，你是什么人，敢来统摄？"吐屯心怀恐惧，随即返程。此后乙毗射匮势力拥立栗婆准的堂兄薛婆阿那支为焉耆王，栗婆准被处般啜杀害于龟兹。随着事态的发展，唐太宗最终没有控制焉耆，乙毗射匮掌握了控制焉耆的主导权。

贞观十六年（642）至二十年（646），唐太宗与焉耆、西突

## 吐鲁番：明月天山交河城

厥的战事仅是诸多国事的一个侧面，这期间仍有若干事件影响、改变唐朝乃至东亚的历史进程。

首先，是太子之位更替，曾经征讨高昌的交河道行军大总管侯君集获罪被杀。唐太宗本人依赖和凭借长孙无忌、房玄龄、尉迟敬德等心腹历经凶险的"玄武门之变"得以继承皇位，那时怎能想到自己的孩子也将会围绕皇位发生宫廷斗争。唐太宗娶长孙晟之女、长孙无忌之妹，是为长孙皇后，生三子：长子李承乾、第四子李泰和第九子李治。唐太宗继位后，便立八岁的李承乾为皇太子，其聪慧机敏，深受喜爱。长大之后，唐太宗交付的朝政事务，太子处理的亦得当，但也逐渐沾染热衷游玩、亲近小人、沉迷伎乐等不良习气。唐太宗获知后，专门挑选于志宁、孔颖达、张玄素等饱学之士任职东宫，加以辅佐、劝谏，但几无效果。太子甚至命令手下在张玄素早朝途中进行箠击。

与太子李承乾日渐奢侈骄纵形成鲜明对比的是，魏王李泰逐渐受到唐太宗的爱重。李泰年少时即喜欢文学，唐太宗特意为之建置文学馆，方便其与文学之士交流。李泰也召集文士编修唐初地理文献《括地志》，获得唐太宗的嘉奖。随着恩宠的增加，唐太宗对李泰每月的赏赐额度已经超过太子。李泰暗自有取代太子的意向，朝中文武百官也逐渐形成以李承乾和李泰为首的朋党。贞观十六年（642）八月，唐太宗与群臣议政，问道："当今国家什么事情最应急于处理?"朝臣褚遂良回答:"现今四方安定,唯以太子、诸王应当有定分最为迫切。"唐太宗点头同意。唐太宗了解到朝臣的朋党举动后,大为恼怒,对身边的侍臣道:"目前群臣中论忠心和耿直,没有能比得上魏徵的,现今我任命魏徵为太子师傅,以此绝天下对储位的非议。"随之年迈患病的魏徵任职太子太师。

贞观十七年(643),随着太子与魏王的明争暗斗愈演愈烈,李承乾及其党羽筹划发动宫廷政变。李承乾朋党的核心人员有:东宫千牛贺兰楚石、左屯卫中郎将李安俨、唐太宗之弟汉王李元昌、唐高祖女长广公主之子洋州刺史赵节、驸马都尉杜如晦之子杜荷、刺客纥干承基等,大多为朝中显贵。杜荷作为名臣之子、唐太宗之婿,竟然参与谋反,尤为不道。政变发动之前,纥干承基受到同年唐太宗第五子齐王李祐叛乱的牵连,被羁押于大理寺牢狱等待死刑。纥干承基为了活命,告发太子谋反。此事如晴天霹雳,唐太宗大为震惊,敕令长孙无忌、房玄龄、萧瑀、李勣等大臣与中书省、门下省、大理寺官员三司会审。事情很快审理清楚,太子谋反证据确凿,唐太宗身兼皇帝和父亲双重角色,对此结果颇为心痛,不知如何处置,朝臣也不敢接话和建议。通事舍人来济进言道:"若是陛下不失为慈父,太子能够得尽天年,便是最好的结果了。"唐太宗应允。

吐鲁番：明月天山交河城

　　令人遗憾的是，数年前平定高昌国的侯君集参与了太子的谋反计划。前文提及侯君集有功于西域，因军纪问题入狱，有幸赖岑文本的上疏获救。但贪冒的罪名，始终是侯君集内心的创伤，也使其怏怏不乐。侯君集曾与洛州都督张亮聊天，语涉谋反。张亮秘密报告唐太宗，唐太宗没有追究此事，待侯君集如初。贞观十七年（643），唐太宗诏令画侯君集与长孙无忌、李孝恭、杜如晦、魏徵、房玄龄、高士廉、尉迟敬德、李靖、程知节、虞世南、李勣、秦叔宝等功臣图像于凌烟阁，是为"凌烟二十四功臣"。适逢魏王李泰夺嫡，太子李承乾担心被废，知道侯君集心有怨望，于是以其婿东宫千牛贺兰楚石搭线拉拢。侯君集加入太子谋反阵营后，内心时常忐忑不安，担心计划泄露，每到夜深人静之时，回想起自己的征战历程和升迁轨迹，叹息不已。

　　太子谋反计划败露后，侯君集再次被关押，一代开国功臣就此谢幕。唐太宗念及侯君集的功勋，对百官说道："过去局势动荡，家国未有安宁，侯君集尽心竭力，屡建功勋，现今获罪朕不忍心处置他。"群臣听闻争先说道："侯君集参与谋反，天地难容，请诛杀以彰显国家之法。"唐太宗纵有千般不舍，奈何国法为重，不可徇私枉法。下狱后唐太宗曾探望侯君集，关怀说道："朕不想让那些刀笔小吏折辱你，所以亲自主持审理你的案子。"侯君集听罢内心五味杂陈，悔恨、感恩、惭愧、无奈、悲痛交织在一起。唐太宗又说道:"朕与公就此别过,从今以后,只能在凌烟阁观望你的遗像了!"说罢,两人皆泣不成声。

不久,侯君集当众问斩,其家产也被查封没收。没收的财产中,有两样精美的金簪,是征讨高昌时俘获的,侯君集私自珍藏,隐而不报。侯君集临刑之时,面不改色,对监刑的军官说:"我侯君集哪里是真的谋反,沦落到这种地步!我做军帅之时,破灭吐谷浑、高昌二国,颇有微功。请您转告陛下,乞求存活我的一个孩子照看守护先祖的祭祀。"唐太宗最终应允,特别赦免其妻和一子,流徙于偏远的岭南之地。

关于侯君集谋反,司马光的《资治通鉴》还记载了两则故事。前文不止一次提及唐初开国功臣和著名将领李靖,其参与过征讨王世充、萧铣割据政权,以行军总管平定北突厥、行军大总管平定吐谷浑,战功卓越,是为当代名将。李靖在兵法方面有着高深的造诣,有兵书传世,其舅为隋朝平陈将领之一韩擒虎,两人经常讨论兵法。韩擒虎盛赞道:"能够与我一同讨论孙子、吴起兵法的人,只有李靖了!"唐太宗曾让李靖教习侯君集兵法。一段时间过后,侯君集上报唐太宗说:"李靖可能要谋反!"唐太宗惊愕,忙问何出此言。侯君集回答道:"李靖只教我一些粗浅的兵法,而精要的内容却藏起来不肯传授,由此可知。"唐太宗将此事询问李靖,李靖对答道:"这是侯君集要谋反啊。如今

## 吐鲁番：明月天山交河城

国家安定，臣教习的兵法足以应对周边形势，而侯君集坚决要求臣倾囊相授，若不是想谋反，又为何会如此呢？"

李唐宗室江夏王李道宗也曾建言唐太宗提防侯君集。李道宗与唐太宗同辈，戎马一生，参与征讨窦建德、王世充，作为侯君集副将平定吐谷浑。李道宗在一次宴会上，从容上报唐太宗说："侯君集志气大而智慧不足，以平定高昌居功自傲，以官位在房玄龄、李靖之下而感到羞耻。虽然位居吏部尚书，仍然感到不满足，诋毁其他贤良的朝臣，并且常说愤恨发牢骚的话，在臣看来，他必将作乱。"唐太宗听闻后说道："此事不可臆测，以免滋生事端，以侯君集的功勋和才器，无论任职什么都可以，哪里是朕舍不得给予呢？只是他的次第还没有排到。"等到东窗事发，侯君集被诛杀，唐太宗想起李道宗的言论，对李道宗说道："果不出你所料啊！"

侯君集谋反一事牵连甚广，子嗣、宗室、心腹朝臣皆被卷入储位的争夺中，是唐太宗晚年心灵的一次严重创伤。太子李承乾被贬为庶人，诉说自己是为了谋求自安之道，被不法之人利用，假如立魏王李泰为太子，正是中了别人的计谋。唐太宗经历此事也有所醒悟，对身边的大臣说道："太子说得有道理，假若立魏王为太子，无异于告诉天下人储君之位可以经营而求取得到。立魏王，那么太子、晋王都将受难不能存活；立晋王，则太子和魏

## 第一章 吐鲁番的环境

王能够平安无事。"最终，在经历一番曲折之后，第九子晋王李治被立为皇太子，是为唐高宗。

其次，是唐太宗朝臣发动征伐高句丽的战争。隋唐时期现今朝鲜半岛及其附近分布有高句丽、百济、新罗三个政权，称为"海东三国"。隋文帝初期，隋朝与高句丽关系尚属友好，之后关系恶化，致使隋文帝晚年有出兵高句丽的军事行动。而隋炀帝的三征高句丽，民怨沸腾，爆发了广大范围内的民众起义，最终沦为短命王朝。唐朝建立以后，高句丽王高建武数次派遣使者进献唐高祖，两国也互相遣还因隋末战争而流散的本国民众。武德七年（624），唐高祖遣使册立高建武为辽东郡王、高句丽王，表明高句丽向唐朝称臣。武德末年，新罗和百济派遣使者进献唐朝，诉说高句丽王封锁入唐道路的事情，之后双方之间发生了军事摩擦。唐朝派遣朱子奢前往调解，高句丽王书写奏表遣使谢罪。唐太宗击败北突厥，高句丽王也遣使祝贺，并且献上本国疆域地图，以示臣服。数年后，高句丽王派遣太子进献唐朝。唐太宗对其赏赐丰厚，出于礼尚往来，派遣陈大德出使答谢。陈大德在高句丽受到了极大的礼遇，尤其是高官们听闻唐朝平定高昌后，更是多次献殷勤。唐太宗听闻陈大德的汇报，心情大悦，随口说出假如海路两军分道而行攻取高句丽，那也是容易的事情。

随着高句丽政局的变化以及唐太宗"四夷俱服"政治理想的

吐鲁番：明月天山交河城

支配，唐朝与高句丽之间的战争终于爆发。贞观十七年（643），高句丽大臣盖苏文发动政变弑杀其王高建武，专权国政，对国内百姓实行严酷统治，继而出兵新罗，再次打破"海东三国"的平静。第二年，唐太宗及其朝臣经历多次商讨之后，决定御驾亲征，由名将李勣、江夏王李道宗等作为先遣部队。交战初期，唐朝取得一些胜利，但敌方安市城久攻不下，最后受粮草、天气等因素的影响，唐太宗决定班师回朝。第一次征讨未能实现预期目标。此后在贞观二十一年（647）、二十二年（648），唐太宗又先后派出牛进达、李勣、郑仁泰、薛万彻等大将出征，但都没有大的进展。其中，牛进达曾作为行军总管征讨高昌。

最后，是唐太宗平定漠北薛延陀势力。贞观四年（630），北突厥败亡以后，唐太宗曾经册立的薛延陀真珠毗伽可汗夷男逐渐成为塞北地区新的霸主，聚合诸部落，建立王庭，兵力达二十万，使其二子分别统治南北部。贞观十二年（638），唐太宗出于战略和长远考虑，分别册立夷男两子为小可汗，表面上是恩宠优待，实则是为了防止薛延陀壮大后成为北方边患而采取的权势分割。前文提及"九成宫大案"之后，唐太宗令北突厥酋领李思摩率领部众渡过黄河返回漠南地区，这一举措引发薛延陀与李思摩部众的矛盾。唐太宗为此颁赐玺书约定：薛延陀在碛北，突厥在碛南，各守疆土，不可逾越，不可相互侵扰，否则兴师问罪。虽有唐太宗的警告，但薛延陀仍然跃跃欲试，于贞观十五年（641）遣其子大度设率兵二十万出击李思摩部落。李思摩仅有部众四万左右，自知难以抵御，不得不求救于唐朝。唐太宗大怒，认为薛延陀公然违抗自己的命令，于是派遣大将李勣、薛万彻率军援助。经过激烈交战，双方各有损伤，但薛延陀溃败更为明显，夷男主动乞求与李思摩和谈，同时遣使入唐谢罪。

停战与和平很快被打破，而薛延陀也走上不归之路。唐太宗为了塞北地区的安定，计划将女儿新兴公主嫁于夷男，但因薛延陀的聘礼羊马在运输过程中出现死伤，和亲计划破产。此后夷男与李思摩之间又发生数次军事冲突，唐太宗依然站在李思摩一边给予援助。适逢唐朝征高句丽，唐太宗丝毫不畏惧薛延陀乘虚袭击边塞，让薛延陀的使者传话说："归去告诉你们夷男可汗，我父子一并出征，你要是敢来寇掠边境，尽管放马过来。"夷男听闻后也不敢造次，遣使示好并且请求助军一同征讨高句丽。唐太宗嘉奖了夷男的好意，但并没有接受。唐太宗与诸将在辽东交战期间，夷男去世，其少子肆叶护拔灼杀兄自立。拔灼性情急躁，对待部下缺乏恩遇，又杀戮不少将士，因而难以服众，率兵寇掠唐朝北塞的夏州（现今内蒙古毛乌素沙地附近）。远在辽东的唐太宗命右领军大将军执失思力、右卫大将军薛万彻等应敌，之后又数次遣将追击，回纥部落也参与征讨，最终平定薛延陀。

## 吐鲁番：明月天山交河城

薛延陀的败亡，是唐太宗继击败北突厥颉利可汗之后在塞北地区取得的又一次重大军事胜利。经此一役，回纥、拔野古、同罗、仆古、思结、契苾等大漠南北十一姓部落遣使进献唐朝，唐太宗"天可汗"的地位更加巩固。随之第二次征讨高句丽便提上日程。

以上可以看出，唐太宗在执政后期的数次大规模军事行动，显示其锐意于构造以唐朝为中心的天下秩序，追求"四夷俱服"的政治目标。

漠北的薛延陀已经平定，东北的高句丽志在必得，就在此时，唐朝与西突厥的关系出现裂痕，出师西域也将唐太宗的边疆经略事业推向最高潮。唐太宗册立和扶植的乙毗射匮可汗在唐朝与焉耆的战争中渔翁得利，取得焉耆的控制权，之后乙毗射匮的势力逐渐强盛。一方面，乙毗射匮率领部众继续打击乙毗咄陆可汗势力，后者战败，迫使逃亡至葱岭以西的吐火罗；另一方面，乙毗射匮尽力维持与唐太宗的友好关系，不仅遣还乙毗咄陆扣押的唐朝使者，也多次派遣使者进献唐朝。

贞观二十年（646），乙毗射匮派遣使者进献唐朝，同时提出联姻的请求。事实上，西突厥可汗在武德、贞观时期曾多次提出请婚的意愿，但均以失败告终。这期间成功与唐朝和亲的周边政权仅有吐谷浑和吐蕃。面对此次西突厥的请婚，唐太宗没有像之

## 第一章 吐鲁番的环境

前的几次一样直接拒绝，而是开出自己的条件：西突厥需将统属的龟兹（现今新疆阿克苏地区库车市附近）、于阗（现今新疆和田地区和田市附近）、疏勒（现今新疆喀什地区喀什市附近）、朱俱波（现今新疆喀什地区叶城县附近）、葱岭（现今新疆喀什地区塔什库尔干塔吉克自治县附近）五国作为聘礼割让给唐朝。那么唐太宗为何要开出这个聘礼清单呢？

结合上文唐太宗在执政后期对东北、北方的军事行动可以发现，唐太宗此时致力于边疆经略事业，而"聘礼五国"则是西域经略的明显信号。除此之外，聘礼五国还具备两个天然绝佳的条件。

其一，交通区位。五国皆分布在现今塔里木盆地周边，龟兹位于盆地北缘，天山南麓，是丝绸之路中线的重要枢纽，也是日后唐朝安西都护府的驻所；于阗、朱俱波位于盆地西南缘，昆仑山北麓，是丝绸之路南线的重要枢纽；疏勒位于盆地西缘，汉唐以来即是丝绸之路南北线路的交会点；葱岭国位于葱岭之中，魏晋南北朝以来，西行求法的高僧多经由此地进出天竺国，如文献记载的第一位穿越葱岭抵达天竺求法的高僧法显、玄奘等皆经行此地。五国之中，龟兹、于阗、疏勒始终位列"安西四镇"，是唐朝治理西域的重要军政中心。

其二，自然地理。五国之中，龟兹、于阗、疏勒、朱俱波皆属于绿洲地带，赤河（现今塔里木河）、玉河（现今和田河）、

## 吐鲁番：明月天山交河城

徙多河（现今叶尔羌河）围绕其间，即使土地有限，却适宜麻、麦、稻等农作物的生长，花果繁茂。葱岭国虽然因海拔较高不太适宜种植业，但依然盛产菽麦。

从以上的分析可以发现，与其说唐太宗对龟兹、于阗等五国情有独钟，不如说唐太宗的聘礼清单充分展现其敏锐的战略眼光。自西汉汉宣帝时期建置西域都护府，新疆开始纳入中国版图，中原王朝和狭义意义上的"西域"（与现今新疆地域范围相当）日益密切。唐太宗所追求的，正是恢复历史上对西域的统治权，这无疑是唐太宗对维护中国古代统一多民族国家格局的贡献。

现在的问题是，西突厥乙毗射匮可汗还会为了追求联姻，而放手这五个地区，将葱岭以西的西域统治权转让给唐朝吗？从后续的西域形势来看，乙毗射匮拒绝了唐太宗的请求，如是两者的关系也变得尴尬，甚至处在破裂的边缘。

适逢此时，龟兹国内发生王位更替，龟兹王苏伐叠去世，其弟诃黎布失毕继位。龟兹是汉唐时期天山南麓传统的西域政权，佛教兴盛，农牧业发达。唐高祖登基以后，龟兹是较早与唐朝建立友好关系的西域政权，龟兹王苏伐勃䭾（音快或觉）派遣使者进献唐高祖。苏伐勃䭾去世后，其子苏伐叠继位，连续多年遣使朝贡唐太宗。即使如此，在隶属关系上，龟兹却被西突厥统属，因而苏伐

第一章 吐鲁番的环境

叠也有突厥的官职名号，又称时健莫贺俟利发。这种情况下，龟兹同前文提及的高昌、焉耆一样，处在唐朝与西突厥两强之间，无法真正左右自身的命运，并且随着时间的推移，完全地倒向西突厥一边，如是与唐朝的矛盾迅速激化，最后不得不兵戎相见。

在贞观十八年（644）安西都护郭孝恪征讨焉耆时，龟兹王苏伐叠层派兵援助焉耆，意味着龟兹与唐朝关系的恶化，之后龟兹也减少了进献唐朝的次数。诃黎布失毕继位后，延续了苏伐叠的对唐政策。贞观二十一年（647）末，唐太宗任命左骁卫大将军阿史那社尔为昆丘道行军大总管、右骁卫大将军契苾何力为行军副大总管、司农卿兼兵部侍郎杨弘礼为行军副大总管、安西都护郭孝恪为行军副大总管，附加铁勒、吐蕃、北突厥、吐谷浑等十余万兵力进军龟兹。从行军规模和将领任命来看，唐太宗此番做出了充分的准备，阿史那社尔和契苾何力皆是当代名将，并且在贞观十四年（640）征讨高昌的战役中担任行军统帅，具备西域穿碛作战的经验。至于战争的目标，虽然旨在攻破龟兹，但矛头却直指西突厥乙毗射匮可汗。

这场龟兹之战，西域本土将士也发挥了重要的作用，如伊州刺史韩威率领千余骑兵打前锋，与右骁卫将军曹继叔大破龟兹军队，龟兹王诃黎布失毕退守至都城。继而行军大总管阿史那社尔围逼都城，诃黎布失毕率众出奔拨换城（现今新疆维吾尔自治区

147

吐鲁番：明月天山交河城

阿克苏市附近）。龟兹王都失陷，唐军取得重大阶段性胜利。

但令人遗憾的是，曾经数次击退西突厥的西域最高军政长官安西都护郭孝恪却阵亡于接下来的战争中，未能延续辉煌战绩。原来，阿史那社尔攻陷龟兹都城后，令郭孝恪看守，其余将领如沙州刺史苏海政等率精兵追击龟兹王。阿史那社尔连续围攻四十余日，才攻占拨换城，擒拿到龟兹王诃黎布失毕及其大将羯猎颠，龟兹相那利趁乱逃脱。那利匆忙招引西突厥部众折回龟兹都城，欲袭击郭孝恪。郭孝恪驻守都城时，认为城外的民众尚未完全归附，于是将军队驻扎在城外。有龟兹当地人劝告郭孝恪说："龟兹相那利在国内享有声望，民众悦服，现在出逃在外，必然会想办法回来。城内部分民众还不愿归附唐朝，怀有二心，将军还是做好防御准备。"常言道，有备无患，然而郭孝恪并没有听从老乡的意见，没有制定相关的军事部署。那利果然联合西突厥部众与城内降众里应外合，发起突袭，等到郭孝恪反应过来，已经贻误战机，双方在城内展开大战。郭孝恪虽然英勇杀敌，但不幸被乱箭射中阵亡，其子郭待诏亦战死沙场。

安西都护郭孝恪之死不仅关乎个人的成败荣辱，也影响到唐太宗的西域战略部署。阿史那社尔等攻破龟兹都城后，便第一时间将战况捷报发往京城长安。唐太宗听闻以后，大喜过望，同时决定将安西都护府的驻所由西州向西迁到龟兹，亦即从现今的吐

第一章 吐鲁番的环境

鲁番迁往库车市附近，任命郭孝恪继续担任安西都护。此外，唐太宗还下令在西域建置龟兹、疏勒、碎叶、于阗四个军镇，即有名的"安西四镇"。唐太宗下达最新战略部署之时，显然还没有得知郭孝恪阵亡的消息。待获知郭孝恪阵亡的消息后，唐太宗起初责怪他没有做好警戒和防御，以致战败，继而回想起他多年效力于西域，安抚民众，奋战边陲，怜惜之情不禁涌上心头，并且安排官员筹备了他的丧事。唐高宗继位以后，追赠郭孝恪为安西都护，赏赐了各种物品。

郭孝恪虽然不幸阵亡，但并不能挽回龟兹的败局。仓部郎中崔义起、右骁卫将军曹继叔等率兵迎击龟兹相那利，那利溃败，被龟兹人所擒，送至唐军。战争进行到此时，龟兹的国王、将、相均已被俘，都城也被攻陷，龟兹之战以唐朝的绝对胜利而结束。

简言之，自唐太宗建置西州、设立安西都护府以后，吐鲁番的军事和政治地位迅速提高，成为唐朝在西域的第一要塞和重镇。同时，安西都护兼任西州刺史，承担着维护西域安全和稳定的重任，这从安西都护郭孝恪数次率兵击退西突厥的侵扰，参与唐朝与焉耆、龟兹的战争都能体现出来。

唐高宗及其以后，西州仍然在西域发生的数次战争中发挥出重要作用，尤其是当西迁的安西都护府遇到危险时，西州成为唐朝军队退守的坚固阵地。如唐高宗麟德二年（665），疏勒、弓月部招引吐蕃军队侵袭于阗。唐朝派遣西州都督崔智辩、左武卫将军曹继叔率兵营救。

关于这场战役,有三点需要补充。其一,弓月部属于西突厥别部,是唐朝平定西突厥后的残余部落,唐高宗时期十分活跃,多次在西域制造事端。其二,文成公主嫁入吐蕃以后,唐太宗与松赞干布维持着友好的姻亲和民族关系,吐蕃也多次在西域战事中为唐朝提供军事援助。随着形势的变化,吐蕃开始参与到西域的争夺当中,与唐朝成为敌对势力,并且于龙朔二年(662)首次与唐军在西域正面交锋。当时唐朝将领苏海政受诏征讨龟兹的叛乱,返程途中经过疏勒,唐军因刚刚经历过战争的消耗,于是贿赂吐蕃军队,并未交战。自此吐蕃取代西突厥逐渐成为唐朝在西北边疆的头号强敌。其三,唐高宗对西域的治理延续唐太宗的若干政策,包括继续建置安西都护府和安西四镇,但在建置初期,四镇兵力薄弱,故而屡次出现四镇被西突厥余部、吐蕃等攻陷的情况。

又如唐高宗咸亨元年(670),吐蕃攻陷西域十八个州,继而袭击拨换城。面对突如其来的西域统治危机,唐高宗下令罢撤龟兹、疏勒、于阗等安西四镇,而安西都护府也由龟兹向东迁回西州。再如永昌元年(689),武则天派遣文昌右相韦待价为安息道行军大总管出击吐蕃。韦待价在天山附近与吐蕃军队交战兵败。

第一章 吐鲁番的环境

安西四镇在唐高宗调露元年（679）虽然收复，但在垂拱二年（686），面对吐蕃强盛的势力，武则天选择暂时进行战略收缩，主动罢置安西四镇。因而韦待价兵败吐蕃之时，安西四镇仍在吐蕃手中，韦待价不得不返回西州整顿。再如安史之乱以后，安西和北庭等大批西域将士前往中原参与平叛，吐蕃趁机出兵河西、陇右和西域地区，西州约在唐德宗贞元八年（792）陷落于吐蕃，是伊州、庭州、西州中最后失陷的，足见西州的军政实力。

此外，在唐前期的多次西域战争中，虽然离不开中央从内地派遣将士出征西域，但西州几乎每次都抽调将士参与作战，包括参与西域其他地区的驻防。同时，西域的大量地方官吏也来自西州。因而西州不仅是唐朝西域经略的重镇，具有极高的战略地位，也是西域重要的兵源地。

# 第二章
## 丝绸之路上的吐鲁番

丝绸之路，闻名遐迩。如今提起丝绸之路，它的内涵不再局限于指代中国古代由长安或洛阳出发，历经河西走廊，通往西域的商业贸易之路，而是拥有更加广阔的内涵，它是连接中国古代与世界的纽带，承载着中华文明与古印度、古埃及、古希腊罗马和中亚等文明，是中西文化交流之路，也是中西友好交往之路。吐鲁番作为丝绸之路上的交会点，也因此大放光彩。

# 第二章　丝绸之路上的吐鲁番

## 一、四通八达的交通

依据考古发现以及《穆天子传》等早期文献，中原与西域在先秦时期已经有所往来。两汉时期，中原与西域的交往逐渐频繁。张骞出使西域，司马迁称之为"凿空"，足见其历史地位和意义。《史记》是首部记录西域历史、文化、地理的正史，《大宛传》包括了张骞两次出使西域的见闻。

《汉书》则是第一部较为系统记载西域诸国各方面情况的正史。《汉书·西域传》开篇即总结了西汉时期内地通往西域的路线：从玉门关、阳关前往西域有两条道路。其一，从鄯善出发沿着南山北麓，沿河向西至莎车，是为南道。南道向西翻越葱岭到达大月氏、安西。其中，鄯善即西汉时期的楼兰国，现今新疆若羌县附近；南山即昆仑山；莎车指西域的莎车国，即现今新疆喀什地区莎车县附近；大月氏、安息为帕米尔高原以西的西域政权。其二，从车师前王庭顺着北山，沿河西行至疏勒，是为北道。北道向西翻越葱岭到达大宛、康居、奄蔡。其中，车师前王庭指吐鲁番盆地车师前国的都城交河城；北山即天山；河指塔里木河；疏勒指疏勒国。以上即是两汉时期丝绸之路的南道和北道。

## 吐鲁番：明月天山交河城

魏晋南北朝时期，中原与西域的交通并没有因为战乱和政权分立而中断。通过不同时期文献对当时通往西域道路的记载，可以看出两汉至南北朝时期丝绸之路交通线路的演变。举《三国志》言之，裴松之的注解引用《魏略·西戎传》记载：从敦煌玉门关入西域，过去有两条道路，现今有三道。其一，从玉门关西行经婼羌，继续西行翻越葱岭，经过县度，到达大月氏，是为南道。其中，县度为中国古代由葱岭进出古天竺国的要道，这里的南道与《汉书·西域传》的南道大部分重合。其二，从玉门关西行经都护井、三陇沙北、居卢仓，再从沙西井西北行经白龙堆，到达古楼兰国，继续向西到达龟兹，再翻越葱岭，是为中道。其中，都护井、三陇沙、沙西井、白龙堆都是新的地标，皆位于沙碛之中，这里的中道与《汉书·西域传》北道的西段重合。其三，从玉门关西北行经横坑，避过三陇沙和白龙堆，经五船北行到达车师前国，继而向西到龟兹，与中道会合，是为新道。

再举《魏书·西域传》而言，通往西域的交通线路又有变化。此时发展为四道：其一，自玉门关向西穿越两千里沙碛，到达西域东部的政权鄯善；其二，自玉门关向西穿越沙碛，北向行二千二百里到达车师前国；其三，自莎车国向西一百里至葱岭，继续向西一千三百里到达伽倍，伽倍约在现今阿富汗境内；其四，自莎车国西南行五百里至葱岭，再西南行一千三百里至波路，波路或指勃律，约在现今帕米尔高原以南附近。以上四道是在两汉时期两道基础上进一步分化而来。

隋唐时期，伴随着交通线路的开辟和发展，中原与西域政治、军事、经济、文化等各方面交往频繁，丝绸之路异常繁荣。前文言及裴矩撰写的《西域图记》详细记载了当时西域诸国的山川险易、风俗民情和交通物产等。这部西域百科全书的序言勾勒出从河西走廊西端敦煌通往西域的三条交通路线。

北道：从伊吾经蒲类海过铁勒诸部、突厥王庭，再渡过向北流的河流，最终抵达拂菻国。相对而言，裴矩对北道的叙述，较为疏略。其中的伊吾，即隋朝时的伊吾郡，唐朝的伊州，即现今的新疆维吾尔自治区哈密市附近；蒲类海即现今的巴里坤湖；铁勒诸部约指东天山及其以北一带；突厥王庭专指西突厥王庭，具体位置学界尚有争议，约位于特克斯河谷附近的天山腹地；北流的河流尚无法确定，因为伊犁河、楚河、锡尔河等皆有向北径流的区域；拂菻国也就是拜占庭帝国。

中道：从高昌经焉耆、龟兹、疏勒，翻越葱岭，又经钹汗，苏对沙那国，康国，曹国，何国，大、小安国，穆国，到达波斯，最终抵达西海。不同于北道，中道途经的西域政权众多。其中，高昌、焉耆、龟兹、疏勒前文皆有提及，葱岭即现今帕米尔高原；钹汗约在现今乌兹别克斯坦费尔干纳州附近；苏对沙那国

吐鲁番：明月天山交河城

约在现今塔吉克斯坦乌腊提尤别附近；康国约在现今乌兹别克斯坦撒马尔罕附近；曹国、何国约在现今乌兹别克斯坦撒马尔罕西北伊什特汗附近；大、小安国约在现今乌兹别克斯坦布哈拉附近；穆国约在现今土库曼斯坦土库曼纳巴德附近；波斯指萨珊波斯帝国；西海指地中海。

南道：从鄯善经于阗、朱俱波、喝槃陀，翻越葱岭，又经护密、吐火罗、挹怛、忛延、漕国，到达北婆罗门，最终抵达西海。同中道一样，南道也途经众多西域政权。其中，鄯善约在现今新疆巴音郭楞蒙古自治州若羌县附近；于阗、朱俱波、喝槃陀（又称葱岭国）即前文唐太宗"聘礼五国"中的三国；护密约在现今兴都库什山附近；吐火罗约在现今阿姆河以南区域附近；挹怛约在现今阿富汗马扎里沙里夫附近；忛延约在现今阿富汗巴米安附近；漕国约在现今阿富汗加兹尼附近；北婆罗门指北天竺国；西海此处似指阿拉伯海而非地中海。

北道、中道、南道，即隋唐时期丝绸之路的三条主干线。除此之外，裴矩还补充说到，三道诸国之间，也都有交通线路。

唐朝建立西州以后，吐鲁番在西域以及唐朝疆域内便有了一个相对清晰和明确的空间位置。高昌国原来的地域范围东西约六百里，南北约四百里。据中唐时期唐宪宗朝的宰相李吉甫撰写的地理文献《元和郡县图志》记载，西州的辖境东西长

## 第二章 丝绸之路上的吐鲁番

八百九十五里，南北四百八十六里；西州东南距离京城长安五千五百一十六里；东南至东都洛阳六千二百一十五里；东北距离伊州七百三十里；西南距离焉耆七百二十里；东南距离沙州一千四百里；向南距离古楼兰国一千二百里；向北至北庭都护府五百里。古今里程的差异如何呢？这里举一列，按照唐代的度量衡，一里约等于现今531米，或约1.06里。据此计算西州与伊州相距约410公里，与今天吐鲁番市和哈密市的距离相当。

接下来以西州为中心，介绍西州通往周边地区的交通路线。首先，看西州通往东向伊州（现今新疆维吾尔自治区哈密市附近）的道路。敦煌藏经洞发现的编号为伯希和第2009号文书《西州图经》记载了唐代西州附近的交通路线，学界一般认为其中的赤亭道和新开道即是西州通往伊州的道路。具体而言，从伊州西所辖纳职县沿沙碛西行至赤亭（现今新疆维吾尔自治区吐鲁番市鄯善县附近）到达西州，是为赤亭道，或称伊西道。这条道路沙碛多，路况和自然条件较差，唐朝初年已经在使用，如玄奘西行求法、侯君集征讨高昌，可能经行此路。新开道的距离较赤亭道远，从纳职县出发，途经独泉、东华、西华、驼泉、茨萁水、神泉等到达罗护守捉，再西南行至赤亭，与赤亭道会合。从途经的地点便可知新开道泉水分布较多，大约开辟于贞观十四年（640）以后，因自然条件相对优越，逐渐成为重要道路。

吐鲁番：明月天山交河城

这里附带记述河西地区的沙州、瓜州通往伊州的交通道路，以便完整地了解进出西域的交通。从空间区位讲，伊州、瓜州（现今甘肃省酒泉市瓜州县附近）、沙州（现今甘肃省酒泉市敦煌市附近）构成一个三角地带，瓜州和沙州相当于是三角形底边的两个顶点。从瓜州西所辖常乐县西北行，经新井驿、双泉驿、第五驿、冷泉驿、赤崖驿等到达伊州，是为第五道。又因该条道路途经瓜州至伊州之间的沙漠莫贺延碛，因而又称为莫贺延碛道。玄奘西行求法，进入西域即是行走的此路。从沙州正北略偏西行，经稍竿馆到达伊州，是为稍竿道，长约七百里。

其次，看西州通往东南向沙州的道路。敦煌文书《西州图经》记载大海道：从西州东柳中县出发，东南距沙州一千三百六十里，路上常年有流沙，人行易于迷路，路旁有泉井，但水质咸苦，路旁无草，需要自备饮水和干粮，路上沙石分布，来往艰辛困弊。大海道的名称，形象地反映出路况的艰险，正如穿越沙海一般，若想成功穿越，离不开坚定的信念和幸运之神的眷顾。《西州图经》记载该条道路，表明当时仍在使用。

此外，宋太宗时期乐史编撰的地理文献《太平寰宇记》也有对该道路的描述。《太平寰宇记》记录西州柳中县时，引用裴矩《西域图记》中柳中路的记载：自高昌东南距离沙州一千三百里，皆是沙碛，水草缺乏，人行之时四面茫然，不知远近，仅能凭借

## 第二章 丝绸之路上的吐鲁番

牲畜的骸骨和驼马的粪便作为标记参照。若是遇到风雪则难以前行。人行之时也会感到存在魑魅魍魉，胆战心惊。这里《西域图记》的柳中路，正是《西州图经》的大海道。

再次，看西州通往西南向焉耆的道路。敦煌文书《西州图经》记载银山道：从西州西所辖天山县出发，西南距离焉耆七百里，沿途多沙碛卤地，只有靠近烽火台的地方水草丰足，道路可以通行车马。《新唐书·地理志》的记载更为详细：从西州西南的南平、安昌两城西行一百二十里进入天山西南的山谷，经擂石碛，继续行二百二十里到达银山碛，再行四十里到达焉耆界内的吕光馆，经盘石继续行百里至张三城守捉，再西南行一百四十五里到达新城馆，最后渡过淡河，抵达焉耆。前文提及安西都护郭孝恪征讨焉耆，其行军路线即是银山道。唐代边塞诗人岑参任职西域期间，也曾途经此处，留下"银山碛口风似箭，铁门关西月如练"的佳句。

其四，看西州通往西北向的道路。敦煌文书《西州图经》记载白水涧道：从西州西北所辖交河县出发，西北行到达处月以西诸部落（现今新疆维吾尔自治区乌鲁木齐市以西附近），沿途水草充足，道路可以通行车马。处月部或为西突厥别部，乙毗咄陆可汗曾遣其袭击西州天山县，安西都护郭孝恪率兵将其击退。

最后，看西州北向通往庭州的道路。与伊州、瓜州、沙州类

159

## 吐鲁番：明月天山交河城

似，伊州、西州、庭州三者从空间区位上也构成一个三角形，西州和伊州相当于三角形底边的两个点。不同于西州通往伊州、沙州、焉耆的道路中多有沙碛分布，西州通往庭州的道路需要北向翻越天山。敦煌文书《西州图经》共记载了六条西州通往庭州的道路，分别是：花谷道、移摩道、萨捍道、突波道、乌骨道、他地道。

其中，花谷道从西州东所辖蒲昌县出发，西经柳中行到达庭州，全程七百三十里，沿途水草丰足，道路人马可通行。移摩道、萨捍道、突波道三道同样是从蒲昌县出发，但起点的山谷不同，对应的是移摩谷、萨捍谷、突波谷。三道出发之后西北行交会于柳谷，再行到达庭州，全程七百三十里，沿途皆水草充足，道路人马车牛皆可通行。乌骨道从西州高昌县北乌骨山出发，距离庭州仅四百里，比从蒲昌县出发的四条道路都要近，沿途水草充足，但路况险峻，多有危石，仅能人行，马行多受损。西突厥乙毗咄陆可汗袭击伊州之时，安西都护郭孝恪就曾率领轻骑自乌骨道出击。他地道从西州西北交河县出发，西北行经柳谷，再行到达庭州，全程四百五十里，沿途水草充足，能人马通过。《新唐书·地理志》对该道路的记载更加详细：从交河县北出发，行八十里有龙泉馆，向北入山谷行一百三十里，经柳谷，翻越金沙岭，继续行一百六十里经石会汉成，最终到达北庭都护府。

## 第二章　丝绸之路上的吐鲁番

通过以上敦煌文书《西州图经》关于西州通往周边地区道路的记载可以发现，虽然十一条道路的描述显得粗略，但也包含若干重要的信息，比如道路起点、大致走向、里程、沿途自然条件、路况以及通行限制等，仍然呈现出以西州为中心四通八达的交通网络。

《西州图经》记述的西州通往周边地区的道路虽然有终点，但终点之外还有道路，一段一段，一程又一程，局部的交通网络共同汇聚成庞大的横贯亚欧大陆的丝绸之路。如银山道的终点是焉耆，但焉耆西行可以到达龟兹、疏勒，翻越天山可通往康国、何国、史国等九姓胡国以及更西的大食、拂菻等西域诸国。花谷道、移摩道、他地道等的终点是庭州，但庭州向西途经沙钵城守捉、冯洛守捉、张堡城守捉、叶叶河、黄草泊、弓月城等可以到达"安西四镇"之一的碎叶镇（现今吉尔吉斯斯坦托克马克城附近）。

还需要指出的是，丝绸之路的开辟、发展、变迁以及兴衰与西域形势和隋唐王朝的西域政策密切相关。如焉耆与高昌的交恶，与大碛路的重新开辟有关，而西突厥乙毗咄陆可汗控制西域期间，一定程度上也阻塞了西域诸国与唐朝的交通往来。唐朝经营西域时期，在丝绸之路沿线建置了大量的烽燧和馆驿，不仅有效地维护了西域的稳定，也为丝绸之路上来来往往的商旅提供了安全保障。

吐鲁番：明月天山交河城

## 二、多元的人口构成

吐鲁番盆地作为丝绸之路天山南麓的重要枢纽之一，随着周边政权势力的介入以及当地政治、经济、文化的发展，这里吸纳和会聚了大量来自四面八方的人口，共同开发和经营着这片土壤。

西域的早期社会形态政权分立，各有君长，依据户口的多少配备一定数量的军队，大多是依托城郭居住的常居人口。汉宣帝建置西域都护府以后，西域诸国的土地、山川、户口、道里远近等信息逐渐被中央王朝所掌握。从《汉书·西域传》的户口统计来看，西域诸国户口规模差异明显，最大的是乌孙国，有户十二万，口六十三万，兵额十八万八千八百人，是西域第一大国。多数政权规模在千百户之间。规模最小的是单桓国，有户二十七，口一百九十四，兵额四十五人。车师前国有户七百，口六千五十，兵额一千八百六十五人，相较而言，属于中等规模，而车师人则是生活在吐鲁番盆地的早期和主体居民。

经历夏商周千余年的历史演进，中原及其周围的氏族、部落不断融合与凝聚，华夏族群逐渐形成。进入到春秋战国时期，中原与周边族群之间的交会与融合进一步加深。到了秦汉之际，汉民族形成。关于汉族的形成，历史学家翦伯赞有过精彩的比喻：

## 第二章　丝绸之路上的吐鲁番

"当时的中国正像一个鸡卵，中原诸族，有若卵黄，四周诸种族，有若卵白，卵黄与卵白虽各为一物，而在鸡卵之有机构造上，则是血肉相连的。当秦之时，中国的历史，正在产生一种适当的温度，来孵化这个鸡卵。所以到西汉之初，鸡雏遂破壳而出，是为汉族。"这个形象的类比，完美地诠释了当时中国中原华夏族与周边诸族之间的血肉关系。自此汉族成为中国历史进程中的主体民族。

两汉时期，伴随中央王朝的西域屯田戍边政策，内地的汉族将士陆续进入吐鲁番地区，与当地的车师人共同生活。如汉元帝时期置戊己校尉，屯田于车师前王庭，即交河故城。东汉章帝、安帝经营西域期间，也曾派遣军队屯田车师前国。魏晋南北朝时期，中原地区战乱频繁，河西地区成为中原汉族民众迁徙的场所，而一旦河西战乱，吐鲁番盆地由于存在两汉时期屯田的传统，自然也成为避难的选择。前凉政权的统治者汉族人张骏，首次在西域建置高昌郡，则当时吐鲁番有不少汉族人分布。公元460年，柔然政权扶植阚伯周为高昌王，继而吐鲁番先后出现阚氏、张氏、马氏、麹氏四个以汉族为主体的高昌政权。这一时期的吐鲁番出土文书中，也能看到王姓以外的李氏、赵氏、刘氏、王氏、索氏、郑氏、高氏等众多汉族姓氏，足见有大量汉族人分布于此。《魏书·高昌传》所言"国有八城，皆有华人"，也是高昌有内地汉族人分布的写照。

隋唐时期，汉族仍然是吐鲁番地区的主要人口构成之一。隋末唐初，中原地区反隋起义军如火如荼，一部分内地民众迁徙至高昌。唐太宗在征讨高昌的诏书中就指责高昌拘留、囚禁想要返回内地的隋朝百姓。建置西州以后，唐太宗多次在安抚诏书中强调："尔等并旧是中国之人""编户之甿，咸出中国""彼之黎元，出兹中土"，这些都表明汉族人口已经深深融入当地生活中，虽然处在西域，但吐鲁番与内地在民族构成、血缘关系上有着深厚的渊源关系，同为"中国之人"。需要补充的是，唐太宗诏书里提到的"中国"，主要是王朝的概念。唐太宗为了巩固西域的边防和充实西州的人口，不仅派遣驻防的将士，还下令将京城和地方诸州的囚徒发配、流徙到西州。而屯田戍边也是唐前期统治者的经营策略，西州必然吸纳更多来自内地的汉族将士和民众。

因而不妨说，汉唐时期内地的汉族民众西迁吐鲁番的情况长期存在，并且伴随强盛的国力和完善的西域经略政策，汉族成为吐鲁番主体民族的这一情况在唐朝更加凸显。

不容忽视的是，丝绸之路上的吐鲁番汉唐以来也是多民族的聚集之地。秦汉之际，中国北方的匈奴逐渐强盛，统一北方草原，并且率先在西域建置僮仆都尉，对西域诸国征收赋税。车师前国所在的吐鲁番盆地地理环境优越，适宜屯田积谷，汉匈之间

第二章　丝绸之路上的吐鲁番

也数次争夺车师。车师在隶属匈奴期间，甚至联合侵扰其他西域政权。这种情况下，吐鲁番可能存在迁徙至此或因战争而滞留的匈奴人，随着时间的流逝而融入当地社会。魏晋南北朝时期，不仅氐人建立的前秦和后凉政权、卢水胡人建立的北凉政权，对吐鲁番进行直接统治，中国北方的游牧政权柔然、高车分别扶植的阚氏、张氏高昌国，对吐鲁番也进行着间接统治。在这种情况下，吐鲁番可能存在氐人、卢水胡人、柔然人、高车人的分布，他们与当地的汉族人、车师人等共同生活。

此外，吐鲁番作为丝绸之路的中转站，焉耆、龟兹、疏勒以及康国、石国、史国、曹国、何国等西域诸国的民众多来此经商和旅居，成为吐鲁番的流动人口。吐鲁番出土文书中，也可以看到焉耆的王姓龙氏、康姓、史姓、曹姓、何姓、石姓、安姓等九姓胡人以及突厥姓氏。有学者统计，高昌国时期的少数民族人口占 25%—30%。如实地反映出吐鲁番多民族交往的画卷。

隋唐时期，吐鲁番与周边政权的交往更加活跃，也前后隶属多个政权，多民族分布的格局继续发展。据前文，在不同时期高昌与北突厥、铁勒都有过隶属关系，这种情况下高昌必然有铁勒和突厥人分布。如铁勒经常派遣重臣在高昌负责征税；北突厥败亡后，酋长欲谷设率领余众逃往高昌，另一酋长阿史那社尔兵败薛延陀之后，也退守高昌。依据吐鲁番出土文书出现的姓名，此

165

## 吐鲁番：明月天山交河城

时九姓胡人依然频繁出现，甚至在高昌县崇化乡形成聚落。唐太宗建置西州以后，为吐鲁番的发展注入新的活力，丝绸之路再次兴盛，西州也以开放的胸怀迎接来自四面八方的商人、僧人和旅客。

安史之乱以后，吐蕃政权一度攻陷西州，之后回鹘政权长期控制西州，并且建立高昌回鹘政权。因而唐朝中后期，吐鲁番也有吐蕃人和回鹘人分布。北宋初期，宋太宗派遣使者王延德出使高昌（西州回鹘），记述当时吐鲁番有北突厥、南突厥、大众熨、小众熨、样磨、割禄、黠戛司、末蛮、格哆族等多种族群分布。

户口管理对于中国古代国家和地方治理至关重要，类似于现今的全国人口普查。依据唐朝的典章制度，尚书省六部中的户部郎中、员外郎主管天下州县的户口。文献中记载了不同时期吐鲁番的户口变化。东汉时期，车师前国有户一千五百余，口四千余，兵额二千人。相较于西汉时期，此时的户数翻倍，但口数却有所减少，兵额相差不大。魏晋南北朝时期，吐鲁番的户口数据缺失严重，记述北魏时期历史的《魏书》和西魏、北周时期历史的《周书》虽然都有车师前国或高昌国历史沿革、风土人情等介绍，却没有留下户口方面的记载。记述隋朝历史的《隋书》也没有高昌国的户口数据。贞观十四年（640），行军大总管侯君集攻破高昌，随即展开户口统计，当时有户八千四十六，口

## 第二章 丝绸之路上的吐鲁番

三万七千七百三十八，此即是麴氏高昌国末期的户口规模。相较于两汉时期，高昌国时期吐鲁番的人口激增迅猛，也意味着政治和经济的发展步入新阶段。

唐宋时期编撰的若干典章制度、历史地理性质的文献记录了唐代西州时期的户口数据。唐宪宗朝宰相李吉甫撰写的《元和郡县图志》记述的户数大约为唐玄宗开元中后期，时西州有户一万一千六百四十七，表明自唐太宗中后期至唐玄宗中后期的近百年时间里，西州增加三千余户。唐德宗朝的政治家、理财家淮南节度使杜佑撰写的《通典》记述的户口数为唐玄宗天宝元年（742）左右，时西州有户一万一千一百九十三，口五万三百一十四。较之开元中后期略有下降。《旧唐书》记述的户口数据为天宝十一载（752）左右，时西州有户九千一十六，口四万九千四百七十六。较之《通典》所记又略有下降。两年后的天宝十三载（754），唐朝户口达到峰值，有户九百零六万九千一百五十四，口五千二百八十八万四百八十八。整体而言，唐前期西州的户口数呈现上升趋势，唐玄宗天宝时期略有下降。

吐鲁番多元的人口构成，是长期以来车师、匈奴、柔然、高车、突厥、天竺、九姓胡、汉族等多个政权或民族之间交往交流交融的结果，共同的生存环境也将他们紧密地联系在一起。

## 三、经济制度的运行

西域地域辽阔，自然资源丰富，农业、畜牧业、商业和手工业是最主要的经济产业。相对成熟和完善的土地、赋税、货币等经济制度，不仅规范着日常的经济活动，也推动着丝绸之路的良性发展。

在早期阶段，匈奴控制西域之时已经采取征收赋税的方式。这种征收从性质上而言，属于对西域诸国的经济掠夺，具有制度化的特征，区别于突发或季节周期式的掠夺。征收的内容则以西域诸国的生产生活资料为主，如马、牛、羊等牲畜，五谷、果蔬、草木等农作物，金、银、铜、铁等金属矿产等。两汉时期，中央王朝经营西域，吐鲁番盆地以优越的自然条件成为屯垦中心之一，戊己校尉负责屯田事务。中原地区的士卒涌入西域屯田，也将先进的生产工具和技术运用到农业生产中，促进了天山南北农业的发展。此时期西域的土地制度，文献中并没有专门记载，可能为占田制，分官田和私田两种。官田属于城郭诸国王室和官府所有，私田属于私人耕作的土地，两者皆包括耕地、林园和牧场等。

进入魏晋南北朝时期，高昌郡与高昌国的行政剧变，使吐鲁番受到中原土地制度的影响，租佃制逐渐盛行，拥有少量土地以

第二章　丝绸之路上的吐鲁番

及无土地者需要租佃土地维持生活。吐鲁番出土文书中有不少反映该时期土地租赁的契约，当地一般称佃田为夏田。如《高昌张永究夏田券》记述：某年二月五日，农户张永究从田主赵祐宣那里租佃了若干亩（因文书残缺，不详）田地，双方商定，到当年六月时张永究需要按照夏田的时价交付赵祐宣大麦七斛五斗，到当年十月时再交付若干（因文书残缺，不详）大麦。土地租佃过程中，一些徭役由田主赵氏支付，若是渠水出现故障，则各自承担费用。契约结尾也附有责任条款，大意为契约签订后不得反悔，反悔者应支付违约金于对方。这件文书展现出当时民间农田租佃交易的大致情形。此时高昌国的赋税情况，《周书》有简略的记载：" 赋税则计输银钱，无者输麻布。"表明货币和实物都可用于缴税。此外，吐鲁番出土文书中也出现对田地质量划分的不同称谓，如常田（指一年两熟的良田）、潢田（地势低洼容易积水的田地）、卤田（盐碱地）等，不同质量的田地，对应的赋税也有所差别。

　　唐太宗建置西州以后，内地实行的户籍、土地、赋税、货币等制度也迅速在吐鲁番推广执行。户籍管理一方面便于国家统计人口，另一方面也是赋税征发的重要依据。依据唐朝制度，户籍每三年制造一次，由最基层的乡里开始统计，逐级上报，县级汇总后递交于州府，州府汇总各县的数据后，再上报于尚书省的户

169

部。户籍制造于当年的正月启动,三月结束,统计过程中产生的纸笔、装潢等办公费用由百姓承担。户籍一式三份,县、州、尚书省户部各保存一份,类似于存档。至于保存期限,州县保存近十五年的户籍档案,尚书省则保存近二十七年的。户籍信息还包括户等,依据每户资产的多寡,定为上上、上中、上下、中上、下下等九等。

手实是户籍登记和制造的原始资料,由户口和土地两部分组成。唐朝对不同年龄段的民众有特定的称谓,男女出生不久称为黄,四岁称为小,十六岁为中,二十一岁为丁,六十岁为老。丁是国家赋税徭役的主要承担者,成丁后一直到六十岁步入老年才能免于赋税徭役。这项规定在特殊时期也曾发生变更。如唐中宗时期的韦皇后为了获得舆论支持,上表请年二十二为丁,五十九免役,这就相当于百姓可以晚一年缴税和早一年免役。划分年龄是户籍登记中不可缺少的信息,基层管理员里正需要统计所辖每户不同年龄段人口的数量。

手实的另一项内容是登记每户的土地授受情况。唐朝的土地制度规定了百姓授田的标准:田地授受之时,五尺为一步,周长二百四十步为一亩,一百亩为一顷,依据土地的肥沃和贫瘠以及不同区域的土地面积大小进行授受。古今换算,一唐亩为六千平方尺,一唐大尺约29.5厘米,则一唐亩约522平方米。不同年

## 第二章 丝绸之路上的吐鲁番

龄段和性别，授田也有差异，丁男和中男授田一顷，老男、患有重病和残废的授田四十亩，守寡的妻妾授田三十亩（若为户主则授田五十亩）。所授之田分为口分田和永业田两种，前者指农户死后将授田归还官府，后者指农户可以将授田传给子孙；两者的比例以丁男的授田而言，口分田占八十亩，永业田占二十亩。道士、僧人授田三十亩，道姑、尼姑授田二十亩。除了给授田地，园宅房产也在授受范围。

土地授受遵守若干原则，体现出人文主义精神。口分田的授受采取就近原则，本县授田不足可从邻县给授。田地授受自当年十月开启，十二月结束。所授之田优先给授课田（需要征税的田地），之后是不需要征税的不课田；所授之田先贫后富，优先给授贫寒的百姓，其次是经济条件较好的；所授之田优先给授没有田地的百姓，其次是田地不足的。州县境内土地授受充足的称为宽乡，不足者为狭乡。

官员按照职事官、爵位、勋官也有授田，如职事官正一品六十顷、国公四十顷、上柱国三十顷等。此外，天下州县的官府还有公廨田，类似于办公经费，大都督府四十顷、上州三十顷、上县十顷、折冲府四顷等。吐鲁番出土的一件文书中，有"一段一亩半""上件职田""公廨田在县"等字样，综合文书内容，学者们定名为《唐西州（下）高昌县勘职田公廨田牒》。吐鲁番出土的两件武则天时期的文书中,分别有"县公廨柒亩壹佰步(佃人唐智宗种粟)""神龙元年公廨应收"等字样,同样反映出公廨田制度在西州的施行。

地方州县的官员还有职分田,相当于个人收入的一部分,同样是按照官品给授,二品十二顷、九品二顷五十亩,折冲府旅帅一顷等。吐鲁番出土的两件开元十九年(731)文书中,有"州府县镇戍官职田顷亩斛斗""当县诸色阙官职田""戍官现任职田"等字样,不仅反映出西州各级官员分配有职田,而且空缺职位的职田也还保留着。其他出土文书也显示西州职官体系中的别驾、司马、参军、主簿、县令、录事等都有职田。

吐鲁番出土文书具体地展现了唐代建置西州以后的户籍登记情况和手实信息。《唐贞观十四年西州高昌县李石住等户手实》这件文书虽然残缺,但依然呈现出若干重要的信息。如出现"年卌(音细)七丁男""年肆拾丁妻""年拾伍中男""肆黄男"字样,与唐朝户籍制度中年龄的称谓完全吻合;"八十亩未受""合受田八十亩""六亩半已受""七十三亩半未受"对应的是授田信息;"当户手实"直接表明文书是手实资料;"贞观十四年九月"是时间落款,而这正是平定高昌国的次月,足见制度推行的时效极其迅速;"户主李石住"显示户主信息;等等。

西州的户籍制度在唐太宗以后的其他统治者执政时期始终

第二章 丝绸之路上的吐鲁番

严格执行。如武则天临朝称制时期,《武周载初元年西州高昌县宁和才等户手实》这件文书相对完整。前四行的内容包括:"户主宁和才年拾肆岁""母赵年伍拾贰岁""妹和忍年拾叁岁""右件人见有籍",显示目前在籍的户主及其母亲、妹妹的姓名和年龄。第五到七行的内容包括:"姊和贞年贰拾贰岁""姊罗胜年拾伍岁""右件人籍后死",显示的是户主不在籍的、已经过世的家人。第九到十二行的内容包括:"一段二亩常田城北廿里新兴东渠西道南道北曹君定""一段一亩部田三易城西七里沙堰渠东渠西常田南张延守北魏善亮"等,记述受田的面积和田地四至范围。其中常田和部田简单说,分别指一年两熟和一年一熟的田地,也有学者结合吐鲁番的气候条件,进一步认为部田多种植小麦或禾粟,常田多种植大麦和秋粮。第十三行的内容是"一段卅步居住园宅",记述户主的房产。第十五行的内容包括:"隐漏一口,求受违敕之罪",显示手实的登记有法律约束力,不能出现隐漏,"载初元年壹月"对应的是时间落款等。

唐玄宗时期的《唐开元二年账后西州柳中县康安住等户籍》也是件相对完整的户籍文书,反映开元初年户籍制度在西州的施行情况。相较于上文的两件文书,该文书出现若干新的内容。如"壹户没落"反映户主康安住与两位弟弟康安定、康安义皆于垂拱年间的西域战事中阵亡;"白丁"反映身份,也是唐代府兵征选的对象之一;"下中户"显示户主的资产等级;"丁寡"显示家庭成员情况;"壹户身死户绝为新附,未给田宅"反映户主信息变动及其授田情况。

以上列举的手实文书,内容涉及户主和家人的年龄、身份、是否在籍、田地和园宅的授受、田产四至、登记时间、户主署名等情况。这些原始信息经当地政府核实之后,联抄成卷,就是向上级部门呈报的户籍内容,这也是为何出土的户籍文书往往包含多名户主信息的原因。

课税和徭役直接影响到古代王朝国家的正常运转,户籍、土地授受制度既已在西州施行,与之相伴的制度就是赋役制度的推行。唐代前期施行租庸调法,包括四部分内容:租、庸、调、杂徭。具体而言,需要征收赋税的课户每丁交租粟二石;调依随当地的土产交绫、绢、绝(音施)各二丈,若交布则多加五分之一,交绫、绢、绝者还需交丝绵三两,交布者再交麻三斤;每丁每年服徭役二十天,遇到闰年多加二天,若是当年没有徭役任务则收取庸,按照调物每天交三尺,若是交布,同样多加五分之一,需要交够二十天的庸,即输庸代役。若是当年徭役任务多,按照多服役的天数减免租调,标准是多服役十五天免交当年的调物,多服役三十天免交当年的租和调。同时,考虑到不误农时和民众的承受力,唐朝规定通常每年服役不可超过五十天。当地州

## 第二章　丝绸之路上的吐鲁番

每年仲秋时节征收调和庸，季秋时由州统一发货输运至京城。租则按照粮食收获的实际早晚情况进行征收，一般仲冬时节当地州开始征收，季冬时州收纳完毕，明年孟春输运至京城。对于西州这样远离京城的地方，课税则输运至安西都护府，当地府兵也主要就是在本地服役。

假若遇到水灾、旱灾、虫灾、霜冻等自然灾害，唐朝也会依据庄稼作物的受损程度或面积减免租调，受损十分之四以上，免租；受损十分之六以上，免租调；受损十分之七以上，征税和徭役全免。桑、麻近乎全部受损，免调。若是已经交纳当年的课税和已经服役，那么来年免于课税和徭役。对于迁徙等原因新附入户籍的人，如果是春季附入，课税和徭役照常履行；如果是夏季附入，免于课税，徭役照常；如果是秋季附入，课税和徭役皆免。如果新附之人存在假冒、隐瞒、逃避课税和徭役的情形，无论附入的早晚，课税和徭役全部照常。

为了应对自然灾害引发的农作物减产以及百姓经济利益受损，隋唐时期建立了义仓制度。隋朝初年的都支尚书（后改名为户部尚书）长孙平认为国家以民为本，民以食为本，劝农积谷乃是先王的制度，又常言道"连续三年耕作会留有一年的积蓄，连续九年耕作能够有三年的积蓄"，这样即使遇到水旱灾害，百姓也能因为提前有粮食储蓄而度过困难时期，建议下令地方州县长官建立义仓，劝农积谷，储备粮食。隋文帝采纳了长孙平的建议。

唐朝建立后，唐高祖建立常平仓制度，主要是为了平稳物价，防止兼并。唐太宗初年，尚书左丞戴胄提出请继续效仿隋朝的义仓制度，劝农积谷，以备灾荒。唐太宗对此高度重视，下令执行。户部尚书韩仲良奏请王公以下依照每亩交纳二升在本地州县建立义仓进行存储。之后全国各地纷纷建立义仓，遇到灾害则开仓赈济，唐高宗、武则天时期还明确下令义仓之粮不允许杂用。唐高宗初年改变了交纳制度，由据地按亩交纳改为据户按等级交纳，上上户为五石，其余按照级别对应交纳。吐鲁番出土的一件唐高宗永淳元年（682）的文书，有"上上户户别贮一十五石""上中户户别贮一十二石""上下户户别贮一十石""中上户户别贮七石""下下户户别贮一石"等字样，反映的正是西州高昌县太平乡百姓的贮粮情况。

除了自然灾害之外，唐朝对部分特殊群体也有课税和徭役蠲免的政策。首先，是入籍李唐宗室的成员以及诸亲属，即通常说的皇亲国戚。其次，是五品以上官员的父亲、祖父、兄弟、子孙以及其他兼有职掌的群体；最后，是州县中享有声誉的孝顺子孙、有节义的夫妇等，申报尚书省奏闻，就可以免去课税和徭役。吐鲁番出土的一件天宝三载（744）文书中，有"一十八人五品子孙""八人应在""放免资课""十六人柱国""准敕纳资"

## 第二章 丝绸之路上的吐鲁番

等字样，反映的正是西州高昌县统计和勘定的诸乡品子、勋官见在、已役、免役、纳资诸色人名籍。

租庸调之外，唐朝对百姓还有两个征税项目：一项是用于邦国军事和驿站交通，每三年对天下州县进行一次大额的征收，总额大约一百五十万贯；另一项是用于京官以外的官员的部分俸禄和办公经费，每年进行一次小额征收，总额大约四十万贯。这种"大税""小税"构成唐前期的户税。吐鲁番出土的一件唐玄宗时期的文书中，其中涉及"周通生纳天宝三年户税刺柴贰拾束""周通生纳天宝三载后限税钱壹佰壹拾陆文"等，反映的是西州户税的征纳。

对于域外政权或部落归附唐朝的群体，也有相应的征税规定。这部分群体同样是划分为九等，四等以上为上户，每丁征税银钱十文；七等以上为次户，每丁征税银钱五文；八等以下为下户，免于征税。归附唐朝两年以上的上户每丁征税两口羊，次户每丁征税一口羊，下户组合为三户共同征税一口羊。若是在没有羊的地方，允许将应征税的羊折算为其他物品。遇到征发服役，超过三十天的可以免去当年征羊。内附之人所生育的孩子，身份等同大唐百姓，不再是蕃户。

以上唐朝经济制度在西州的施行，加快了中原地区与西州乃至西域地区经济体制的一体化进程，不仅推动了西州经济的发展，也带动了丝绸之路沿线经济的繁荣。

## 四、繁华的商业都会

丝绸之路上的东西交往为吐鲁番注入源源不断的发展动力，吐鲁番的经济活力反过来又促进丝绸之路的繁荣。络绎不绝的商人、琳琅满目的商品以及货币流通的多元化，让吐鲁番成为名副其实的商业都会。

往来的商人是丝绸之路繁荣和经济发展最活跃的因素。西突厥、铁勒统属高昌时，一个重要的举措即是派遣官员驻在高昌对往来的商胡征收赋税。贞观初年，西域诸政权也都希望依托高昌与唐朝保持朝贡和贸易关系。隋唐时期，史籍中提及的"商胡"或"胡商"，主要指西域诸国的商人，尤其是善于经商的康国、曹国、史国、石国、安国等九姓胡人。结合吐鲁番出土文书，九姓商胡经常出现在社会经济相关的契约文书中，而过所文书能够如实地反映商胡的贸易活动。

过所类似于现今的通行证或者护照，携带过所方能顺利通过关卡。名为《唐垂拱元年康义罗施等请过所案卷》的文书，记述了三十岁的商胡康义罗施等一行人从西域来到西州，请求地方官府发放过所，以便"向东兴易"，结合文书后半段，可知康义罗施

## 第二章 丝绸之路上的吐鲁番

等是想去都城长安进行贸易，而担保人中有庭州百姓康阿了、伊州百姓史保、焉耆人曹不那遮、高昌县人史康师等，大概皆属于九姓胡人。又如名为《唐开元二十年瓜州都督府给西州百姓游击将军石染典过所》的文书，记述了西州百姓石染典在瓜州贸易结束，想要继续前往伊州贸易，目的地则是龟兹，请求官府发放过所。在后续石染典的相关文书中，可看到他在伊州、西州的贸易记录。显然，石染典是位时常穿梭在丝绸之路上的商胡。

西州市场上的商品丰富多彩。吐鲁番出土文书中，著名的《唐天宝二年交河郡市估案》为了解西州市场上的商品类别、物价和管理提供了较为翔实和具体的资料。依据文书涉及的行业和商品，西州市场交易的商品，既有来自内地州县的特产，也有本地生产的物品，还有来自西域及其周边地区的商品。同时，每种商品列有上、次、下三种品质的价格，不仅种类繁多，而且档次有别，能够满足日常生活和国内外贸易所需。

按照行业类别讲，文书中西州市场有谷麦行、米面行、帛练行、果子行、口（绵？）布行、䌽帛行、凡器行、铛釜行、菜子行等。如帛练行的商品，有大练、剑南道梓州的小练、河南道洛阳的生𫄧、河东道蒲州的𫄧、生绢等，一匹大练上、次、下三种规格的价钱分别是四百七十文、四百六十文、四百五十文。再如铛釜行的商品，又釜、锄、𤬛、钏等，三斗空间大的釜上、次、

吐鲁番：明月天山交河城

下三种规格的价钱分别是八百文、七百文、六百文。再如菜子（籽）行的商品，有蔓菁子、韭子、茬子等，一升蔓菁子上、次、下三种规格的价钱分别为二十文、十六文、十五文。此外，也有质汗、郁金花等香料和突厥马、波斯驼等外来商品。

唐朝对市场的监管和律令在西州并行不悖。如唐朝律法规定，买卖奴婢、马牛驼骡驴等，需要市场管理机构开具"市券"。名为《唐开元十九年唐荣买婢市券》的文书，交易过程中提及"给买人市券"，完全符合法律和市场的规定。唐朝有时考虑到边疆形势的变化，也会对边州的贸易加以限制。如垂拱元年（685），唐朝下令"诸蕃商胡"进入唐朝境内后可任意贸易，但不准再出境，延边的州县应严加缉查，籍贯属于伊州、西州、庭州的民户，可凭借公文来东方贸易。又如唐玄宗开元二年（714），敕令对锦、绫、绢、牦牛尾、金、铁等物品不得与周边政权进行贸易，同时不允许上述物资出关。

货币是商品流通和经济社会发展的重要物质载体。唐代的货币流通，整体上是"钱帛并行"，银钱、铜钱等金属货币与绢帛、粮食等实物货币并行不悖。唐朝中央也有过数次货币的铸造和发行，如唐高祖时期的"开元通宝"、唐高宗时期的"乾封泉宝"、唐肃宗时期的"乾元重宝"等。丝绸之路上的吐鲁番，其货币流通有别于内地，彰显出多元性特征。

## 第二章 丝绸之路上的吐鲁番

银钱曾作为主要货币流通于麴氏高昌时期和西州前期的吐鲁番。《周书》记载高昌"赋税则计输银钱，无者输麻布"，反映出银钱的首要流通地位。结合吐鲁番出土文书，可以发现官方和民间在赋税、贸易、租赁、雇佣等多数场合，均使用到"银钱"。如名为《高昌延昌二十七年六月兵条列买马用钱头数奏行文书》的文书中提及"都合买马一匹，用银钱肆拾伍文"；名为《唐西州高昌县赵怀愿买舍券》的文书中提及买舍"与买价银钱拾文"。除了文书的记载，吐鲁番阿斯塔纳古墓群、巴达木墓群以及现今河南、甘肃、陕西等地区都有萨珊波斯王朝银币出土，因而大多数学者认为传世史籍和出土文书中的"银钱"即指萨珊银币。由于银币的币值较高，吐鲁番当地又产生"半文"的计量单位，粮食等实物货币成为重要补充。

随着萨珊波斯王朝被崛起的大食政权击败以及唐朝经济制度在西域的施行，银钱最终退出西州市场，绢帛和铜钱等实物货币成为主流。如名为《唐垂拱三年西州高昌县杨大智租田契》的文书中，记述了杨大智以"小麦肆斛"租口分田贰亩半；名为《唐开元二十年薛十五娘买婢市券》的文书中，记述了薛十五娘以"大练肆拾匹"的价格购买了十三岁的婢女绿珠。原来借贷文书中的银钱，也被铜钱所替代。如名为《武周长安三年曹保保举钱契》的文书中，记述了曹保保向史玄政借入"铜钱叁佰贰拾文"，

吐鲁番：明月天山交河城

又如名为《唐支用钱练帐一》的文书中，涉及多次铜钱交易。这里的铜钱，则主要指唐朝通行的开元通宝钱。

除了银钱、铜钱，金钱在吐鲁番也曾流通。麹氏高昌时期的随葬衣物疏中，多次提及"金银钱""金钱"，虽然是指冥币甚至是心理观念上的冥财，但史籍也记载同时期河西和西域地区确实使用"金银之钱"，即拜占庭金币。吐鲁番的考古发掘，也出土过此种金币。

同样引人注目的还有"高昌吉利"钱。据统计，目前已知的"高昌吉利"钱约有 50 枚。以往学者们对该钱币的铸造时间争论颇多，有"北魏说""隋朝说""唐朝说""五代十国说"等多种意见。直到 1973 年新疆维吾尔自治区博物馆和西北大学历史系联合发掘阿斯塔纳古墓群时，于五一九号墓葬出土一枚"高昌吉利"钱，直径 2.6 厘米，厚 0.38 厘米，重 12.5 克。重要的是，同墓出土有贞观十六年（642）的纪年墓志，且墓葬未经过盗扰，如此可推论"高昌吉利"钱的铸造时间下限不晚于该年。有学者进一步认为铸造的时间在麹氏高昌时期，货币的性质属于纪念币，"吉利"的含义即西突厥的官名"颉利发""俟利发"，合起来就是高昌王的意思。货币铸造地在高昌，铸造的背景与高昌王加强皇权有关系。

天然的交通优势，让吐鲁番成为中西商旅和商品的集散地。

## 第三章
# 吐鲁番的长官

拥有卓越的地方长官，是吐鲁番在唐代繁荣发展的重要原因之一。地方长官掌管当地政治、军事、经济、文化、社会的发展和稳定，西州地处唐朝经营西域的前线，肩负着更加重大的责任。历任西州的长官中，不乏文武兼备、身经百战之人，有的日后成为皇亲国戚，还有的甚至官至宰相或权倾朝野。

### 一、唐高祖的驸马乔师望

唐宋时期的职官类文献详细地记述了地方刺史、都督、都护的职官配置和职责。刺史同京兆尹、都督等职责基本一致，仅是政区级别不同。具体而言，其一，负责辖区内的政治和社会稳定；负责官吏的年度考核，评定优劣，分为九等，并将考核结果上报尚书省吏部；负责百姓的思想道德引导，营造和谐环境；负责百姓的农业生产，劝课农桑；负责教育百姓遵守五教。"五教"虽没有明指，结合儒家文化的思想体系，或指《孟子·滕文公上》所言的"父子有亲、君臣有义、夫妇有别、长幼有序、朋友有信"，强调处理五组人伦关系。

需要补充的是，唐代的官吏考核有着详细的评判细则。在首都长安任职的京官和京城以外任职的地方官，除了亲王、中书省、门下省、京官三品以上以及五大都督（潞州、扬州、益州、荆州、幽州）这类官员位高权重，考核方式采取自录功过信息，奏闻皇帝听候裁决之外，其余天下官员都要接受尚书省吏部的年度考核，并且有专门的主考官和监考官。考核的方法和细则有四善和二十七最。"四善"指：德义有闻、清慎明著、公平可称、恪勤匪懈，即任职期间德行和节义有称道的地方、能够做到清正谨慎廉明、维护公平公正、恪尽职守勤政奉公，相当于总纲。"二十七最"涉及具体行政事务的二十七个方面，如"兵士调习，戎装充备，为督领之最"，指军事训练执行的最好；"礼制仪式，动合经典，为礼官之最"，指礼乐制度执行的最好；"功课皆充，丁匠无怨,为役使之最",指课税徭役的征发执行的最好;等等。主考官依据官吏四善和二十七最的获得情况,定为九等,如一最以上有四善的为上上等;一最以上有三善,或无最而有四善的为中上等;善和最都没有的为中下等;居官谄媚欺诈贪污的为下下等;等等。

其二,负责辖区内每年一次的巡察属县,观问属县的风俗和百姓生活情况;负责登记和审阅囚徒刑罚问题和户口多寡的信息,了解百姓的困难之处;负责推荐笃实好学、拥有奇才异能的百姓;对存在不孝悌亲人、违反伦理道德、拒绝遵守法律的百姓进行处罚;督察在职官吏是否廉洁清正,纠察贪污、有秽行、阿谀奉承、徇私枉法的官吏,将这些作为官吏考核和褒贬评议的依据;若是善恶事迹尤其特殊的官员,随即奏闻于中央。

其三,负责辖区内的司法事务,若是存在有疑虑的刑狱案件、兵甲方面的征发和派遣、土木工程的修建、出现特殊符瑞等情况,也要奏闻中央,普通的政务上报于尚书省即可;若是存在孝顺子孙、夫妇有节义、德行志气有声誉的人物事迹,负责上报尚书省,进行褒奖,若同时出现精诚感通的现象,则另外嘉赏;若是存在孝顺父母、尊敬兄长、努力务农的百姓,委派朝集使进京时奏闻;辖区内存在需要更改的事宜,负责结合实际情况进行处理;巡察属县时,政务交付长史或司马处理。

吐鲁番：明月天山交河城

这里又涉及唐代的符瑞上报、感通事迹和朝集制度，有必要稍作补充，以便丰富对唐代地方治理的认识。符瑞通常指吉祥的征兆，多与帝王受命相关，反映古人的天人感应观念，往往成为王朝更替的舆论工具。如唐高祖李渊太原起兵之时，多有白雀、五色云等符瑞出现。唐代的祥瑞依照物名分为大瑞、上瑞、中瑞、下瑞四个级别。大瑞包括出现庆云、麟、凤、神龟、龙、白象、明珠、朱草、河水清等征兆。上瑞包括出现三角兽、赤熊、玄狐、白鹿、赤雀、甘露、珊瑚钩等征兆。中瑞包括出现白鸟、朱雁、赤狐、草木长生等征兆。下瑞包括出现嘉禾、木连理、黑雉等征兆。

感通事迹常见于正史类传中的《孝友传》。隋文帝时期，绛州闻喜县（今山西省运城市闻喜县附近）人氏裴子通，在母亲离世后于坟茔旁建庐舍守丧，持续的悲痛和哭泣导致失明，继而有白鸟在坟树上筑巢。白鸟在唐代属于中瑞，白鸟筑巢象征养育之情，仿佛是受到裴子通的感召。裴子通的孝心与白鸟筑巢共同构成了感通事迹，其兄弟八人皆以孝悌著名，家族也获得统治者的旌表。唐前期虢州阌（音文）乡（今河南省三门峡市灵宝县附近）人氏梁文贞，年少时开始参加国家征发的徭役，回乡后发现父母已经过世。梁文贞时常以不能终养父母为遗憾和悔恨的事情，于是在坟茔旁建庐舍守丧，朝夕打扫，穿穴为门，未曾远离,长达三十年没有开口说话,家人与其交流,仅是写字应对。之后山水冲断了原有的驿道,新修的驿道从梁文贞父母坟前经过。往来的行旅听闻梁文贞的事迹后,皆感叹不已。时有甘露降于坟前之树,周围的白兔也被梁文贞驯化,乡里邻居都认为是受到梁文贞孝心的感应。其中,甘露属于上瑞的征兆。开元初年,县令崔季友刻石记述梁文贞事迹,此后刺史许景先、御史大夫崔隐甫先后上奏请旌表其家门,并将事迹记录于国史。唐玄宗同意。如是梁文贞事迹可以历经千余年流传至今。

朝集制度起源于隋文帝开皇六年(586),指地方州级行政区每年组织朝集使团入京参加元旦朝会大典,同时上报所在地区官吏年度考核情况,起到沟通中央与地方的桥梁作用。隋唐时期,一般地方长官都督、刺史、上佐等担任朝集使,朝集使又称考使。吐鲁番出土文书也有该项制度的反映。如名为《唐令狐鼠鼻等差课簿(?)》的文书中提及"一人白直,从考使入京",日本所藏大谷文书《唐开元十二年西州官人差使录》提及"差入计""充考典入计",分别体现唐太宗贞观后期和唐玄宗开元前期西州朝集制度的执行情况。

以上是对地方长官职能和相关制度的介绍,接下来追随历史的脚步,感观吐鲁番长官的传奇人生经历和精神世界。

唐太宗在收获侯君集等顺利攻破高昌国的捷报前后,大约已经在筹划西州地方官的人选问题，之后朝臣魏徵建言反对建置西州，唐太宗不予采纳，致使首任西州刺史以及安西都护的选派成为朝政的焦点。

目前文献所见，谢叔方是首任西州刺史，任职时间约两年。谢叔方为长安万年县（现今陕西省西安市）人氏，早年追随唐高祖第四子齐王李元吉征战，多次立下战功，李元吉对其也非常器重。在武德九年（626）的"玄武门之变"中，谢叔方率领府兵与秦王李世民兵力激烈对抗，占据上风。千钧一发之际，秦王部下尉迟敬德将齐王首级示众，谢叔方知大势已去，强忍痛苦逃亡而去。李世民势力在政变中惊险胜出，部下将领建议尽杀太子、齐王党羽。第二日，谢叔方自首。唐太宗说道："此是终于所事之主，义士也！"谢叔方此后的人生轨迹，如同前文提及的征讨高昌的将领李宽和萨孤吴仁类似，他们虽然曾经是齐王的僚属，但政变之后逐渐被唐太宗任用，并且对唐朝疆域的开拓以及地方的治理做出显著贡献。

记述唐代历史的正史两《唐书》有谢叔方的简传，位列类传《忠义传》。《忠义传》以"杀身成仁"和"临难不苟"为价值取向，谢叔方的入选，也反映出史官对其行为操守的高度认同。简传中提及谢叔方历任西州、伊州刺史，任职期间善于镇守边疆和抚慰百姓，不仅获得汉族民众的爱戴，也深得少数民族的敬爱，

## 第三章 吐鲁番的长官

百姓将他当作严父一样。贞观末年，其散官加至从三品的银青光禄大夫。散官象征资历和身份地位，并不像职事官有具体执掌。之后又任职洪州、广州都督。西州、伊州在州级行政区划中属于边州，而洪州、广州属于中都督府，官阶为正三品，与宰相平级，由此可见谢叔方的才能以及唐太宗对其的重视。谢叔方于唐高宗永徽年间去世，谥号为勤，揭示其勤勉奉公的官宦生涯。

近年学者整理洛阳地区流散的墓志文献，发现谢叔方之孙《谢令婉墓志》。志文提及谢叔方还曾任职过左卫中郎将，司农卿，邢州刺史，兰州、泸州都督，勋官至上柱国，其子名为谢祐，任职司勋郎中、周王府司马、太仆卿、赵州刺史。在这些官职里面，左卫中郎将属于南衙禁军左卫的属官，官阶正四品下，主管所统士兵的宿卫；司农卿和太仆卿属于九卿，官阶为从第三品，分别主管邦国仓储和厩牧、车舆事宜；司勋郎中为尚书省吏部四司之一司勋司长官，官阶为从五品上，主管官吏的勋官等级；周王府指唐高宗第七子、武则天第三子李显的幕府。

由于两《唐书·谢叔方传》以及《谢令婉墓志》并没有谈到谢叔方担任过安西都护，有理由认为首任西州刺史和首任安西都护并非同一人，或者说两者不存在兼任。

现有的文献，乔师望为首任安西都护。两《唐书》没有为乔师望设传，他的有关事迹记载分散，但大致可以勾勒出若干重

## 吐鲁番：明月天山交河城

要节点。贞观二年（628），西突厥统叶护可汗去世，引发部众大乱。铁勒诸部之一薛延陀隶属于西突厥，此时酋长夷男率领部众七万余家归附于漠北地区的北突厥颉利可汗。此时颉利可汗势力逐渐衰退，政权内部出现分裂，颉利可汗与其侄突利可汗之间矛盾加深，不久前又遭遇大雪灾，导致羊马损失惨重，部众深受其害，而属部回纥、拔野古等也相继叛乱，可谓身处内忧外患的危局当中。刚刚归附的薛延陀看到北突厥的乱象，决定反攻。于是夷男率领部众袭击颉利可汗，取得胜利，加速了北突厥的败亡。

适逢此时，经过多年隐忍较量与积蓄力量，唐太宗认为与北突厥决战的时机即将来临。一方面，唐朝为了彻底解决北方边患，获得更多的支持和援助，期望与薛延陀联合彻底击垮北突厥。另一方面，薛延陀在击败颉利可汗后自称可汗，也希望借助唐朝的势力称雄漠北，取代颉利可汗的统治。贞观三年（629）唐太宗册封夷男可汗为真珠毗伽可汗，而册封的使者，正是乔师望。

同年，夷男可汗派遣其弟统特勒前来朝贡。唐太宗热情招待了统特勒，并且赏赐了宝刀和宝鞭，说道："你们统属的部落内，犯大罪者以宝刀斩之，犯小罪者以宝鞭鞭之。"统特勒返回薛延陀后转达了唐太宗的旨意，夷男大喜过望。

唐朝初年与北突厥有过多次使者往来，统治者对使者的选任

## 第三章　吐鲁番的长官

也十分重视。早在太原起兵之时，李渊就曾派遣有器干和权略的刘文静出使始毕可汗寻求联合，刘文静日后官至宰相。唐朝建立后，始毕可汗遣使来朝，继而唐高祖派遣太常卿郑元璹（音熟）等出使北突厥进行回礼。武德二年（619），始毕可汗去世，唐高祖派遣内史舍人郑德挺携带三万匹帛品前往吊祭。

对外出使虽然代表唐朝，但也可能身临险境，尤其是双方关系不稳定的时期或者遇到突发事件。武德三年（620），北突厥处罗可汗连同北方割据势力刘武周入寇太原。唐高祖再次派遣太常卿郑元璹出使北突厥，以祸福利益相劝，试图化解危机。处罗可汗拒绝听从，不久遇病去世。北突厥部众怀疑是使者郑元璹下毒杀害了处罗可汗，于是将其扣押。武德四年（621），唐高祖眼看事情逐渐恶化，又派遣宗室河间王李孝恭之弟汉阳公李瓌（音瑰）出使北突厥，颉利可汗想让李瓌屈礼参拜，李瓌不敢有侮唐朝颜面，并无屈节行为，结果也被扣押。唐高祖仍然不放弃使用外交手段，派遣左骁卫大将军长孙顺德第三次出使北突厥，却再次被扣押。长孙顺德属于李渊太原起兵的元从功臣之一，在进军关中的战争中发挥了重要作用，他的另一个身份是唐太宗文德皇后的族叔。唐高祖获知长孙顺德被扣留，不由大发雷霆，也下令扣留了北突厥的使者。明年，唐朝与北突厥关系阶段性缓和，双方归还了各自扣留的使者。李瓌与长孙顺德，一位是皇亲，一位

191

吐鲁番：明月天山交河城

是大唐功臣，无论在唐朝多么荣耀，持节出使时却受制于人，由此也可见出使任务具有一定的危险性。

乔师望以游击将军的身份出使册封夷男可汗，肩负着唐朝联合薛延陀共同应对北突厥的重任。游击将军属于武散官，官阶为从五品上。此时北突厥虽然势力衰退，但为顺利完成出使任务，乔师望走的是偏僻小路。抵达薛延陀部落后，宣布诏命，册封夷男为真珠毗伽可汗，赐予象征可汗权力的鼓和饰物。夷男随即遣使进献唐朝。虽然文献对乔师望此次出使的记述极少，但联系当时漠北形势的急剧变化，唐太宗的出使任命，必然有其充分地考量，而这也是乔师望在文献中的首次出场。

贞观三年（629）之后，乔师望第二次出现在文献中时，已经出任唐朝在西域的最高军政机构安西都护府的长官，官阶为正三品。贞观十六年（642）左右，安西都护乔师望接到来自长安的诏令，令文主要包括三方面的内容：其一，概括了高昌与唐朝的血肉联系以及建置州县的原因，所谓"高昌之地，虽居塞表，编户之甿，咸出中国"；其二，表达了对西州百姓的牵挂，并且决定派遣一位五品官员前来宣传旨意和慰劳包括僧尼在内的民众；其三，向乔师望传达若干工作指示，如奏闻辖区内骑都尉以下的官员、妥善将辖区内的官田分置给旧官员和百姓等群体、赦免在押以及还在潜逃的罪犯、抚恤和救济患病和年老的百姓等。

第三章 吐鲁番的长官

吐鲁番出土的墓表中对乔师望奏闻骑都尉以下官员的内容有所反映。墓表类同墓碑、墓志，用于表彰死者，记述生平事迹、官职迁转、享年卒年等信息。勋官用于赏赐有功勋的将士，骑都尉的官阶为从五品上。《唐西州张延衡墓表》中提及的"大唐统御，泽被故老，蒙授骑都尉"，《唐西州唐武悦墓表》中提及的"大唐统驭，泽及西州，蒙授云骑尉"，反映的即是两位墓主原属于高昌国的官人，唐朝建置西州以后，受到恩泽获得勋官。此外，诏令中谈到的五品"西州特派员"，或许就是前文述及的窦奉节，因为他的官职左卫郎将和驸马都尉，官阶分别是正五品上和从五品下。

乔师望任职安西都护的时间大约为两年，其继任者是前文多次提及的郭孝恪。贞观十九年（645），乔师望的官宦经历再次与薛延陀发生联系，当时其由安西都护转任夏州都督，官阶为从三品。与早年出使薛延陀册封夷男可汗相比，此时夷男可汗刚刚去世，其子拔灼继位，不久率众袭击夏州，由此引发唐朝与薛延陀的战争。在贞观二十年（646）的一次战役中，夏州都督乔师望与右领军大将军执失思力等击败拔灼，俘获两千多人，取得阶段性胜利。

乔师望以上的为官生涯中，已经两度官居三品，虽皆为边疆大吏，却远离中央，满腔热血与壮志报国之余，或许也有一份孤

吐鲁番：明月天山交河城

寂。夏州都督卸任后，乔师望转任同州（现今陕西省渭南市大荔县附近）刺史，终于来到京畿道核心区做官。幸运并不止步于此，任职同州刺史期间，乔师望还要经历一次华丽转身——迎娶公主。

公主是对中国古代皇帝女儿的称呼，唐高祖共有十九位公主，公主们的婚姻情况也呈现出若干特点。较年长的第三女平阳公主曾集合关中势力积极响应李渊起兵，在唐朝建立过程中发挥过重要作用。公主们大多嫁于官宦世家或当朝显贵，如第二女襄阳公主嫁于隋末唐初著名的窦氏家族——宰相窦抗之子窦诞；第十五女丹阳公主嫁于隋朝名将薛万雄之子薛万彻，薛万彻曾参与唐太宗朝的征讨吐谷浑、薛延陀、高句丽等多次战争，其兄薛万均为征讨高昌的行军将领之一。当朝显贵中，不乏少数民族的著名将领，如第八女九江公主嫁于执失思力，第十四女衡阳公主嫁于阿史那社尔，两位蕃将都曾为唐初的边疆经略做出过突出贡献、立下过汗马功劳。公主再嫁在唐高祖诸公主的婚姻情况中也较为常见。如第四女高密公主先嫁于长孙孝政，又嫁于隋朝名将兵部尚书段文振之子段纶，段纶官至工部尚书。又如第五女长广公主先嫁于赵慈景，赵慈景战亡后公主又嫁于杨师道，杨师道于唐太宗朝官至宰相。

众多公主婚姻中，就有第九女庐陵公主嫁于乔师望。由于文献记载匮乏，目前难以判定两人具体的嫁娶时间。唐代迎娶公主的人有专门的职官名称——驸马都尉，为从五品下武散官。从乔师望此前游击将军、安西都护、夏州都督等官衔记载来看，皆没有提及驸马都尉，而在出任同州刺史期间，并列有驸马都尉的官衔，因而可以推测嫁娶时间在贞观末年至永徽初年。乔师望此时已经功成名就，与公主的婚姻某种程度上也是统治者赐予的一种荣誉，自此君臣关系之上又多了重亲戚关系，乔师望的政治和社会地位有了质的飞跃。

同州刺史之后，显庆三年（658）乔师望又出任凉州刺史。清代人编修的《全唐文》收录了唐高宗此次的册命诏书。诏书的内容首先强调了良吏对地方治理的重要性，其次肯定了乔师望的个人能力和志向谋略，继而指出凉州治理面临的问题，即"人兼南北，地杂西戎"，显示凉州治理的复杂性，最后是将重任交付乔师望，任命其为八州诸军事、凉州刺史。凉州地处河西走廊要冲，唐高宗的任命体现出对乔师望的充分了解和信任。

凉州刺史之后，乔师望又分别出任润州（现今江苏省镇江市附近）刺史和华州（现今陕西省渭南市华州区附近）刺史，前者大约在龙朔至咸亨年间任职，后者于上元元年（674）左右出任。

纵观乔师望近五十年的为官经历，前半段为唐朝西北地区的边疆大吏，文武双全，并且与薛延陀政权的兴衰有着前后两次不同使命的接触，日渐积累的功勋为其迎娶庐陵公主奠定下坚实基础。

## 二、谙练边事的宰相唐休璟

唐太宗贞观后期的边疆经略开拓了唐朝的疆域，随着西突厥势力在西域的衰落，唐高宗治理西域注重因俗而治，在天山南北和葱岭东西建置了大量的羁縻府州。同时，西域形势也面临新的变局，那就是青藏高原的吐蕃政权开始介入西域，唐朝和吐蕃之间的战争与和平，成为此后西域史的主旋律。

唐高宗继位初年，迎接他的是西域统治危机。西突厥酋领阿史那贺鲁发动叛乱，西突厥余部和西域诸国多有归附，唐太宗君臣辛苦经营西域的成就瞬间毁灭。阿史那贺鲁是突厥汗国建立者之一室点密可汗的五世孙，乙毗咄陆可汗势力发展时期，以阿史那贺鲁为叶护，统领处月、处密、弩失毕等部落，居住在西州北向一千五百里处的多逻斯川。之后受到乙毗射匮可汗的驱逐，部落多散亡。唐太宗征讨龟兹之时，阿史那贺鲁率领余众归附，并且申请充当行军的向导。龟兹战役结束，唐太宗任命其为瑶池都督。阿史那贺鲁并不满足于这样的任命，于是趁着唐太宗去世发动叛乱，袭击庭州。唐高宗为此先后派遣禁军将领梁建方、契苾

## 第三章　吐鲁番的长官

何力、萨孤吴仁、程知节、苏定方等率兵三次征讨，于显庆二年（657）平定。如是，唐高宗不仅恢复了唐太宗的西域治理范围，而且在规模上有所扩大。明年，唐高宗将安西都护府由西州西迁至龟兹，意味着西域统治重心的西迁。

贞观永徽之际，时任吐鲁番长官的是柴哲威，其也是继乔师望、郭孝恪之后的新一任安西都护和西州刺史。柴哲威的身份地位非同一般，其父亲为柴绍，母亲为上文提及的唐高祖第三女平阳公主，可谓既是宗室子弟，又是功臣之后。此时唐太宗已经平定龟兹，建立起新的西域统治秩序，委任柴哲威出任西域最高军政长官，亦是寄予厚望，期待外甥建功立业。吐鲁番出土的《唐天山县南平乡令狐氏墓志》详细记载了柴哲威的官衔："使持节西伊庭三州诸军事兼安都护、西州刺史、上柱国谯国公。"其中"安都护"实为安西都护，"上柱国"为最高的勋官，"谯国公"为柴绍的爵位，柴哲威继袭。柴哲威任职安西都护的时间约为三年，之后任官不详。永徽四年（653），"房遗爱谋反"事件爆发，唐太宗之女高阳公主、薛万彻、吴王李恪等受到牵连，或被斩杀或被赐自尽，其中也包括柴绍之子柴令武。柴哲威因此也受到处罚，流徙至岭南，后来又出任交州（现今越南河内附近）都督，卒于任上。

柴哲威之后，吐鲁番的长官是麴智湛。麴智湛为麴氏高昌国

## 吐鲁番：明月天山交河城

的末任国王麴智盛之弟，侯君集攻破高昌凯旋之时，麴智盛的僚属和当地大族土豪被遣送至长安。永徽二年（651），唐高宗令麴智湛返回西州，出任左骁卫大将军兼安西都护、西州刺史。此时阿史那贺鲁已经叛乱，唐高宗或许出于对亲属柴哲威的照顾，将其调离西域。同时，麴智湛熟悉吐鲁番事务，出任安西都护有助于稳定西州形势。安西都护府西迁以后，西州的行政区划改为都督府，麴智湛继续担任西州都督。

麴智湛之后，吐鲁番长官的记载缺乏。此时不仅唐朝中央政治变动频繁，出现武则天临朝称制的局面，西域形势也不容乐观，唐朝在西域的军事布防时常遭遇西突厥余部和吐蕃的袭击。

这段时期吐鲁番长官中资料较为完整并且有作为的是西州都督唐休璟。

唐休璟为京兆始平县（现今陕西省咸阳市附近）人氏，休璟是其字，本名为璿（音玄），习惯以字称呼。这样的例子唐代有很多，如唐初的名将尉迟敬德（名恭）和苏定方（名烈）、唐初的画家阎立德（名让）、盛唐的史学家刘子玄（名知幾）、中唐的宰相韦贯之（名纯）等，皆以字行，不同的是后面两位属于避当朝皇帝的名讳。唐休璟出身于官宦世家，曾祖、祖父先后在北周、隋朝任官，父亲任过咸阳县令。唐休璟幼年丧父，由母亲和兄长抚养长大。或许正是在母兄的悉心教养之下，唐休璟养成在

## 第三章　吐鲁番的长官

家孝敬母亲、在外尊敬师长的良好品质。

成年以后，唐休璟先后师从儒学大师马嘉运和贾公彦，接受《易》学和《礼》学的系统学习。马嘉运精于儒学，长于议论，贞观时期出任过太博士，唐高宗立为太子之后，又担任其侍讲教师，官至国子博士。贾公彦永徽年间出任太学博士，精于礼学，代表作有《周礼义疏》《仪礼义疏》。这里提到的国子博士和太学博士，是国子监的属官——中央官学的教师，官阶分别为正五品上和正六品上，对应的生源为文武官三品以上和五品以上的子孙等群体。在名师的熏陶和教诲下，天资聪颖、勤奋好学的唐休璟在明经科目的科举考试中脱颖而出。唐代常规的科举考试科目有秀才、进士、明经、明法、明算、明书六种，其中又以进士和明经最为主要，唐前期考中明经的群体从总体素质、社会和政治地位方面而言，皆不逊色于进士群体。与唐休璟前后同为明经及第的张文瓘、裴行俭、裴炎、李昭德、狄仁杰、敬晖等，日后皆官至宰相，成为朝中举足轻重的人物。

唐高宗永徽初年，唐休璟迎来自己的第一个官职，担任吴王府典签。吴王指唐太宗第三子李恪，典签属于亲王府属官，配员二人，官阶为从八品下，负责宣传亲王下达的文书。不久"房遗爱谋反"事件爆发，吴王被诛杀，唐休璟作为僚属可能受到牵连。继而转任地方州县，出任过巴西县（现今四川省绵阳市附近）县尉、同州冯翊县主簿。县尉负责管理政务、征收课调税务等，主簿负责安排和稽查政务、掌印等，分别相当于县级官员的"三把手""四把手"，仅次于县令和县丞。

苏颋撰写的《唐休璟神道碑》言及"尝欲屠郅支、刺楼兰、执浑邪、逐呼韩，始自谋于将帅"，连续用甘延寿和陈汤诛杀匈奴郅支单于、傅介子刺杀楼兰王以及西汉降服匈奴浑邪单于、呼韩邪单于四个历史典故，来表露唐休璟投笔从戎的心态转变，而这与唐高宗时期西北边疆形势的恶化有着密切联系。不久唐休璟如愿以偿，参与了西域的疏勒道行军，虽然担任的是文职，但毕竟临近战场，能够近距离地感受到战争，建功立业的心态更加强烈。疏勒道行军的胜利，唐休璟亦获得最高的勋官上柱国，继而转任营州（现今辽宁省锦州市附近）都督府户曹参军，官阶为从七品下，负责辖区的户籍管理、道路建设、农田畜牧等政务。

任职营州都督府户曹参军期间，唐休璟的仕途迎来转机。调露元年（679），也就是唐高宗执政晚期，后突厥阿史德温傅、奉职两部落叛乱，唐朝先后派遣单于大都护府长史萧嗣业、右千牛卫将军李景嘉、左金吾卫将军曹怀舜等征讨和防御。同时，后突厥煽动奚、契丹部落侵袭营州。营州都督周道务命户曹参军唐休璟率兵出击，取得胜利。凭借此前的表现和这次战功，唐休璟逐渐进入统治者的视野中。不久，唐休璟升任丰州都督府司马，官

## 第三章 吐鲁番的长官

阶为从五品下,负责辖区的纲纪和政务,是仅次于长官都督的"二把手"。在唐代职事官的官阶中,五品官通常作为升降的分水岭,五品及以上官员的任命经由中书门下承诏旨选授,不需要参加吏部的铨选。因而出任丰州都督府司马,唐休璟的仕途实现了一次质的飞跃。

任职丰州司马期间,唐休璟的一次奏议备受瞩目。永淳二年(683),后突厥酋领阿史那骨咄禄袭击蔚州(现今山西省大同市灵丘县附近),刺史李思俭被杀。随之丰州都督崔智辩率兵出击,兵败被俘。一时间丰州建置的存废引起朝廷热议。面对后突厥势力的兴盛,朝廷部分官员主张放弃守护丰州,将丰州百姓向南迁徙至灵州、夏州。关键时刻,丰州司马唐休璟上奏据理力争,说道:"丰州之地,能控制黄河遏制贼寇,山川环绕,号为襟带,秦汉以来,经常于此建置郡县。这里土地肥美,又适宜畜牧。隋末动乱之际,丰州未能坚守,乃将百姓南迁至宁州(现今甘肃省庆阳市宁县附近)、庆州(现今甘肃省庆阳市附近),引发北方突厥等部落趁机占据并进一步侵扰,致使灵州和夏州成为王朝边境。唐初,经过移民实边,丰州得以焕发生机,西北边疆因此获得安定。现在放弃丰州,则河套地区会再次被敌人占据,灵州和夏州的百姓将不复安宁,此非国家之利。"唐高宗听闻,采纳了唐休璟的奏议,加深了对其的印象。唐休璟也因此闻名于朝廷。

## 吐鲁番：明月天山交河城

此后唐休璟一路晋升，逐渐成为唐高宗晚期、武则天时期的栋梁之材。丰州司马之后，唐休璟升任朔州刺史，官阶为正四品下，终于担任地方最高长官。至此，可以发现唐休璟的这几次官职迁转，疏勒道行军从事、营州户曹参军、丰州司马、朔州刺史，皆位于边疆地区，边疆前线的任职经历，为其积累了丰富和宝贵的治边经验，也为其后续晋升奠定了坚实基础。

唐休璟从州县基层官吏逐渐升任边疆的地方长官，这与唐高宗中后期边疆形势恶化的背景有着密切联系，主要指后突厥和吐蕃势力的崛起与兴盛。正所谓时势造英雄，唐休璟投笔从戎的选择，正是那个时代所需要的。

唐高宗去世后，不久武则天临朝称制，仍然面临着艰难和复杂的西北形势。垂拱年间，唐休璟升任安西副都护，担任西域最高军政机构的副职，官阶为正四品上，同时兼任庭州刺史。永昌元年（689），武则天令文昌右相（即尚书右仆射）韦待价为安息道行军大总管，出击西域的吐蕃势力。韦待价行军至寅识迦河附近的天山山谷时，与吐蕃大战，唐军兵败，士卒伤亡惨重，幸赖安西副都护唐休璟收拾余众，稳定局面。武则天获知战况后大怒，将韦待价免官，参战的安西大都护阎温古被处决。随之任命唐休璟为西州都督。

至此，唐休璟首次出任西州最高长官。任职期间，一方面唐

## 第三章 吐鲁番的长官

休璟推行惠政，获得当地百姓的爱戴，以致刻石颂扬其贡献，另一方面，唐休璟密切关注西域和吐蕃形势的发展，洞察到收复安西四镇的时机已经成熟，于是奏议武则天，继而有长寿元年（692）王孝杰等收复安西四镇。是时唐休璟六十余岁，一如既往地为巩固唐朝的边疆安全与稳定出谋划策。

此后唐休璟又先后任职灵州都督、凉州都督、陇右诸军州大使。任职凉州都督期间，唐休璟曾与吐蕃大将麴莽布支在洪源谷交战。战前唐休璟观察到吐蕃军队旗帜铠甲鲜明，对将士说道："吐蕃自大相论钦陵死后，麴莽布支新掌管军务，想耀武扬威，其属下皆属贵族子弟，人马虽精良，但却并不习于作战，且看我如何取胜。"说罢披甲捷足先登，六战六捷，共斩杀敌军大将二人、取首级二千五百，将敌人尸体筑成高冢而归。之后吐蕃派遣使者请和，在宴会上数次偷偷察看唐休璟。武则天好奇地询问原因，吐蕃使者回答道："洪源谷之战，唐将军杀伤我军甚多，神勇无比，今天想见识下。"武则天听后，感到既诧异又欣喜，任命唐休璟为右威卫、右金吾卫大将军，掌管宫廷警卫。

武则天称帝前后，西突厥别部突骑施逐渐崛起。酋长乌质勒善于抚慰，在诸部落中具有威信和声望，势力逐渐壮大，逐渐占据西突厥故地。长安年间，乌质勒与西域的其他部落引起纷争，相互攻击，安西都护府受到影响，相继向中央奏表请示。武则天

## 吐鲁番：明月天山交河城

令唐休璟与宰相等商议对策，唐休璟顷刻间提出应对方案，随之发布执行。十几天后，西域诸州县请示的兵马应接、行程安排等信息与唐休璟的方案如出一辙。武则天大为赞赏，感叹道："悔恨任用爱卿太晚！"继而任命唐休璟为夏官尚书、同凤阁鸾台三品，其实就是兵部尚书和同中书门下三品，前者为武则天时期职官名称的改易。至此，经过约半个世纪的宦海磨练和沉浮，唐休璟终于位极人臣，升任宰相，是时已经七十余岁。

数十年的边疆任职经历与实践，唐休璟对于边政尤为熟稔，出任兵部尚书，可谓实至名归。就国家的边防布局而言，东自碣石山（现今河北省秦皇岛市昌黎县附近），西至西域安西四镇，绵延万里之间的山川要害，唐休璟了若指掌，行军料敌，未尝败绩。武则天还曾对当时魏元忠、杨再思、李峤、姚崇等宰臣说道："唐休璟谙练边事，卿等十不及一。"可见，武则天对唐休璟推崇备至。

唐休璟任职宰相期间，对地方治理也有所建言。是时武则天与朝臣论及州县官吏的选任问题，宰相李峤、唐休璟等认为："臣等忝列宰辅，不能消弭战争、让府库殷实，也存在百姓流亡、官吏贪污的现象，致使陛下临朝痛惜感慨、日夜羞愧惶恐。纵观当今要务，莫过于使国家富强百姓安宁，而富国安人的方法，在于精选长官刺史。依据朝廷百官的议论，官吏的选任存在重内轻外的风气,每当除授地方官时,官员皆再三推辞陈述。近年来选任的地方官多是获罪贬谪之人,风俗败坏,这是重要的原因。现在期望在御史台、三省、九寺五监等中央机构中精选出贤良官吏,出任地方官,多出政绩。臣等请求舍弃侍奉陛下的近职,主动请缨,旨在改善吏治,于国家百姓有益。"

不久之后,唐休璟出任太子右庶子,仍然兼任宰相。右庶子属于东宫僚属,负责侍从太子、进言献策、宣传令旨等。当时唐高宗与武则天的第三子李显已经于圣历元年(698)再次被立为太子,唐休璟因此有机遇与储君李显建立关系。适逢契丹侵扰边境,唐休璟再次出任兵部尚书,兼任幽州、营州等都督,安东都护。赴任之前,唐休璟建言太子李显道:"张易之兄弟有幸获得陛下宠遇,数次在宫中侍奉宴会,不顾礼节纵情失利,非人臣之礼,请太子多加防备和观察。"张易之、张昌宗为唐太宗、高宗时期宰相张行成的族孙,擅长音律歌词。武则天临朝称制后,由太平公主引荐,成为武则天的男宠,权倾一时,对当时朝政和官场带来极大的消极影响。唐休璟凭借多年的政治智慧,在临行前对太子的提醒,蕴含着对李显的殷切关怀。

神龙元年(705),武则天病情加重,张柬之、崔玄暐(音伟)、敬晖、桓彦范、袁恕己连同右羽林大将军李多祚等发动政变,诛杀张易之兄弟及其党羽,此即"神龙政变"。同月,太子

## 吐鲁番：明月天山交河城

李显即位，是为唐中宗。唐中宗随之召唤唐休璟入京为官，官拜宰相，又加正二品的辅国大将军武散官，封爵酒泉郡公，并对唐休璟亲切说道："爱卿此前直言进谏，朕至今不忘。最初本想与卿商量事宜，但考虑到距离遥远，又肩负北境的安危，才作罢。"不久，唐休璟又加正二品的文散官特进、从第二品的尚书右仆射，仍然是宰相。

这年秋天大雨，洛水大涨，摧毁百姓住宅庐舍二千余家，唐中宗下令九品以上官员上书进谏。唐休璟位居宰相，认为水灾是阴阳失调导致，是自己忝列相位，失于条理，请求免官。唐中宗没有应允，出言安慰，之后又加官中书令，封爵宋国公。就职事官而言，三省长官已经是极品，唐休璟两度出任；就爵位而言，从一品的国公同样已是李唐宗室成员之外的极品，仅次于王爵。因而唐中宗时期的唐休璟，无论在官位还是与统治者的关系方面，都已登上政治生涯的巅峰。

依据唐朝的官吏任免制度，一般年龄七十以上理应辞去官职。神龙二年（706），唐休璟年近八十，致仕归家，却并不甘心离开官场。即使自己对治理朝政所发挥的作用已经十分有限，唐休璟仍然试图重返官场。当时宫中的女官贺娄氏在朝中颇有势力，凡是找她请托关系的都能获得恩宠。于是唐休璟操办了自己儿子与贺娄氏养女的婚姻，凭此取悦贺娄氏，期望达到目的。不

## 第三章 吐鲁番的长官

久,唐休璟出任太子太师、同中书门下三品,同时负责监修国史。景龙年间,朔方军总管张仁愿上奏请于黄河以北修筑三受降城。唐休璟提出反对意见,认为两汉以来北境驻防皆以黄河为界,如今在地方境内修筑防御工事,恐怕劳民伤财,最终被敌方攻占。在张仁愿的坚持下,唐中宗应允。此后的历史表明,三受降城(现今内蒙古自治区呼和浩特市托克托县、包头市、巴彦淖尔市五原县附近)各相距四百余里,北向拓地三百里,在维护唐朝北境安全与稳定方面发挥了重要作用。

这件事情似乎表明,曾经谙练边事的唐休璟此时因为年迈已经逐渐失去对边政的敏锐性。唐休璟也由于年迈仍然依托求进而遭受到同僚的讥讽。景云二年(711),唐休璟再度卸任,次年离世,享年八十六岁。

唐休璟任职西州长官的时间虽然不长,但其在西域任职期间积极主张统治者收复安西四镇,成为武则天时期西域治理的关键决策之一,而承担并且完成这项任务的是当时的名将王孝杰。依据吐鲁番出土文书,一些学者认为王孝杰收复安西四镇之前,也曾出任过西州都督。

王孝杰为京兆新丰县(现今陕西省西安市临潼区附近)人氏,年少时从军,多年的军旅生涯与战场拼杀使其逐渐成长为一名勇猛的将领。仪凤年间,唐高宗令李敬玄、刘审礼等率兵征讨

## 吐鲁番：明月天山交河城

吐蕃，王孝杰时任行军副总管与吐蕃战于大非川。唐军兵败，刘审礼与王孝杰皆被吐蕃所俘虏。吐蕃赞普看到王孝杰之后大感诧异，认为其相貌与赞普之父相近，因此不仅没有将其杀害，反而对其礼遇有加，最终放归唐朝。武则天时期，王孝杰出任右鹰扬卫将军。王孝杰滞留吐蕃期间，搜集和寻访了大量吐蕃相关的信息。长寿元年（692），适逢唐休璟上奏建言收复安西四镇，武则天依据两人的情报言论，果断做出决策，任命王孝杰为威武道行军总管，与蕃将阿史那忠节出击吐蕃，一举收复龟兹、疏勒、碎叶、于阗安西四镇。武则天闻讯大为喜悦，激动地说道："往年贞观末年建置的边防要地，之后不幸陷落于吐蕃，现今重新收复，边疆获得安宁，王孝杰功不可没。"不久，升任王孝杰为左卫大将军。明年，王孝杰出任夏官尚书、同凤阁鸾台三品，因战功而进入宰相之列。

相较于唐休璟的仕途经历，王孝杰就坎坷和惋惜得多。万岁通天元年（696），武则天以王孝杰为肃边道行军大总管率兵出击吐蕃，兵败，王孝杰被免官。同年，契丹李尽忠、孙万荣率部众叛乱，武则天令王孝杰以庶人身份任职清边道行军总管，统兵十八万出兵征讨。在东峡石谷的战役中，王孝杰率领精锐部队为先锋，且战且进，之后因后援不济而溃败，最终王孝杰战死，将士伤亡殆尽。参与此次行军的张说迅速将战况汇报于中央。事后武则天询问王孝杰败亡时的场景，张说对答道："王孝杰将军忠勇无畏，竭诚为国，深入敌境，以少挡众，因后援不至而致败。"武则天不禁感叹，追赠其为夏官尚书，封爵为耿国公。

此外，依据20世纪80年代于陕西省西安市蓝田县出土的《唐邓温墓志》记载，墓志主人邓温之父历任唐朝的殿中监、尚书左丞、刑部尚书等官职，邓温出任过太子左千牛、淮音府折冲府都尉、西州都督、杭州刺史等官职。吐鲁番出土文书中有若干以长官"温"署名的公文，一些学者推测此处的"温"即是邓温。

唐高宗、武则天时期，是唐朝前期西北经略最为艰难的时期，唐休璟不仅积极融入时代的洪流，更凭借谙练边事的才干和谋略成为中流砥柱式的边疆大吏。

## 三、盛唐英雄的落幕封常清

如果说乔师望和郭孝恪、唐休璟和王孝杰代表的分别是唐太宗、唐高宗武后时期吐鲁番的卓越长官，那么依据现有资料，唐玄宗时期吐鲁番的知名长官有王斛斯、张待宾和封常清等。

吐鲁番出土文书有若干王斛斯作为西州都督签署的公文，时间在唐玄宗开元二十年（732）至二十一年（733）。中唐时期著名的藩镇将领张万福年轻时曾追随王斛斯参与征讨辽东，当时张

吐鲁番：明月天山交河城

万福的年龄为十七八岁，而其卒于唐德宗贞元二十一年（805），享年九十。据此可推算王斛斯征讨辽东的时间同样是在开元二十年（732）至二十一年（733）之间。所谓的征讨辽东，可能指开元二十年（732）东北地区的渤海靺鞨侵袭登州（现今山东省烟台市附近）事件，唐玄宗派遣左领军将军盖福顺发兵征讨；也可能指这两年内唐朝征讨契丹的几次战争。又开元二十一年（733）十二月，王斛斯被任命为安西四镇节度使，则基本可以判断王斛斯征讨辽东应是去年之事。换言之，王斛斯征讨辽东之后出任西州都督，时间在开元二十年（732）。

王斛斯自西州都督升任安西四镇节度使，办公驻地在龟兹，仍然是效力于西域，不久又兼任安西副大都护，由吐鲁番的长官步入西域最高军政长官行列，而继任的西州长官为张待宾。张待宾任职西州都督期间，唐玄宗与之互动频繁，相关的敕书公文由当时的宰相张九龄撰写。如在开元二十二年（734）的《敕西州都督张待宾书》中，唐玄宗言及这年发生的北庭都护刘涣叛乱事件，同时表达了对张待宾汇报和工作的满意，最后谈到夏初已热，祝福西州将士和百姓安好。开元初年西州建置天山军以后，由长官统辖。在开元二十三年（735）的《敕天山军使张待宾书》中，唐玄宗言及唐朝与突骑施在西域发生战事，嘱咐张待宾应与北庭都护盖嘉运联合抵御，同时做好战争预判和筹谋，最后谈到

## 第三章　吐鲁番的长官

冬季寒冷，祝福将士安好。在开元二十四年（736）的《敕西州刺史张待宾书》中，唐玄宗言及吐蕃违背与唐朝的和约，反而与突骑施勾结入侵西域，强调张待宾应与北庭都护盖嘉运共同筹划应对，拣选精兵，相互支援，同时注意打探敌方消息和动静，做到知己知彼，最后谈到秋寒，祝福将士安好。

通过以上西州都督与唐玄宗的公文往来，可以看到唐玄宗始终心念西域的安危以及密切关注着西域事态的发展。此外，吐鲁番出土文书中，也有以张待宾为长官签署的公文。

随着边疆地区节度使体制的建立，原先由安西都护和北庭都护统领西域的局面，逐渐由安西四镇节度使和伊西北庭节度使兼任和统领，从这个意义上讲，伊州、西州和庭州的最高军政长官即伊西北庭节度使。如果说青春和奋进是唐初边疆经略的主旋律，那么稳重和坚韧更像是盛唐边疆经略的主题，而封常清无疑是后者主题的代表人物。

封常清为蒲州猗氏县（现今山西省运城市临猗县附近）人氏，因其外祖父由于犯罪被流放至西域，故而封常清出生于西域。自唐太宗建置西州以后，屯垦戍边成为长期坚持的经营策略，戍边将士的来源之一就是内地流徙的罪犯。外祖父守城南门期间，酷爱阅读，也总是将年幼的封常清置于城墙之上，教其读书识字。祖孙畅读的场景给严肃紧张的守城氛围带来片刻的轻松

## 吐鲁番：明月天山交河城

与欢快，至是辽阔的边塞不仅有大漠和孤烟，还有洪迈和清脆的读书声。

在外祖父的熏陶培育以及耳濡目染的军旅生活下，封常清的阅历逐渐丰富。然而随着外祖父的去世，封常清进入最艰难的时光，孤独和贫困侵袭着他的灵魂，同时也使其意志变得坚毅和顽强。

文献中对封常清青少年时期的事迹几乎没有记载，三十多岁时封常清才争取到改变命运的机会。时值唐玄宗开元后期，夫蒙灵詧（音察）出任安西四镇节度使，兼任安西副大都护，将军高仙芝为其幕下都知兵马使。节度使的属官体系可分为文职和武职两种，文职有行军司马、判官、掌书记、推官等；武职有都知兵马使、左右厢兵马使、虞候等。武职当中，都知兵马使尤为重要，不少担任过此职的日后都升任为长官节度使，高仙芝亦是如此。依据唐代的职官制度，任职军镇大使副使以下，皆配有傔人、别奏作为随从，以便驱使。高仙芝当时才能出众，每次军中出入，有傔从三十余人追随，皆衣着鲜明，构成亮丽的风景线。封常清自幼军中长大，感慨身世的同时，也愤然想有所作为，于是毛遂自荐，向高仙芝投牒愿作傔从。高仙芝召唤封常清，对其粗略地端详了一番，见其瘦弱且脚跛，便当场拒绝了。第二日，封常清再次投牒。高仙芝略显不耐烦地说道："我的傔从已经满员，你还来做什么？"封常清怒道："我仰慕将军品德崇高，愿

## 第三章　吐鲁番的长官

意追随做执鞭揽辔之事，所以没有经人介绍而自荐于前，为何执意拒绝？将军若是以貌取人，恐将失去子羽般的人物！"子羽为春秋时期郑国著名的政治家和外交家，封常清借以自喻，劝谏高仙芝不可以貌取人。高仙芝听闻后，心头虽为之一震，但依然没有接受。此后封常清日夜守候在高仙芝门下，持续了十多日，高仙芝无可奈何，终于答应封常清作自己的傔从。

　　开元末年，西北地区达奚部落叛乱，向西进逼碎叶，唐玄宗下令安西四镇节度使夫蒙灵詧率兵讨击，此战封常清一举成名。夫蒙灵詧派遣高仙芝以两千骑兵出击，遇敌之后展开激战。达奚部远遁，人马皆疲惫不堪，高仙芝将之斩杀殆尽。封常清形影不离，参与了整个战争过程，并且暗自写好了战争捷报，行军沿途的休息场所、井泉的位置、遇敌的形势、克敌的谋略等记录得翔实有据，行文又精审得当。高仙芝本想补充内容，却发现自己考虑的已经被全部涵盖，并且都是自己想要表达的，对此大为惊骇和诧异。大军回到营地，高仙芝卸下装备准备入营禀报，判官刘眺、独孤峻等好奇地询问："这次的捷报是何人所作？将军幕下竟有如此能人？"高仙芝得意地笑道："是我的傔人封常清也。"刘眺等向高仙芝作揖，继而邀请封常清入座，争相与之交谈，一见如故。在场的众人无不感到惊奇，封常清由此知名于西域，继而因战功先后出任叠州（现今甘肃省甘南藏族自治州迭部县附近)戍主、判官、折冲府都尉等职。

天宝六载（747），封常清追随高仙芝征讨西域葱岭南部附近的小勃律政权。小勃律距离长安约九千里，东南距离大勃律和吐蕃都城逻些分别约三百里和三千里，西距乌苌国八百里，南距簡失密国五百里，北距护密国娑勒城五百里，国王居住在孽多城，与娑夷水相邻，西向高山上有迦布罗城，地处进出西域的要道，地理位置格外险要。开元初年，小勃律王没谨忙携带贡品亲自入朝进献唐朝，唐玄宗视其为养子，于小勃律境内建置绥远军。吐蕃在与唐朝争夺西域的过程中，同样想占据此地，于是数次向小勃律发难。开元十年（722），吐蕃发兵围困小勃律，诈称借道攻取安西四镇。不久，吐蕃攻占小勃律九座城池。小勃律王没谨忙急忙向时任北庭节度使（或认为时任安西副大都护）的张孝嵩求救，并且说道："勃律是唐朝西边的门户，若失去则西域将被吐蕃吞并！"

张孝嵩在开元初年西域的"拔汗那之战"时已经崭露头角，之后成为西域的最高军政长官之一。收到小勃律王的求救信息后，张孝嵩迅速部署，派遣疏勒副使张思礼率领四千蕃、汉步兵和骑兵前往营救，昼夜倍道兼行，与小勃律联合击退吐蕃，斩获数万。吐蕃遭遇重创，自后连续多年不敢进犯。

开元后期，小勃律王苏失利之受到吐蕃的引诱，娶了吐蕃赞普之女，并且成为吐蕃的附庸，致使西北二十多个政权臣属于吐

## 第三章　吐鲁番的长官

蕃，终止了对唐朝的进献。唐玄宗为此派遣历任安西四镇节度使田仁琬、盖嘉运、夫蒙灵詧前后三次征讨小勃律，皆以失败告终，直到高仙芝受命征讨方取得胜利。

同年十二月，高仙芝因小勃律之役的胜利，代替夫蒙灵詧升任为安西四镇节度使、御史中丞，封常清也因功出任庆王府录事参军、安西四镇节度使判官。庆王指唐玄宗长子李琮，原名李嗣直，早年封为许昌郡王、郯王，开元四年（716）时遥领安北大都护，开元十三年（725）时封为庆王。王府录事参军官阶为从六品上，主要负责安排政务、稽查和整理文案等。节度使判官为节度使文官体系中的要职，辅佐节度使处理政务。不久封常清加官朝散大夫，属于从五品下的文散官，并且专门负责安西四镇的仓库、屯田、甲仗、支度、营田事务，肩负西域经济发展的重任。至此，封常清已然完成身份的转变，并且逐渐向边疆大吏迈进。

封常清凭借才学和行事果决的风格，深受节度使高仙芝的器重。高仙芝每次出征，时常委任封常清知留后事，即代理政务。当时高仙芝乳母之子郑德诠为军中郎将，两人关系友爱亲如兄弟，高仙芝也多令郑德诠主持家事。郑德诠眼见封常清进出军中诸将都在前引领，心生嫉妒，想羞辱其一番，于是骑马急速从封常清身边经过。事后封常清密令部下将郑德诠从住宅带到节度使院大厅，每过一重门便紧闭。大厅内，封常清对郑德诠正色说

吐鲁番：明月天山交河城

道："我出身低下，之后以傔从追随御史中丞高仙芝，中丞如今让我代理政务，你身为郎将为何对我无礼？"继而呵斥道："须要借郎将之死，用来整肃军纪！"随即下令杖刑六十。大厅门外不断传来高仙芝妻子和乳母哭号求救的声音，但封常清面不改色，直到郑德诠脸面贴地被抬出门外，没有了呼吸。行刑过程中，高仙芝收到乳母的求救信后大为震惊，但也无奈地说道："（郑德诠）恐怕已经死了。"经此之后，高仙芝见到封常清，念其公正，所以没有提及此事，封常清同样也没有因此事而致歉。随后又有两员大将有罪过，封常清依军法处死，军中将士无不感到恐惧，由是军纪严明。

天宝十载（751），安西四镇节度使高仙芝西域征讨石国、突骑施等凯旋，唐玄宗为其加官开府仪同三司，为从一品的文散官。由于高仙芝是在与石国约和的情况下发兵袭击，并且对石国部众进行了烧杀劫掠。石国王子逃脱后诉诸邻国，于是邻国联合大食想要攻取唐朝的安西四镇。高仙芝获知军情后，集结蕃、汉三万将士西向出击，行军七百余里至怛逻斯城（现今哈萨克斯坦江布尔附近），与大食军队相遇。双方相持五日，唐军属部葛逻禄临时倒戈，与大食军夹攻唐军。唐军大败，士卒伤亡惨重，仅剩数千人，幸赖右威卫将军李嗣业、别将段秀实收拾余众，抵御追兵，高仙芝等得以突围。以上即是世界古代战争史上有名的

## 第三章 吐鲁番的长官

"怛罗斯之战"。

高仙芝的此次兵败，不仅是个人军事生涯的败笔，也是盛唐时期唐玄宗经略西域的挫折。高仙芝因此卸任安西四镇节度使，由有北庭任职经历的王正见继任。王正见对封常清同样十分器重，奏请中央任命其为安西四镇支度营田副使、行军司马。天宝十一载（752），王正见去世，朝廷任命封常清为安西副大都护、御史中丞，安西四镇节度、经略、支度、营田副大使，知节度使事。至此，历经十余年的奋斗，封常清升任渴望和仰慕多年的安西四镇统帅。同年，封常清率兵出击大勃律，在先遣部队屡次获捷的情况下计划乘胜追击，而部下段秀实建言请搜索周边的山林，防止遭遇伏击。封常清听从了建议，果然俘获伏兵，大破敌军而还。需要补充的是，段秀实先后在高仙芝、封常清作战的关键时刻献计，展现出卓越的智谋和胆识，这样的忠勇之士此后也成为能够独当一面的一代名将。

天宝十三载（754），封常清入朝奏事，唐玄宗为其加官御史大夫，赠予其一子五品官，又赐其京城豪宅一所。不久北庭都护程千里入朝任职右金吾大将军，北庭地区长官空缺。继而唐玄宗任命封常清兼任北庭都护、伊西北庭节度使。至是，封常清不仅是安西的最高掌权者，也是唐朝在西域地区的最高军政长官。

天宝十四载（755）十一月，范阳节度使安禄山率部下及契丹、同罗等部十五万众反叛,安史之乱爆发。同月,封常清再次入朝奏事,于华清宫拜见唐玄宗。华清宫位于风景秀丽的骊山北麓,拥有温泉,秦汉以来成为统治者重要的沐浴和旅游场所。到了唐代,在这里先后修建汤泉宫、温泉宫,唐玄宗几乎每年十月都要来此出游,天宝年间改名为华清宫。中唐著名诗人白居易的名篇《长恨歌》写道:"春寒赐浴华清池,温泉水滑洗凝脂。侍儿扶起娇无力,始是新承恩泽时。"描绘的即是唐玄宗与杨贵妃来此沐浴游玩的故事。

等到唐玄宗确定自己的宠臣安禄山谋反,立即召集宰相谋议。奸相杨国忠尚未意识到问题的严重性,认为不足十日即可平定叛乱,将安禄山的头颅传递到京城。唐玄宗此时已经怠政、懒政多年,寻仙访道与奢靡享乐的生活主题,早已吞噬了曾经的意气风发和锐意革新,也渐渐失去了对时势的判断力,竟然认同了杨国忠的看法,但其他宰臣听闻后却相顾失色。继而唐玄宗派遣毕思琛、程千里分别前往东都洛阳和河东地区招募军队应敌。

部署后的第二天,封常清从西域来到华清宫朝见唐玄宗。唐玄宗迫切地咨询封常清应该如何讨击安史叛军。封常清多年效力于西北,一方面对东北安禄山势力的发展并不十分熟悉,另一方面对刚刚爆发的叛乱还没有形成清晰的认识。此时面对皇帝的询问,封常清粗浅地上奏道:"安禄山率领凶徒十万众,侵犯中原,现在国家太平的时间久了，面对突然的叛乱，将士百姓难免担惊受怕。但是事理有顺逆的区别，形势也会有突奇的变化，恳请陛下准许臣下前往洛阳，利用国库的财物招募军队，挑选骁勇善战之士，之后渡河与叛军交战，那么枭首逆贼则指日可待。"唐玄宗听闻后感到振奋，明日任命封常清为范阳、平卢节度使，随即派往洛阳募兵。十日左右，封常清招募到六万人，但大多属于市井无赖，缺乏战斗力，继而下令拆毁河阳县的河阳桥，做好防御工事。

十二月，安禄山叛军渡过黄河，攻陷陈留郡（现今河南省开封市附近），以部下李庭望留守，之后引兵东向荥阳郡（现今河南省荥阳市附近）。荥阳太守崔无诐率兵抗拒，不久被叛军攻陷。安禄山以其部下武令珣留守，以大将田承嗣、安忠志、张孝忠为前锋，继续率兵前进，此时叛军势盛，距离东都洛阳只有二百六十里。封常清命部分将士屯守武牢抵御叛军，然而这些临时招募的士兵并没有经过军事训练，面对来势汹汹的叛军，毫无招架之力。封常清收拾残军，在洛阳城内与叛军周旋，接连失败。当月，叛军攻陷洛阳，大肆劫掠。封常清且退且战，西至陕郡（现今河南省三门峡市附近）。

此时负责镇守陕郡的将领乃是封常清的老上级高仙芝，西域两大名将在此汇聚，面对的敌人却是唐朝叛将。封常清已经领教过安史叛军的实力，向高仙芝提议道："常清连续奋战多日，感到叛军势不可挡，目前潼关无兵把守，假若叛军突然入关，那么长安将陷入危险的境地。不如放弃陕州，先一步占据潼关，集中兵力加以镇守。"高仙芝同意，又与封常清取太原仓的钱物，分发给将士，率兵至潼关。

封常清"弃陕保潼"的策略从整个战争进程来看，是具有远见卓识的，然而唐玄宗获知其失守洛阳的消息后，大为震惊和愤怒，削免了其官爵，并继续效力于高仙芝。高仙芝与封常清商议御敌之策，宦官监军边令诚时常干预，高仙芝多次反对他的意见。边令诚借着入朝奏事的机会，向唐玄宗汇报前线战况，夸大和曲解高仙芝战败和策略。由于潼关是保卫关中东方的最后堡垒，因而唐玄宗十分看重潼关战事，但听闻边令诚的汇报后大怒，竟然传旨诛杀高、封二人。边令诚返回潼关，招封常清至前宣敕，封常清凛然说道："常清所以没有死，是不敢玷污国家旌麾、被叛军杀害，现今征讨无功，甘愿受死。"随之临终上表请转交唐玄宗。封常清的表文，详细地记述其与叛军交战的战况和教训，最关键的是提醒唐玄宗不要轻视叛军。

同日，高仙芝亦被诛杀。高仙芝临刑前望着旁边封常清的尸首，感叹道："封常清是我由傔从提拔为判官，之后又成为节度使，今日能够与他同死，天命如此啊！"

封常清的悲剧，不仅饱含个人的宿命、权力的斗争、政治的诡谲和战争的残酷，它同样是英雄的哀歌，是时代的缩影，宣告盛唐时代的没落。

## 四、艰难时期的专权宰相元载

安史之乱是唐朝盛衰的转折点，随着吐蕃势力对西北地区的渗透，西域与中央的关系时断时续。目前文献所见安史之乱后的西州长官有元载和李琇璋，而元载则是唐后期宰臣中颇具争议性的人物。

元载为扶风郡岐山县（现今陕西省宝鸡市岐山县）人氏，其曾祖父任职魏王府文学，祖父和父亲分别获得兵部尚书和户部尚书的赠官。其中，文学属于亲王府的僚属，主要负责校勘典籍和文章创作，赠官是官员显达之后朝廷赠予的政治性荣誉。元载幼年嗜爱学习，擅长写文章，机敏聪慧，随着年龄增长，博览诸子和史籍文献，精于道家学术。由于家庭贫困和地位低下，元载只能徒步参加州郡的乡贡考试，但遗憾多次名落孙山。

时来运转，唐玄宗的一场梦改变了元载的人生轨迹。开元二十九年（741）正月，唐玄宗梦到玄元皇帝对其言道："我有画像在京城西南百余里的地方，你派人求取，我将与你在兴庆宫相见。"梦中的玄元皇帝，即道家创始人老子李耳，李唐王朝视其

吐鲁番：明月天山交河城

为先祖，因而统治者多崇信道教。唐玄宗也随着年龄的增长爱慕神仙学说，孜孜于求道。常言说日有所思夜有所梦，唐玄宗的这个梦恰是其日常生活的反映。这个梦的意义还在于直接影响了天下学子的学术取向，也相应地带来科举考试的革新。同月，唐玄宗诏令长安、洛阳两京和天下诸州各修建玄元皇帝庙一所，中央和地方开设崇玄学，收取生徒，教习《道德经》《庄子》《文子》《列子》，学成之后仿照明经科参加考试。五月，唐玄宗又下令相关部门图画玄元皇帝真容，由诸道采访使分发于各州的开元道观。同时宣告以《道德经》《庄子》《文子》《列子》四书开科取士，将亲自主持考试。

道家学说正好是元载所精通的，元载以优异的成绩通过考试，并且获得人生第一个官职邠州新平县（现今陕西省彬州市附近）县尉。新平县属于级别很高的畿县，意味着元载在仕途之初就拥有了较高的起点和光明的前景。任职期间，聚敛理财之臣王铁（音红）为京畿采访使，日后唐肃宗朝的宰相裴冕此时为王铁的判官，而裴冕这时对元载多有恩遇。元载于唐代宗时期任职宰相后，逢宰臣杜鸿渐病逝，元载提名裴冕出任宰相。当时裴冕年事已高，元载的推荐一方面是知恩图报，另一方面也是为了更好地集中权力。

新平县尉之后，监察御史韦镒监选黔中地区时，奏引元载为

## 第三章　吐鲁番的长官

幕僚判官。韦镒为前文提及的"寅识迦河之战"主帅韦待价之孙。数年的基层历练，元载不仅掌握了官场规则，也因政事干练而小有名气。不久升任大理寺评事，负责出使推按案件，官阶为从八品下。

此后元载的职官履历缺乏记载，直到天宝十三载（754）左右，朝臣苗晋卿出任东京留守，以元载为僚属判官。苗晋卿是元载宦海生涯中遇到的又一位贵人，是三朝元老，于唐肃宗、代宗时期做过宰相。永泰元年（765），苗晋卿病逝，太常寺最初议定的谥号为懿献。时任宰相的元载感到不满，令太常寺改为文贞。文贞被视为官员最崇高的谥号之一，有唐一代，非以德望见称的宰臣不能享受此殊荣，仅有唐太宗朝的魏徵、唐玄宗朝的张说和宋璟等极少数名臣获得过。元载虽然通过权力干涉谥号的拟定，但其对苗晋卿的感恩可谓表露无遗了。东京留守判官之后，元载出任大理司直，负责奉命出使审理和复核案件，官阶为从六品上。

两《唐书》元载的传记都叙述其出任过西州刺史，但具体时间不详，近年出土的《元载墓志》也没有提供进一步的信息，目前仅能通过同时期相关人物的职官履历大致判断其任职的时间范围。元载大理司直卸任后，史书记载苏州刺史、江东采访使李希言奏表元载做自己的副官，之后元载任职祠部员外郎、洪州（现今江西省南昌市附近）刺史。是时至德初年，安史之乱进入第二

223

个年头，唐肃宗也已经在灵武即位。李希言出任苏州刺史的时间在至德元载（756）至乾元元年（758）之间，又有文献表明乾元元年（758）时元载已经任职洪州刺史。结合以上信息，元载似乎是在李希言的僚属卸任后出任西州刺史的，考虑到苏州和西州之间的遥远距离，其任职的时间必定短暂。

洪州刺史任职没多久，元载出任尚书省户部都支郎中，官阶为从五品上，掌握天下租赋的数目、各地物产的丰约以及水路转运等。财政是维系政权的生命线，尤其是处在安史之乱的危难时期，对于李唐王朝的延续和战争物资的调配至关重要。元载任职期间，凭借自己的机敏和才智，善于奏对，深得唐肃宗的嘉奖。唐肃宗于是将国家财政大计委托元载，派遣其出使江淮地区，统领漕运。元载在江淮地区实行了严厉的税收政策，依照户籍强制征收八年的租调，挑选地方豪吏督促收取，遇到不服的则严刑威逼，以致一些民众被迫成为盗贼。这种恶劣的经济政策虽然带来区域性的负面影响，但毕竟增加了税收，为平定叛乱提供了必要的经济来源。数月之后，元载升任户部侍郎、都支使并诸道转运使。

这次回到中央，适逢唐肃宗病情加重，元载与当时的宦官李辅国交往密切。李辅国早年是唐玄宗的忠仆高力士属下，相貌丑陋，以善于掌管畜牧被推荐任职东宫僚属。安史之乱爆发后，李辅国是"马嵬驿兵变"的重要见证者，甚至也有学者认为他是幕

## 第三章 吐鲁番的长官

后主谋。兵变后唐玄宗与太子李亨分道扬镳，李辅国侍从李亨北上灵武，成为唐肃宗即位的重要谋臣和心腹。此后李辅国的权势日益煊赫，不仅参与中央政事的决策，地方的刑事推按也能随意指挥，又专掌禁兵，居住在宫中。在李辅国的操纵下，元载原本有机会出任京兆尹，但元载野心更大，意在国柄。李辅国并不觉得是件难事，第二天元载的宰相任命书便下达了。

唐肃宗去世以后，元载仍然借助李辅国的权势连任宰相。随着权宦李辅国与唐代宗关系的恶化，元载权衡利弊，参与了刺杀李辅国的谋划。之后元载又通过贿赂宦官董秀，秘密打探和揣摩唐代宗的旨意，继而每当奏事禀报的时候总能称唐代宗的心意，越发得到信任。当时朝中的另一个宦官鱼朝恩在广德元年（763）吐蕃入寇京城事件中护驾有功，深得唐代宗的宠信，掌握神策军，肆意妄为，无所忌惮，对宰相元载也不放在眼里。大历五年（770），唐代宗对鱼朝恩的所作所为也感到不满，欲将其治罪。元载趁机请求铲除并且圆满地完成了此项任务。

吐蕃在安史之乱后时常侵扰关中地区，是唐代宗的心病，一度在大将郭子仪面前哭诉此事。大历八年（773），吐蕃侵扰京城临近的邠州和宁州之后，部分朝臣认为京城以西缺乏坚固和险要的地理屏障，四镇北庭行营节度使驻扎的泾州（现今甘肃省平凉市泾川县附近）不足以防御吐蕃。这里的四镇北庭行营，正是安

## 吐鲁番：明月天山交河城

史之乱爆发后于西域征集而来的勤王军队。

为平息朝议，此时元载站了出来。事实上，元载拥有此事的绝对发言权，并不因为他是宰相，而是因为其曾经出任过西州刺史，深谙河西、陇右地区的形势要害。元载泰然自若地分析道："现在国家西境仅达潘原一带，吐蕃设防在摧沙堡，而原州（现今宁夏回族自治区固原市附近）处在两者之间。原州地处西部边塞之口，地接陇山，水草丰茂，尚有旧垒留存，吐蕃过去对其加以破坏，舍弃不居住。原州以西本是国家掌控的牧场，皆有长壕巨堑分布。原州本地虽然干旱霜冻，不宜种植黍稷，但其东部所辖的平凉县足以满足其粮食供应。因而请求将京城西边的军队迁徙至原州驻防，乘着间隙筑城，贮藏一年的粮食。吐蕃夏季多在青海地区畜牧，等到他们获知筑城的消息，已经超过一月了。如今转运军粮和修筑州城同时进行，不用二十日可以完工。再命令郭子仪的军队驻防泾州，作为防御的根本，分兵镇守石门关、木峡关、陇山关。如是北至黄河，连山峻岭，吐蕃不能够逾越。再以鸣沙县（现今宁夏回族自治区吴忠市附近）、丰安军作为羽翼，北境灵武五城形成联防形势。然后再以陇右之地连接西域，这样便仿佛是断掉吐蕃之胫，朝廷就可以高枕无忧。"同时亲自绘制地形图连同奏议呈献给唐代宗。

元载以自身西州任职的阅历，提出了以修筑原州城为中心的

## 第三章　吐鲁番的长官

防御吐蕃策略，充分展现其卓绝的战略眼光。为了获得最新的军事地理数据，元载还秘密派遣部下翻越陇山前往原州实地测量。恰逢汴宋节度使田神功入朝述职，唐代宗将元载的奏议向其咨询。田神功此前两次接受安史叛军授予的官职，之后归附唐朝，因平定江淮地区的刘展叛乱有功，获得朝廷信任，唐代宗时期挂职宰相。田神功此时已经身染重病，针对唐代宗的问询，回答道："兴师料敌之事，老将尚且为难，陛下听信书生之言，想要举国听从，是荒谬的。"唐代宗听后更加犹豫不决，暂时搁浅此事。

此时的元载任职宰相已十年有余，是唐代宗十分倚重的宰臣，随着权势的膨胀，元载也逐渐变得专制和凶狠，打击政敌，排斥忠良，贿赂盛行，奢侈无度，其下属和亲属也凭借权势作恶多端，搞得京城乌烟瘴气，百姓敢怒不敢言，道路以目。

四朝元老颜真卿在唐玄宗时期已是有名望的朝臣和良吏，安史之乱期间在河北地区抵御安史叛军也有大功，大历元年（766）出任刑部尚书。当时元载结党营私，惧怕朝臣在皇帝面前攻击自己，于是上疏请求文武百官若有奏事，需先汇报长官，长官再禀告宰相，最后再奏议陛下。颜真卿对此撰写长文极力反对，认为元载的请求会导致信息壅塞，使得陛下不能明察四方，唐玄宗时期的权相李林甫、杨国忠尚且不敢公然如此，现今国家百废待兴，陛下更应重视每日听取正直之言以广视听。颜真卿激切的奏议反响极大，奏议的抄本由宫廷传布于宫外。最终颜真卿还是被排挤出朝廷，出任湖州刺史等地方官，直至元载伏诛以后才返回中央。

唐代宗并非不知元载的所作所为，考虑他执政的时间不短，想让其全身而退，也曾单独召见加以劝诫，但效果甚微。大历六年（771）的"李少良案"前后，唐代宗开始有意地制衡元载。李少良先后担任过成都府司录参军、殿中侍御史，任职期满后游走长安，拜访权贵以期继续做官，但屡屡碰壁。李少良悲愤不已，也见识到官场的黑暗、元载的权势及其家属的非法作为，于是上疏奏言元载的贪赃枉法之事。唐代宗将其安置到客省，准备纠察此事。在此期间，李少良与友人韦颂交谈时泄露了举报元载之事，韦颂又泄漏给元载的党羽。继而元载很快获得消息，并从殿中侍御史陆珽那里得到确认，随即上奏唐代宗。唐代宗本想凭借李少良的举报震慑元载，现在事情败露，反而被元载抢先一步举报李少良、韦颂、陆珽三人犯下泄露禁中言语的罪状。唐代宗大怒，将三人全部杖杀。此案过后，京城的官民再也不敢议论元载的是非了。

"李少良案"之前，唐代宗分别从地方上征河南尹张延赏和浙西观察使李栖筠入朝制衡元载。张延赏为唐玄宗时期宰相张嘉贞之子，"延赏"是唐玄宗的赐名，取义自"赏延于世"，其博涉经史典籍，明达于政事，先后担任过监察御史、太原少尹、中书舍人等。张延赏的另一个身份是宰相苗晋卿的女婿，而苗晋卿对元载亦有恩遇。"李少良案"审理时，御史大夫空缺，有记载表明是元载推荐张延赏为御史大夫的。这样就容易理解为何张延赏称病不敢审理案件，实是宁愿冒险得罪唐代宗也不愿过多牵连元载。唐代宗由此对张延赏大为失望，又将其放归地方，出任扬州刺史、淮南节度观察使等。

继而唐代宗召见李栖筠。李栖筠奏事明辨是非，不阿谀党附，甚合皇帝心意。于是唐代宗密旨李栖筠为御史大夫，元载对此任命毫不知情，终于有所收敛。吏部侍郎薛邕和徐浩、京兆尹杜济三人皆为元载的党羽。大历八年（773），徐浩的妻弟侯莫陈怠（音付）为美原县尉（现今陕西省铜川市南）。适逢官吏铨选，徐浩先是请托杜济虚报侯莫陈怠的政绩，又请托薛邕拟选其为长安县县尉。此事被御史大夫李栖筠发现后，上奏弹劾。唐代宗下令礼部侍郎于邵、御史中丞袁高、给事中蒋镇展开调查。最终于邵认为薛邕干扰铨选的罪状发生在赦令之前。这一近似为薛邕等辩护的按察结果唐代宗并不满意，但也迟疑不知如何处置，毕竟徐浩、薛邕、杜济三人皆属朝廷大臣，不宜轻易论罪。

犹豫之际，恰逢月食。唐代宗惊奇，李栖筠指出："月食对应执行刑罚，如今欺君罔上的人没有受到应有的惩处，是上天在警示陛下啊！"于是徐浩、薛邕、杜济三人分别被贬官为明州别驾、歙州刺史、杭州刺史,于邵也被贬为桂州长史。元载的势力受到打击,朝廷的纲纪也得到整肃。唐代宗虽然欣赏李栖筠的能力和魄力,也想过让其出任宰相,但最终未能如愿。李栖筠看到唐代宗在治罪元载的事情上踌躇不定,自己不幸抑郁而终。需要提及的是,李栖筠之子李吉甫、孙李德裕在唐后期也都担任过宰相。

大历十二年(777),唐代宗终于下定决心惩治元载,命左金吾大将军吴凑于政事堂收拾元载,敕令御史大夫李涵、右散骑常侍萧昕、兵部侍郎袁傪、礼部侍郎常衮等联合审理纠察,最终赐其自尽。在处决诏书中,元载的主要罪状是欺君罔上、阴托妖术、收受贿赂、卖官鬻爵、家属犯罪等。元载虽然以奸臣的形象落幕,但因为其早期在拥立唐德宗为太子的事件上有大功,故而唐德宗初年,诏令恢复元载官爵,允许改葬,后来其谥号也由"荒""成纵"改为"忠"。

简言之,元载有才学,能力突出,在艰难时期理财调控、铲除干政宦官、拥立太子等事件中都发挥出重要作用,但同时元载又是专权不法、长恶不悛以及令百姓道路以目的权相,其大是大非的宦海生涯,也为吐鲁番的历史增添了传奇画卷。

# 第四章

# 经行吐鲁番的名人

吐鲁番无论作为丝绸之路天山南道的交通枢纽，还是唐朝经略西域的前沿阵地，在川流不息的人员往来中，有虔诚取经不顾艰险的玄奘法师，有忠勇赤诚开拓边疆的少数民族将领阿史那社尔，还有文雅充满谋略当仁不让的儒将裴行俭。他们传奇的经历和英勇事迹，深深地融入吐鲁番的历史长河之中，成为人们永恒的记忆。

吐鲁番：明月天山交河城

## 一、高昌王的御弟玄奘法师

两汉之际，佛教由西域天竺国经西域传至中原地区。佛经作为佛教传播的重要载体，主要有两种途径传入我国：一种是西域僧人的东来，一种是魏晋时期逐渐兴起的西行求法运动，后者即通常所说的"西天取经"。

三国时期魏国沙门朱士行是目前所见西行求法的第一人。其于甘露五年（260）出塞西行至西域的佛教中心于阗国，写得梵文佛经九十章，共六十万余言，之后派遣弟子将经书送至洛阳，而自己则圆寂他乡。此后西行求法僧人渐多，如康法朗、于法兰、宝云、智猛等，他们远离故乡，不畏艰险，翻山越岭，怀着虔诚的信仰，或为搜寻佛典，或为求学于名师，或为瞻仰圣迹，或为邀请名师来华，其中最有名的是东晋法显之西行。法显是目前文献所见第一位抵达天竺求法并返程的高僧，他带回并主持翻译的《摩诃僧祇律》对当时戒律的传播贡献尤大，而他撰写的《佛国记》也是第一部详细的航海行记。

法显以后最著名的西行求法僧人便是玄奘法师。玄奘本名陈祎，其曾祖、祖父分别在北魏、北齐做官，之后迁徙至缑氏县（现今河南省偃师县南）。父亲陈慧英俊文雅有节操，通晓经术，

## 第四章　经行吐鲁番的名人

性情恬静简约，出任过地方县令。适逢隋朝政治衰微，陈慧于是潜心钻研佛学，当地州郡的长官多次贡举其做官，他都以患病推辞，在乡里享有声望。陈慧有四子，隋文帝开皇二十年（600），幼子玄奘降生。

孩童时期的玄奘聪慧好学。八岁时，父亲教习《孝经》，讲解到曾子避席的内容时，玄奘忽然整理衣襟并站立起来。父亲询问原因，玄奘回答说："曾子听闻先生的教诲而避席，孩子聆听父亲的教导，又怎能安然而坐。"陈慧听闻后大感欣慰，将此事告诉家族宗人，大家都祝贺他有个像西汉扬雄之子扬乌般的神童孩子。曾子避席是《孝经》开篇的第一个故事，讲的是一天孔子待在家里，曾子陪坐，孔子问道："先代的圣贤帝王有至善至美的品行和道德，使天下人心顺从，民众因而和睦，从贵族到平民各阶层没有怨恨和不满。你知道这是为什么吗？"曾子连忙起身离开席位回答："弟子生性愚钝，哪里知道这究竟是为什么？"孔子解释道："那就是孝！孝是一切道德的根本，所有的品行教化都是由孝衍生出来的。你回到座位，我讲给你听。"这个故事中，除了阐明孝是道德的本源外，还涉及避席的礼节。古人席地而坐，师长或尊者提问后，坐在席位上的人要起身离开自己的席位，以表礼貌和尊敬。

此后玄奘继续研读传统经典，崇古尚贤，假若不属典雅正派的书籍就不观看，不属圣人贤哲的作风就不学习，潜心钻研，即使街道上有钟鼓百戏类的表演，也不曾欣赏。大约在玄奘十岁的时候，父亲离世。玄奘的二哥长捷（本名陈素）出家为僧，于东都洛阳净土寺修行，玄奘追随在身边。在兄长的熏陶下，玄奘开始系统地接受佛教知识。大业八年（612），适逢隋炀帝敕令在洛阳剃度二十七位僧人。当时符合要求以及学业优秀的达到数百人，玄奘因为年龄尚幼不能参选。

负责剃度工作的是大理卿郑善果。郑善果为隋末唐初名臣，其祖父、父分别在西魏、北周任职，父亲在平定尉迟迥的叛乱中遇害，隋文帝诏令其继袭官爵。郑善果做官笃实谨慎，侍奉母亲崔氏尤为孝顺。崔氏贤惠明察，通晓为政要道，每当郑善果处理政务，崔氏则在大厅内旁听。若是听闻郑善果事务剖析判断的合理，便面露喜色；若是听闻事务处理不当，回去后就不与郑善果说话，而郑善果跪伏在床前终日不敢进食。正是崔氏严厉殷切的教诲，让郑善果立志不辱家风，成为清廉的官吏，深受百姓的爱戴和怀念。隋炀帝考核全国州县的地方官，郑善果居官勤俭、莅政严明，与武威太守樊子盖并列天下第一，各赏物无数，黄金百两，之后升任大理寺长官大理卿。

郑善果还有一项本领是知人之鉴。在考察剃度人员的过程中，他看到站立在门侧的玄奘，见而奇之。于是问道："你是谁家的孩子？"玄奘如实作答。又问："你也希望剃度吗？"玄奘应声而答："是的。但学力尚浅，还不具备预选资格。"继而又问："你为何想要出家？"玄奘坚毅地答道："远的说，想要继承如来佛祖，近的来说，想要广大佛法。"郑善果听闻后，对玄奘的志向大为赞赏，更加觉得奇特，于是破例录取玄奘，并且对身边的同僚说道："就佛法而言，善于记诵的人才容易成就，但具有风骨的人才是难得的。假若剃度玄奘，将来必会成为佛门的栋梁人物，唯恐自己与诸位没有机缘见其翱翔于云端。"是年玄奘年仅十三岁。

玄奘出家后，开启了崭新的佛学之旅。玄奘与兄长一同起居修行，对佛典的学习却更为痴迷。寺院的景法师讲解《涅槃经》，玄奘一边铭记在心，一边废寝忘食地研读。又从严法师那里听讲《摄大乘论》，爱不释手，两遍就领悟到经文要旨。身边的僧众皆感到诧异，于是让其升座复述，只见玄奘神情自若，剖析演绎尽得严法师真传。于是玄奘声名鹊起，是时年仅十五岁。

时值隋炀帝大业末期，连续的徭役与战争，导致生灵涂炭，天下沸腾。玄奘虽然年少，但性情豁达通透，向兄长说道："洛阳虽然是我们的衣食故乡，但若战乱蔓延到这里，哪能坐以待毙？如今唐王李渊于太原起兵，已经南下攻入京城长安，民众归附者接踵而至，如遇父母，期望与兄长一同前往投靠。"长捷欣

吐鲁番：明月天山交河城

然同意，兄弟二人随即启程，告别家乡，踏上新的征程。是年玄奘十九岁。

新王朝建立伊始，百废待兴。李唐王室的首要任务是尽早结束群雄割据的局面，统一全国，因此孙武、吴起等的兵家学说受到统治者的青睐和急需，而儒家和佛教学说相对不受重视，其发展和传播受到影响，以致京城没再设置过讲席。为此玄奘深感惋惜。隋炀帝时期曾在洛阳建置四个道场，召集天下名僧讲习佛法。征集而来的高僧，皆有一艺之长，是故名师如林。继而隋朝末年政治动荡，佛教方面的经济供应中断，僧人大多出游至蜀中地区，带动了当地佛教的兴盛。玄奘敏锐地注意到这一变化，于是向兄长建议道："关中地区佛法式微，我们不能虚度光阴，不如同往蜀地继续受业和修行。"长捷听从了玄奘的建议。兄弟二人再次携手同行，经秦岭子午道进入汉中，邂逅空法师和景法师，相见后悲喜交加。在汉中停留一月有余，兄弟二人每日向两位法师求学问经，之后告别前往成都。

蜀中高僧云集，玄奘笃学不倦。玄奘先后听得道基法师、宝暹法师讲解的《摄论》《毗昙》和震法师讲解的《迦延》。道基法师曾感叹道："我游历过那么多寺院，从没有见过像玄奘这样神一样的领悟力。"对佛法的信仰和虔诚，使玄奘尤为珍惜问道研学的机会和时间。两三年的时间里，玄奘通晓和研究了多部佛教经典。当时国内大部分地区遭遇饥荒和战乱，唯有蜀中相对而言物资丰足、环境安逸。因而从四面八方到来的僧众不断增多，每场讲座常常数百人听习，而玄奘的智慧和参悟力无人能及。其名声传播到周边的荆、楚等地区，都想一睹玄奘的真容，好比东汉末年的名士李膺、郭泰一样出名。

玄奘的兄长长捷在成都空慧寺修行，兄弟二人在佛学造诣、学业所长、谈吐风流等方面各有千秋。长捷外表俊朗，体壮雄健，内外兼修，擅长讲解《涅槃经》《摄大乘论》《阿毗昙》，兼通《尚书》，尤其擅长《老子》《庄子》，为蜀人所仰慕，也得到当时开国功臣益州总管窦轨的敬重。在文词谈吐和蕴藉风流方面，丝毫不逊于玄奘，但在穷究玄理、继圣志向、意气高节等方面，其不能与玄奘相媲美。

武德三年（620），玄奘二十一岁，于成都受具足戒，成为完备的佛教僧人。具足戒即大戒，是比丘和比丘尼所受的戒律，比起沙弥和沙尼所受的十戒而言，戒品具足。同年，坐夏和研学律法。坐夏指天竺佛教僧徒每年雨季在家安居三个月，不外出，称作雨安居或夏坐、坐夏。佛教传入中国后，中国僧侣一般四月中旬至七月中旬之间安居坐夏。

随着经律参研的深入，玄奘不时会遇到自己无法解答的疑惑，于是产生游学的想法。武德六年（623），二十四岁的玄奘告

## 吐鲁番：明月天山交河城

别兄长，与商人结伴泛舟东去，途经三峡，沿江而下，抵达荆州。荆襄地区自东晋南朝以来便是佛教发展的重镇，加上此前玄奘的名声已经传及此处，因而请求玄奘讲经的邀请络绎不绝。玄奘在天皇寺讲解《摄论》《毗昙》，自夏至冬各讲了三遍，听讲信众无不欢喜受益。当时李唐宗室汉阳王李瓌任职荆州都督，对玄奘十分礼遇。辞去荆州，玄奘继续东游之后北向前往相州，造访慧休法师，援疑质理，听讲《杂心》《摄论》，为期八个月。继而北上赵州，拜谒道深法师学习《成实论》，十个月的时间继承真传。之后玄奘第二次前往长安，于大觉寺向道岳法师学习《俱舍论》。此外，法常和僧辩也是京城的佛学宗师，僧徒来自全国各地，玄奘又先后向他们问学和研讨。僧徒们都钦佩玄奘的佛学造诣，法常、僧辩对玄奘也大为赞赏，称其为"佛门中的千里马"。至是玄奘享誉京城，时约二十七岁。

以上是玄奘西行求法之前的成长和求学经历，真正体现出"圣人无常师"。玄奘先后于洛阳、成都、相州、赵州、长安等地向景、空、道基、宝暹、震、慧休、道深、道岳、法常等十多位名宿大德问学，集众家所长于一身且能融会贯通，尽得当时中国佛学的精要。

常言道学无止境。玄奘在长期的求学研习过程中，也感到国内佛教经籍不够完善齐全，同时不同佛学派别对经文的解释不尽

## 第四章 经行吐鲁番的名人

相同，一些疑难之处时刻萦绕在脑海里，尤其是希望求取《瑜伽师地论》来消解众家疑惑。这些问题不仅关乎自身佛学的修为，更牵涉佛学在中国的传播与发展。又想到昔日法显、智严等高僧求法引导众生的事迹，怎能不继承这般清高的气节。感念至此处，前往佛教发源地继续求学的计划，也就提上了日程。

西天取经之路，在最初就已遇到挫折。玄奘联同其他愿一同求法的僧众上表官府请示西行，但没有被准允，其余人都随即放弃，唯有玄奘信念坚定。据说玄奘出生不久，母亲梦到玄奘穿着白衣去往西方，问道："你是我的孩子，要去哪里呢？"玄奘回答道："求取佛法。"仿佛是玄奘注定西行求法的征兆。其间玄奘于长安学习西域语言，为出行做好准备。

西行之路，艰险可知，却生死未卜，玄奘也曾入塔祈福，期望佛祖保佑一路安好。贞观元年（627），玄奘正式启程，时年二十八岁。

出发当晚，一场梦境更加坚定了玄奘出行的信心。玄奘梦见在苍茫的大海中出现苏迷庐山（即须弥山），由宝物装饰，显得庄严而华丽。玄奘想要攀登，却被汹涌的波涛所阻拦，周围也没有船只。强烈的意念使玄奘不顾海浪勇敢地迈出了步伐，忽然间，伴随着每个迈出的脚步，脚下生出朵朵莲花，回头观看，莲花又随着迈过的脚步逐个消失于海水之中。片刻间玄奘已经来到

## 吐鲁番：明月天山交河城

山脚下，而山体险峻陡峭，高不可攀。玄奘试着腾跃，瞬间乘风而至，抵达山顶。山上四周广阔，再没有阻碍。这个化险为夷的梦境令玄奘倍感欣喜。

玄奘的行程，从长安至凉州段相对顺利。当时有秦州的僧人孝达在长安学习《涅槃经》，学习结束准备返乡，听闻玄奘的计划，相约一同前行。到达秦州后，玄奘停宿一日，又相约其他伴侣共同前往兰州。玄奘在兰州停留时间稍长，有一月有余，其间为僧徒和俗家开讲《涅槃》《摄论》和《般若经》。之后继续西行到达凉州。凉州是河西地区的大都市，西北诸少数民族和西域诸国的商人、僧侣常常往来此处，车水马龙。浓厚的佛学气氛下，玄奘在这里的每次讲经都受到热烈的欢迎和献礼。听讲后的民众回国后，皆向他们的君主夸赞玄奘，并且透露玄奘将要西去天竺求法的计划。西域诸君主听闻亦感到兴奋和幸运，随即下令洒扫城邦以备恭迎和接待。

但在凉州玄奘也面临着重大考验。此前在长安的西行上表被拒绝，想要继续向西，这个难题再次出现。当时唐太宗新继位不久，出于边疆安全的考虑，曾禁止百姓出国。按照唐朝律法，没有类似通行证的过所文书而私自度关，会有相应的惩罚。开国功臣李大亮时任凉州都督，因为接到敕令，故严格执行。适逢部下汇报有从长安来的僧人，想要出境前往西域。李大亮听闻后感到震惊和惧怕，

第四章　经行吐鲁番的名人

派人请来玄奘。问清缘由之后，李大亮不仅禁止玄奘继续西行，而且威逼他返回京城。满怀期待的玄奘，顿时忐忑不安。

进退两难之际，迎来转机。凉州当地的慧威法师是河西地区的宗教领袖，聪颖有哲思，钦佩和看重玄奘的佛学造诣，获知其有求法的志向，由衷地感到欣喜。于是秘密派遣弟子慧琳、道整，护送玄奘出关。为了掩人耳目，三人选择夜间潜行，有惊无险地抵达瓜州。瓜州刺史独孤达崇信佛教，听说玄奘法师到来，欢喜异常，同时殷勤供奉。玄奘询问西向的路况，独孤达属下汇报道："自瓜州向北五十里有瓠（音户）芦河，水流湍急，水深不容易渡。再向前就是西境的咽喉之地玉门关。玉门关外有五座烽燧，各相距约百里，烽燧之间没有水源和草木。五座烽燧再向西就是莫贺延碛，穿越之后就是伊吾境内。"玄奘愈听愈愁苦，而自凉州所乘的马也死掉，完全没有了主意，只能默念佛经化解不安，如是在瓜州停留了一个多月。

在瓜州停留之际，凉州发出的追捕玄奘的公文也曾传来。公文明确言及有僧人玄奘欲要西行，所在州县应严守关卡，进行捉拿。显然，玄奘此时已经沦为河西地区的"通缉犯人"，自身的安危和西行的形势更加严峻。

危难之际，瓜州官吏李昌给玄奘带来转机。李昌同样是位虔诚的佛教徒，觉察到玄奘身份的可疑，于是将追捕公文出示，询

吐鲁番：明月天山交河城

问是否即是玄奘。玄奘迟疑不敢回答。李昌话锋突变，说道："法师还请实言相告，如果是，弟子将想办法协助法师度关。"玄奘亦是面露喜色，回答自己正是玄奘。李昌当面撕毁了追捕公文，暗自引路，劝说玄奘等尽早出关。

长期的焦虑，让玄奘惊魂未定。此时两名凉州来的护送小僧，道整已经先行前往敦煌，只有慧琳还在身边。玄奘心知慧琳不能再长途跋涉，于是也遣其归去。玄奘重新购买了一匹良马，准备继续上路，却苦于没有引路人。玄奘回到休息的寺院，在弥勒像前祈愿，希望能够得到一位向导带路。晚上，同寺院的胡僧达磨梦到玄奘乘坐一朵大莲花向西而去。达磨感到奇异，于是早上起来将梦境告知玄奘。玄奘若有所思，知道是佛祖显灵，必将有向导降至。须臾，一位年轻的胡僧入道场礼佛，请玄奘授戒。玄奘问其姓名，自言姓石字槃陀。玄奘见其举止明健，又恭敬肃穆，于是授其五戒。石槃陀受戒后先行告辞，不久携带食物过来，直言许诺玄奘度过五烽。玄奘大喜，随后着手准备衣粮马匹，相约明日出发。

向导既已确定，"老马识途"也发挥了独特的作用。第二天出发前，石槃陀与一位年老胡翁缓缓走来，老胡翁身后还牵了匹年老瘦弱的赤色马。玄奘看后心里感到不悦。石磐陀解释说道："这个老翁对西去的路况十分熟悉，往返过三十余次，遇到情况

## 第四章 经行吐鲁番的名人

可与他共同商量处理。"话音刚落,老翁接着提醒道:"西去的道路凶险可怕,沙漠广如大海,又有鬼魅热风,极少有幸存者。即使是结伴而行的商人、僧侣,也会数次陷入迷途,更何况法师想要单独穿越,那怎么可能呢?还是请仔细思量,不要轻视生命。"玄奘先行谢过,又坚毅地回答道:"贫僧心中为求佛法,志在西行,假若不能到达天竺,说什么也不能东归。纵使死在途中,也不后悔。"老翁肃然起敬,又说道:"法师坚持要去,不妨乘坐我的赤马,此马往返伊吾也有十五趟,已经认路。法师的马尚幼,不堪长途跋涉。"

至是玄奘突然想起在长安出发前,有位名叫何弘达的术士,擅长占卜施咒,应验率相当高。玄奘请他占卜西行路途的吉凶。何弘达占卜后祝贺道:"法师放心前往,中途会乘坐一匹年老的赤色瘦马,并且马鞍之前有铁饰。"玄奘意识到老翁的马正是术士所预言的赤马,欣喜若狂。交换马匹后,玄奘与老翁就此告别。

抵达五烽之前,玄奘险些遭遇不测。话别老翁后,玄奘与石磐陀整装待发,由于属于偷渡过关,因而仍然选择夜间行进。半夜时分,两人抵达瓠芦河,凭借月光,依稀能够眺望到远方的玉门关。两人沿着河岸继续前行,在一处较窄的河段地带,石磐陀就着岸边的梧桐树,悄声砍伐,再混合沙土、枝叶,修建了简易的桥梁。两人牵马谨慎渡河,安全到达彼岸。渡河后,玄奘颇为

## 吐鲁番：明月天山交河城

激动，长舒了一口气。两人商量准备休息，之间相距五十余步，各自铺褥入眠。

不知过了多久，石磐陀忽然起身，拔刀静静走向玄奘，距离十余步时又折回。玄奘朦胧中察觉到异样，但并未声张，而是坐起来低声诵念起观音菩萨。石磐陀见状，快速回到铺褥前休息。漫长的黑夜过后，曙光初现，玄奘唤醒石磐陀，令其取水盥洗，继而用斋。出发前，石磐陀羞愧地说道："弟子觉得前方路程艰险，沿途没有水草，只有五烽附近才有水源，必须等到天黑后才可偷渡，假如被发觉，定然有性命之危，与其冒险，不如现在返程。"玄奘态度坚决，打算继续前行。石磐陀露刀威胁，玄奘临危不惧，不肯走在前边，并耐心对其劝解抚慰。行进数里之后，石磐陀仍然忧心忡忡，开口道："弟子实在不能再前行了，王法不可冒犯，况且家人也会受到牵连。"玄奘虽然无奈，最终还是同意让其离去。石磐陀如释重负，关心道："法师您必定无法到达，假如被捉拿，又该怎么办呢？"玄奘毅然回答道："纵使将我切割成细小的尘埃，也不退缩！"玄奘给予石磐陀一匹马，感谢其之前的陪护，两人就此别离。

自是玄奘又变为孑然一身，踏上孤独的沙漠之旅。阵阵黄风呼啸而过，每迈出一步，双脚都深深地陷入沙地，每一步都是那么吃力，却又那么坚韧。沙漠中的尸骨残骸和驼马粪，此时贵如

## 第四章 经行吐鲁番的名人

珍宝，仿若大海中的明灯指引着方向。恍惚间，玄奘看见前方旗帜飘扬，有数百将士正在行军，忽远忽近，队形千变万化。天空中又隐约发出"不要怕，不要怕"的声音。定神之后，玄奘醒悟刚才的场景是一场虚幻。

求法之路，本就充满艰辛和奇幻。

行进大约八十里，第一烽映入眼帘。玄奘为避免守烽士兵发现自己，只得隐伏在沙丘之后，等待夜色降临再行动。沙漠中的黑夜异常恐怖，但急需用水的玄奘已然战胜黑暗。玄奘观察到烽燧的西边有水源，于是小心翼翼地低身至水边，轻声地饮用和盥洗。正准备往水袋中蓄水，突然"嗖"的一声，一支利箭射在自己脚前。玄奘还没有回过神，第二支箭应声而来。知道自己已被发现，玄奘大声说道："我是从京城过来的僧人，请停止射击。"继而牵马走向烽燧。一位守烽士兵也开门相迎，走近一看，果然是位僧人，其身材健硕，却尽显疲惫之态，随之将他引见给校尉王祥。

王祥成为玄奘顺利穿越五烽的第一位贵人。烽燧内，虽然光线暗淡，但王祥还是一眼认出玄奘并非河西本地的僧人，倒像是从长安过来的，便好奇地问为何出现在此地。玄奘安然问道："校尉最近是否听到凉州的传闻说，有位叫玄奘的僧人欲要西行天竺求法？"王祥诧异道："听闻玄奘已经东归，难道就是法师？"

245

### 吐鲁番：明月天山交河城

玄奘出示了奏章和姓名，王祥才信以为真。王祥关心地说道："西行之路艰难道远，法师难以到达，如今我也不需治罪法师，弟子是敦煌人氏，想要护送法师前往敦煌，那里有张皎法师，钦羡贤良高德之士，见到法师必然大喜。"

玄奘谢绝了王祥的好意，坚定地说道："我出生于洛阳，少年时就崇信佛法，长安、洛阳两京之域，江东、蜀中南方之地，无不负笈求学于名师，穷尽所学。然而遗憾佛法传入以来，佛经有所不全，教义有所缺失，因此不惜性命，不惮艰危，发誓前往天竺寻求佛法。施主没有勉励激劝，反而刻意让我返回，这怎么能说是同厌世俗事务，共种涅槃的因缘呢？假若一定要拘留，任凭处罚，我绝不会东行一步而背弃自己的初心。"说罢，王祥连忙羞怯地回应："遇到法师，实是弟子莫大的幸运，怎敢不效犬马之劳。法师一路劳苦，请先行休息，待明日我为您指路。"悬着的心终于放下，玄奘欣然入睡。第二天清晨，王祥备足了用水和干粮，亲自陪送玄奘行走了十余里，之后依依不舍地说道："法师沿着此路可径直抵达第四烽，烽官心善，与弟子同宗，名叫王伯龙，到时可说是弟子让您过去的。"遥想前路的艰苦，王祥不禁落泪。两人相拜而别。

在王祥的引荐下，玄奘顺利抵达第四烽，并且获得王伯龙的资助。同时，王伯龙建议玄奘不需前往第五烽，可经此处相距约

## 第四章　经行吐鲁番的名人

百里的野马泉取水穿碛。

接下来需要面对的，就是如何穿越莫贺延碛。八百余里的沙海，上无飞鸟，下无走兽。孤寂的沙途，一人一马，还有心中的观音菩萨与《般若心经》。玄奘行进百余里之后依然不见野马泉，喝水时不慎将水袋掉在地上，本就烦乱的心如今更加绝望。如是连续四夜五日没有饮水，口干舌燥。玄奘只能祈愿菩萨保佑。终于在第五个夜晚，凉风袭来，玄奘如沐寒水，精神为之一振，也恢复了状态。之后追随赤马来到一处水池，周边水草茂盛，玄奘和赤马得以舒适地休整。两日过后，玄奘终于走出沙碛，抵达伊吾。这段穿越沙碛的经历，玄奘自言千言万语也难以表述出它的艰难。

玄奘与高昌在伊吾结缘。当时高昌有使者在伊吾，返程后将玄奘法师身在伊吾的消息告知高昌王麹文泰。同样是佛教徒的麹文泰，怎肯错过这千载难逢的机缘，立即传令伊吾王遣送玄奘来高昌，并且拣选数十匹马，派遣贵臣迎候。玄奘原计划由伊吾北上可汗浮图城，沿天山北路西行，但高昌王的盛意难以推却，便不得不西向前往高昌。

为了欢迎玄奘的到来，麹文泰竭尽所能。玄奘与接待团队一行人等从伊吾经六日到达高昌西界的白力城。时夜幕降临，玄奘想停留歇息，但城中官吏饱含歉意又热情地说道："白力城距都城不远，接到王命，请法师更换良马继续前行，法师所乘之赤马稍后跟进。"玄奘无奈，等到抵达高昌城时已是半夜。

玄奘远远望见前方火光闪烁，原来是麴文泰和侍臣等在城门处列队迎接，在烛光的照耀下，气氛喜庆而又欢快。麴文泰亲自上前引路，安置玄奘坐在一重珠宝装饰的帐座中，礼拜十分恭敬。继而激动地说道："弟子自从听闻法师在伊吾，惊喜若狂，计量好行程，知道法师今夜到来，与妻子没有休息，一直在诵经等候。"说罢，王妃连同数十位侍女上前参拜玄奘。连续的迎接活动，麴文泰意犹未尽，而玄奘已经疲惫不堪，只得请示休息。

第二天，玄奘还没有睡醒，麴文泰已经率领王妃等前来行礼问候。麴文泰说道："弟子想到法师能够不顾沙碛的险阻独自来到西域，实在是奇事。"话语中充满怜惜和欣喜。之后带领玄奘进食早斋。继而将玄奘引到道场，令象法师、国统王法师前来与玄奘相见。前者曾在长安求学，后者已经年过八旬。

十余日的相处，麴文泰对玄奘愈加崇拜，也多次劝说玄奘搁浅西行求法的计划。玄奘坚决推辞，并准备告别。一人想留，一人欲行，两人最初的互诉心肠，竟然演变为争论，乃至威胁。

麴文泰深情地挽留道："我与先王曾一同进献、游览中原大地，追随隋炀帝途经长安、洛阳两京以及燕、代、汾、晋之地，途中虽多见名僧，但并无仰慕之人。自听闻法师故事，身心欢喜，手舞足蹈，因而邀请法师前来。弟子愿毕生供养，令高昌百姓皆为法师弟子，期望法师开场讲授，僧徒虽然不多，也有数千位。伏愿法师体察弟子的心意，不再念想西行。"

玄奘感动的同时，谢绝地说道："王的深情与厚意，哪里是贫僧所应当承受的。只是此行目的不是为了供养而来，是悲痛大唐佛法教义有所不周，佛经少缺，疑惑未解，因而毕命西行，寻找新的经义，使佛法甘露不独洒在天竺，亦能惠泽于东土。求法的意念只会日日变得坚不可摧，而不会半途而废。希望王收回美意，勿以为念。"

麴文泰执意挽留，继续说道："弟子敬仰法师，必然留下供养，纵使葱岭可以拖动，而这个决心不会改变。乞求法师相信弟子的诚心，莫认为是不实的。"

玄奘急切地回答道："王深求佛道之心，岂是屡次说出后才知晓的呢？但我西行求法，佛法未得，不能中途停留。所以礼貌的请辞，期望王能体谅。又王贵为人主，为苍生所仰靠，理应协助发扬佛教，岂能自己设障。"

麴文泰接着回复道："弟子也不敢设障，只是国内没有导师，所以委屈法师指引迷途中的我们。"

玄奘仍然拒绝接受请求，麴文泰按捺不住，发怒道："弟子自有地方安排法师，法师如何能西去？或者就此留住，或者护送东归，请考虑抉择，还是顺应我为好。"

## 吐鲁番：明月天山交河城

玄奘的脸色逐渐变得阴沉，惆怅地回答道："本为求法而来，如今遇到障碍，即使身体留在此处，心神未必留得住。"说罢，伤心哽泣。

这场对谈，玄奘与麴文泰不欢而散。冷静过后，玄奘回想起自己从长安出发，经行凉州、瓜州、第一烽、莫贺延碛等场景，皆历历在目，即使这些苦难相较于未知的旅途和艰险只是九牛一毛，自己西行的信念也无法撼动，对此玄奘深信不疑。对麴文泰而言，为了自身、侍臣和民众的佛法修养，必将千方百计地留下玄奘，倾其一生倾国供养。

信仰终究战胜强权。失望的麴文泰对玄奘供养得更加积极和丰厚，每次进食，皆亲自捧盘。不能西行求法，反而像是被囚禁的玄奘愈加苦闷，不得已采取绝食的办法与麴文泰周旋。连续三日，玄奘滴水未沾，粒米未进，端坐着默诵经文。到了第四天，麴文泰觉察到玄奘的气息变得微弱，深感惭愧和恐惧，急忙叩头致歉道："任由法师西行，请进食斋饭。"玄奘缓缓地睁开双眼，请求麴文泰指日为誓。麴文泰真切地说道："如果需要发誓，请共同对着佛祖缔结因缘！"

这是玄奘与麴文泰的重要约定。两人来到道场礼拜佛像，在麴文泰母亲太妃张氏的见证下，玄奘与麴文泰结为兄弟。麴文泰在答应玄奘继续求法的同时，请求玄奘允诺求法归来后，能够在

## 第四章 经行吐鲁番的名人

高昌留住三年，接受供养。若将来成佛，愿弟子像天竺的波斯匿王、频婆娑罗王等护持法师。波斯匿王、频婆娑罗王分别是古印度佛陀时代憍（音骄）萨罗、摩竭陀的国王，两人在位时期都推动和维护了佛教的发展。最后，麴文泰恳请玄奘停留一月，讲授《仁王般若经》，其间为其营造西行的服饰。玄奘一一应诺。太妃张氏也十分高兴，期望能与玄奘始终保持亲属关系，代代相传。所有这些结束，玄奘才安心地进食。

玄奘身体状态恢复后，麴文泰安排了一场盛大的讲经活动。大帐可容纳三百余人，每当开讲时，麴文泰亲自手提香炉引路。玄奘将要上座时，麴文泰又用自己的身体作为阶梯，让玄奘登座，每日都是这般虔诚和敬畏。

玄奘完成为期一月的讲经任务后，兄弟二人临近离别，麴文泰仍备有厚礼。首先，随从方面，麴文泰剃度了四位沙弥充当玄奘西行的侍从，又有随从二十五人。其次，物资方面，麴文泰赠予黄金一百两、银钱三万、良马三十匹、绫绢等五百匹，又为玄奘量身制作了三十套服饰，考虑到西域的极端天气，还配置了面衣、手衣、靴等装备，相当于往返二十年的资助规模。再次，交通方面，麴文泰书写亲笔信并附有大绫作为信物，发往龟兹等以西二十四国，希望西行时能够得到照应。最后，安全方面，麴文泰派遣殿中侍御史欢信送信至西突厥，期望能获得统叶护可汗的支持，以便玄奘顺利通过其辖下的西域诸国。

沙弥、绫绢等物资送到面前时，玄奘无比感动，随即上表直抒了自己的谢意和惭愧。表文中，玄奘再次叙述自己西行求法的动机，称赞麴文泰的深仁厚德，同时感激麴文泰的慷慨馈赠和对西行道路的疏通，最后提及明日辞行。麴文泰读罢，心中也是充满祝福，回复道："既已与法师结为兄弟，则高昌的物产，当与法师共同拥有，何必道谢。"

玄奘出发的当天，麴文泰与僧徒、大臣、百姓等倾城而出，送别至城西。麴文泰情绪最为激动和不舍，抱着玄奘恸哭，伤心离别的声音甚至传至郊区。麴文泰还下令王妃与百姓等可以返回，自己与高僧以下各自乘马继续送别了数十里才回城。

就这样玄奘继续踏上了西行求法之旅。不久抵达高昌的西邻焉耆，这是玄奘与其弟子辩机撰述《大唐西域记》中记载的第一站。之后玄奘在途经碎叶时，拜会了西突厥统叶护可汗，之后又看望了病中的麴文泰的妹婿呾度设。此后的路程，除了长捷之外，麴文泰也是玄奘时常惦记的兄长！

物换星移，玄奘牢记着讲经三年的诺言，然而高昌国的历史剧变，让这一切无法兑现。贞观十四年（640），唐太宗君臣平定高昌，建置西州。三年后，玄奘从天竺取经东归翻越帕米尔高原，抵达葱岭国，继而沿着塔里木盆地南缘到达于阗。正是在于阗，玄奘得知麴文泰已经去世，内心极度悲伤，因为十余年来他不曾忘记麴文泰对自己的赞助。

玄奘与麴文泰的兄弟因缘，成为高昌历史上的璀璨记忆。

## 二、忠勇赤诚的蕃将阿史那社尔

在众多骁勇善战、出类拔萃的唐代军事将领中，存在着一种特殊的群体——蕃将。他们虽然出身于唐朝周边的政权或部族，并且多为本部落的酋长，如西突厥的史大奈、北突厥的执失思力、铁勒的契苾何力、百济的黑齿常之、靺鞨的李瑾行、吐蕃的论弓仁等。他们归附唐朝以后，或者成为掌管宫廷警卫的禁军大将军，或者奉命南征北战东征西讨，为唐朝的政权稳定和边疆安全立下汗马功劳。这或许也是《新唐书》的作者欧阳修等，专门为此类人物设传的缘由。

这些蕃将中，北突厥酋长阿史那社尔与吐鲁番有着不解之缘。

前文多次提及隋末唐初北突厥的始毕可汗，他曾率数十万骑兵在大业十一年（615）围困隋炀帝于雁门，是当时中国西北强大游牧政权。武德初年，始毕可汗去世，其子什钵苾由于年龄尚小未能继任汗位，立为泥步设，其弟立为俟利弗设，是为处罗可汗。处罗可汗在位期间，与唐高祖之间频繁往来，多次遣使朝贡。同

## 吐鲁番：明月天山交河城

时，处罗可汗于定襄城（现今内蒙古自治区呼和浩特市和林格尔县附近）扶植隋炀帝之孙杨政道为隋王，统属隋末归附突厥的民众。秦王李世民征讨割据势力刘武周时，处罗可汗派遣其弟率众与唐军对抗。不久，处罗可汗去世，其弟咄苾继位，即一代枭雄颉利可汗。

阿史那社尔为处罗可汗的次子，年仅十一岁就以智勇双全闻名于部落。年龄稍长，阿史那社尔被封为拓设，于碛北建立牙帐，统领部众。"设"为突厥的职官，兼具军事和行政职能，一般由可汗子弟和王族人员担任。当时阿史那社尔与颉利可汗之子欲谷设分统铁勒、回纥、仆骨、同罗等部落。父亲去世后，阿史那社尔异常悲痛，哀毁骨立。颉利可汗继位后，阿史那社尔依旧统领部众，十年间没有征税和敛财，深受爱戴。有的酋领劝其积累财富，阿史那社尔坦然说道："只要部落丰足，对我而言就是丰足。"此番回答，令人想起《论语·颜渊篇》中鲁哀公与孔子弟子有若的对话。当时鲁哀公增加了税收仍然感到国用不足，有若劝说道："只要百姓都足了，君主和谁不足呢？若使百姓都不足，君主又和谁去足呢？"

颉利可汗多次兴兵出征，阿史那社尔劝诫不可太频繁，但都被拒绝。贞观元年（627），铁勒、回纥、薛延陀等部落叛乱，击败欲谷设。阿史那社尔出兵援助，仍然兵败于薛延陀等。第二

## 第四章 经行吐鲁番的名人

年,阿史那社尔率领部众退守天山北部的可汗浮图城,即日后唐朝庭州和北庭都护府的所在地。贞观四年(630),唐太宗等击败北突厥,颉利可汗在逃亡过程中被行军副总管张宝相生擒,押送至长安。唐太宗在太庙举行了盛大的献俘仪式,同时数落其罪状,引得京城百姓争相观看。此后颉利可汗与家人生活在宫廷中,时间久了郁郁寡欢,时常悲歌哭泣。唐太宗知情后也感到怜悯,想到虢州适宜狩猎,就任命其为虢州刺史,但被拒绝,于是赐予良田美宅。贞观八年(634),颉利可汗去世,唐太宗赠其为归义王,依据突厥习俗丧葬。

北突厥败亡前后,部众四分五裂。泥步设突利可汗率先降附于唐朝,唐太宗授予其右卫大将军、北平郡王。颉利可汗之子欲谷设兵败后逃亡高昌国,之后听闻兄长突利可汗受到唐朝的礼遇,于是也率众归附唐朝。此时期唐朝与高昌关系融洽,面对突然到来的北突厥残部,恐怕也是不敢使其长期逗留。原先被北突厥统属的伊吾地区也在此时归附唐朝,唐太宗效仿隋炀帝建置了西伊州。众叛亲离之际,阿史那思摩并没有舍弃颉利可汗,两人一同被擒。阿史那思摩的忠诚显然打动了唐太宗。于是唐太宗命其在碛南地区统领属部,后来赐姓为李氏,正是前文提及的李思摩。

除此之外,思结俟斤部落约四万众同样降附唐朝。牙帐位于灵州西北的苏尼失部也在兵败后归附唐朝。北突厥强盛时期所统属的其他部落，或者投奔于薛延陀，或者逃亡于西域，其中投降唐朝的约有十万之众。

那么阿史那社尔的境况如何呢？

北突厥瓦解的时候，阿史那社尔或许仍在可汗浮图城附近，并且干了一番惊天动地的事业。贞观初年西突厥统叶护可汗去世后，内部争斗剧烈。西突厥和北突厥的变故，何去何从的问题萦绕在阿史那社尔心间，于是萌生了在西域立足和称雄的想法。阿史那社尔首先假意投降于西突厥，继而趁其不备，率兵袭击。一番交战过后，不仅击败了西突厥，占领其一半的领地，而且获得十余万降众。阿史那社尔原本就素有威望，凭借壮大的势力自称为都布可汗。

强大后的阿史那社尔最想做的事便是向薛延陀复仇，故而对其部下说道："最早背叛和击破国家的，薛延陀是罪魁祸首。如今我据有西方，掌握大量的兵马，如果不平定薛延陀过上安乐的生活，是遗忘先祖可汗的不孝行为。"诸部酋长听闻后，虽然钦佩可汗的雄心壮志，但结合实际情况，纷纷谏言道："现今击破西突厥占据西域不久，须要留守镇压，若随即离去，远征薛延陀，只恐西突厥子孙趁机前来复国。"如是而言，巩固领地在当时似乎是比复仇更为迫切的经营策略。但阿史那社尔此时已经被胜利和仇恨所遮蔽,毅然亲率五万余铁骑赴漠北远征薛延陀。双方交兵百余日不见胜负,适逢遇到唐朝册封西突厥的使者刘善因,阿史那社尔开始担心西域的领地。同时,阿史那社尔部下经过长期的征战,士兵流亡现象增多,最终再次被薛延陀击败。

此次战败,对阿史那社尔而言可谓是致命的打击,不仅使其失去西突厥的领地,就连此前依托的可汗浮图城也失守了。在东北薛延陀与西方西突厥的双重压力下,阿史那社尔前往高昌避难,追随的部众仅剩一万余骑。

但此时高昌的境遇也并不太平。随着西突厥内争的愈演愈烈,高昌逐渐倒向西突厥乙毗咄陆可汗,而与唐朝走向对立面。这种情况下,阿史那社尔所代表的北突厥余部势力自然无法立足。心灰意冷之际,阿史那社尔于贞观十年(636)前后,做出了重要的抉择——归附唐朝。

归附唐朝后的阿史那社尔,不仅个人再次焕发光彩,也为唐朝的边疆经略做出不可磨灭的贡献。唐太宗十分器重阿史那社尔,任命其为左骁卫大将军,官阶为正三品,其原有的部众安置在灵州。随后,唐太宗将衡阳长公主嫁与阿史那社尔,他摇身一变成为驸马都尉。同前文的主人公乔师望一样,都迎娶了唐高祖的女儿。

贞观十四年(640)的高昌之役,阿史那社尔以交河道行军总管的身份出征。阿史那社尔堪称此次唐朝远征的最佳将领选任。相较于侯君集、萨孤吴仁、牛进达、契苾何力、姜行本、曹钦等将领，阿史那社尔的战绩或许并不突出，甚至稍显逊色，但游牧酋长出身的他，骁勇善战自不待言，最重要的是他具有西域作战的实战经历，同时又有流亡高昌的经历，是最熟悉高昌形势的将领。唐太宗的择将无疑也是着眼于此。

高昌之役中阿史那社尔的战况，文献中几乎没有描述，但战后的一件事情令唐太宗对其刮目相看。战争胜利后，诸将领皆随即接受赏赐，阿史那社尔认为在没有下达敕旨前不应自行受赏，因而独自不受。敕旨发布后，阿史那社尔才放心接受，但选择的也都是老弱之类。唐太宗赞赏其廉洁和谨慎，特意将获得的高昌宝刀和千匹杂綵进行赏赐。

如果说归附唐朝最初的几年，阿史那社尔是凭借此前北突厥酋长和驸马都尉的光环被礼遇，那么高昌之役阿史那社尔的表现，则是完全依靠自身的实力和素质获得青睐和瞩目的。自此之后，阿史那社尔步入贞观名将之列，参与了系列战役，仿若开启"战神模式"。

贞观十九年（645），唐太宗率领李勣、契苾何力、张亮等诸将从海陆两线亲征高句丽。唐太宗一行抵达安市城附近，遇到敌军阻力，高句丽北部酋长延寿、惠真率部下十五万前来营救。延

## 第四章 经行吐鲁番的名人

寿幕下有年长通晓政事的官员提出对战策略,说道:"我听闻隋朝末年中国大乱,豪杰相继起事。秦王神武,所向无敌,最终平定天下。继任皇帝后,降服北突厥、吐谷浑,此乃顺应天命而降世的人才。如今率军倾国而至,猛将锐卒汇聚于此,其锋芒不可阻挡。为今之计,不如屯兵不战,待时间长久之后,分别派遣善战之将断其粮草,不超过十天,他们军粮耗尽,无法应战又无退路,这是不战而胜的道理。"事实上,唐太宗和群臣在分析敌我形势之时,也料想到这是高句丽战胜唐军的上策。

然而延寿并没有听从这项策略,率兵直接出击,此正中唐太宗下怀。唐太宗为了进一步引诱高句丽军队,派遣阿史那社尔率领突厥部众一千诱敌,双方刚交战即伪装战败而逃。高句丽将士见状,都认为唐军容易擒获,竞相进军。随后唐太宗命令李勣、长孙无忌、牛进达等布阵待敌,最终击败延寿。阿史那社尔在征讨高句丽的战争中,曾不幸被流矢所射中,但随即拔出继续作战,其部下将士以一当百,皆有战功。战争结束,阿史那社尔兼任鸿胪卿,官阶为从三品,主管宾客外交礼仪之事。

随着唐太宗与西突厥乙毗射匮可汗关系的恶化,尤其是在"五国聘礼"和亲要求遭遇拒绝后,贞观二十一年(647)唐太宗以阿史那社尔为昆丘道行军大总管出征龟兹。战争的具体过程,前文郭孝恪部分已有记述,阿史那社尔作为行军主帅,在攻破龟兹国都城和拨换城等战役中都发挥出主导作用，这里不再重复。需要补充的是，在征战龟兹的过程中，安西都护郭孝恪在军中多用金玉装饰床帷器用，也与阿史那社尔分享，但阿史那社尔并不接受。唐太宗听闻此事后说道："两位将军的优劣，不用再询问他人了。"

贞观二十三年（649），唐太宗去世。阿史那社尔感恩唐太宗在自己落魄时的收留、赐婚和信任，使自己前后参与出征高昌、高句丽和龟兹，如是才有机会立下战功获得赏赐，实现自身的价值。感念于此，阿史那社尔恳请殉葬，以表达对先帝最崇高的敬意。唐高宗听闻立即派遣使者传达唐太宗生前的旨意加以阻止。同时，任命阿史那社尔为右卫大将军，跻身"南衙十二卫"之首。永徽四年（653），阿史那社尔加官镇军大将军，是从二品的武散官。

两年后，一代北突厥酋长、唐初忠勇赤诚的蕃将阿史那社尔去世。唐高宗赠予其正二品的辅国大将军武散官、并州都督，准许陪葬唐太宗的陵墓昭陵，谥号为元。

## 三、文雅安边的儒将裴行俭

唐高宗时期是唐朝前期西北治理的关键阶段。西突厥余部的

## 第四章 经行吐鲁番的名人

数次叛乱、吐谷浑政权的覆灭、吐蕃攻破安西四镇、北突厥的复兴等事件都发生在这一时期。面对复杂、紧张和危险的形势，裴行俭的西北经略活动曾力挽狂澜，巩固了唐朝的西北边疆。

裴行俭为绛州闻喜县人氏，出生于官宦世家，又是北周隋唐以来的世家大族。其曾祖父和祖父任官于北周，父亲裴仁基任职于隋朝，参与征讨吐谷浑，之后依附于隋末群雄李密。在李密与王世充的交战中，裴仁基被俘，归唐失败，被王世充杀害。唐高祖时期，赠官原州都督，谥号为忠。

青年的裴行俭孜孜于求学，在世人眼中已经具有将相的气质和器局。裴行俭因为官荫，有机会在门下省下属的弘文馆进行学习。弘文馆属于当时的"中央贵族学校"，主要负责校正书籍和教授生徒。弘文馆的学生等到学业有成，即可参加科举考试。笃学的裴行俭本已达到毕业资格，但仍然坚持在弘文馆进修。时任宰相的房玄龄对裴行俭印象深刻，好奇地问他为何不参加科举考试。裴行俭认真地回复道："隋末天下大乱，家里典籍缺乏，而弘文馆内藏书丰富，未能遍览探究，是故稍作停留。"房玄龄听闻赞叹道："你志气凌云，日后当一日千里。"后来，裴行俭考中明经科，继而迎来第一个职官左屯卫仓曹参军，官阶为正八品下。此后裴行俭先后任职过金部和户部员外郎、刑部属下的都官郎中等。

显庆二年（657），裴行俭担任长安县令，在此前后结识著名

## 吐鲁番：明月天山交河城

将领苏定方。该年唐高宗取得征讨西突厥阿史那贺鲁的胜利，重新确立唐朝在西域的统治地位。苏定方作为此次出征的行军大总管，荣耀一时，终其一生共参与平定北突厥颉利可汗、西突厥阿史那贺鲁、西突厥都曼、百济国王义慈等战役，是唐高宗时期卓越的军事将领。苏定方作为传奇武将和官场元老，对晚辈裴行俭亦颇为器重，将自己的用兵奇术倾囊相授。以儒学出身的裴行俭，其日后所取得的军事成就与苏定方的教习有着密切关系。

此时的裴行俭可谓前途光明，但不久发生"废王立武"事件，裴行俭卷入其中，结果被贬西州，与吐鲁番结缘。同安大长公主有孙女王氏，秀外慧中，言于唐太宗。唐太宗因此令晋王李治纳为妃。唐高宗继位后，册立王氏为皇后。随着唐高宗与武则天情感的升温，武则天被册为正二品的九嫔之首昭仪，王皇后和萧淑妃的恩宠渐衰。永徽五年（654）左右，唐高宗与武则天的女婴突然夭折，武则天将原因指向没有子女的王皇后。王皇后的地位愈加不稳固，唐高宗也产生废弃的想法。由于事关重大，唐高宗一度私下征求过长孙无忌的意见。长孙无忌为当朝宰相，也是唐太宗的托孤大臣，更是自己的舅舅，位高权重。但是长孙无忌没有顺从唐高宗的旨意，废立之事暂时搁浅。随后，武则天诬告王皇后施行符咒巫术，李义府、许敬宗等投机之臣加入武则天阵营。永徽六年（655），王皇后被废，武则天被新立为皇后。

## 第四章 经行吐鲁番的名人

在"废王立武"的过程中,身为长安县令的裴行俭没有置身事外。裴行俭认为若是武昭仪被立为皇后,则国祸必然自此开始,于是与长孙无忌、褚遂良共同商议此事。时任御史中丞的袁公瑜告发裴行俭,由是从京县县令贬谪至西州都督府长史。

裴行俭任职西域期间大展身手,滋养一方。长史作为长官都督的副官,掌管地方纲纪、通判各曹政务。政事通达的裴行俭随之升任金山副都护,从吐鲁番迁往天山北部的庭州工作。时逢安西都护府升级为安西大都护府。麟德二年(665),裴行俭出任西域最高军政长官安西大都护,推动了唐朝与西域诸政权的友好交往。唐玄宗时期名臣张说撰写的《赠太尉裴公神道碑》中,赞颂裴行俭是"我之独贤,边之多幸",表明其深受西域民众的喜爱。

乾封年间,裴行俭再次回到中央任官。任职吏部侍郎期间,裴行俭与同僚李敬玄执掌官员的铨选,两人能力突出,典选有序,当时人并称为"裴、李"。裴行俭和僚属张仁祎结合多年政务实践,创立了长名姓历榜,即落选人的名单,以此来缓解京城因为滞留过多选人而引发的社会矛盾。唐高宗听闻裴行俭工于草书,就赐其绢素白卷,令草书《文选》一部。完成任务后,唐高宗赞叹不已,赏帛五百匹。关于书法的造诣,裴行俭曾自我评论道:"褚遂良非有精致绝佳的笔墨便不书写,而对笔墨不加选择的书法家唯有虞世南和我。"

## 吐鲁番：明月天山交河城

以吏部侍郎为界限，此前裴行俭出任文官为主，此后则多次披坚执锐。上元三年（676），吐蕃侵扰鄯州、廓州、河州、芳州等陇右地区。唐高宗先是敕令左监门卫中郎将令狐智通征发兴州、凤州等兵进行防御。继而任命洛州牧周王李显为洮州道行军元帅，率领工部尚书刘审礼等十二总管；任命并州大都督相王李旦为凉州道行军元帅，率领左卫大将军契苾何力等，征讨吐蕃。周王和相王即是后来的唐中宗和唐睿宗。裴行俭以洮州道左二军总管的身份参与了此次行军。

仪凤四年（679），西突厥余部阿史那都支及其别帅李遮匐煽动部众叛乱，侵逼安西都护府，同时联合吐蕃，西域局势告急。此时安西四镇还在吐蕃手中，唐高宗召集紧急军事会议，部分朝臣主张行军征讨，而有过多年西域任职经历的裴行俭提出了不同的方案。

裴行俭深思熟虑后提出："近年吐蕃为边患，兵革未息，李敬玄、刘审礼接连兵败，我朝元气受损，哪里还可以继续征讨？现今波斯国覆灭，其王子泥涅师作为人质尚在长安，期望陛下派遣使者前往西域册立泥涅师为波斯王，途中经过阿史那都支部落，再见机行事，必定有功。"唐高宗听从了裴行俭的策略，并且由其担任册封使节，兼任安抚大食使，全权处理沿途事宜。裴行俭当仁不让。

## 第四章 经行吐鲁番的名人

时隔十余年,花甲之年的裴行俭再次来到阔别已久的西域。裴行俭一行人等途经莫贺延碛时,遇到大风沙,引路的向导也迷失了方向。裴行俭只能下令就地扎营,同时设置道场,虔诚祭祀,祈愿渡过难关。不久风云渐渐消散,行进数百步后,眼前突然呈现一片水草丰茂的佳地。随行的将士、使团皆激动不已,将裴行俭比作西汉时期的贰师将军李广利。贰师将军当年受汉武帝之命征伐大宛,途中因缺水导致人马困乏,于是对天盟誓,拔出佩剑刺向山体,突然汩汩泉水涌出,化解了危机,成为千古佳话。裴行俭的祈愿,使部下自然地想到李广利开泉的故事。

抵达西州以后,裴行俭受到吐鲁番民众的热烈欢迎,而针对平定阿史那都支的计谋也应运而生。裴行俭召集当地一千余豪杰子弟追随自己西行,同时扬言道:"如今正值炎热,等待秋凉之后进发。"阿史那都支窥探到消息,便放松了警惕,殊不知已经中计。

同时,裴行俭也招募四镇都督府的酋长豪杰,慷慨地说道:"犹记得过去在此游览狩猎,未尝感到厌烦,后来虽然回到京城,这份美好记忆却不曾忘却。如今这次出行,想要追寻过去的足迹,你们谁愿意随我一同前行?"说罢,场下欢呼雀跃,能够和曾经最高并且深受爱戴的军政长官一起游猎,是何等的幸事。刹那间,应募者达到万人。

## 吐鲁番：明月天山交河城

事实上，裴行俭的两次招募活动，正是使用了瞒天过海的计谋。表面上，裴行俭打着狩猎的名义，实际却暗自教习部伍，借道行军。数日之后，唐军距离阿史那都支的部落只有十余里。裴行俭先是派遣使者问候阿史那都支，之后又派遣使者邀请其过来相会。唐军整体的军容看起来十分闲散，并没有讨袭的迹象，成功地迷惑了阿史那都支。面对突如其来的唐朝部众，阿史那都支来不及反应，仓皇间不知如何是好，自顾地率领五百余骑兵前往会见裴行俭。刚抵达营地，就被唐军抓获。继而裴行俭假传阿史那都支的信令，使诸部酋长皆来唐军驻地，以便擒拿更多的叛众。最后，就只剩下对付李遮匐了。裴行俭挑选将士日夜兼行，途中遇到阿史那都支与李遮匐双方的使节，于是释放李遮匐的使节，令其将阿史那都支被俘的消息汇报给主人。不久，李遮匐主动归降。就这样，裴行俭以最小的代价，换取了最大的平叛胜利。

裴行俭西行的意义，不仅在于平定西突厥阿史那都支的叛乱，同年唐朝也收复了自咸亨元年（670）被吐蕃攻陷的安西四镇。在出征之前，裴行俭奏请王方翼做自己的副官，兼检校安西都护。王方翼是唐高宗朝著名的良吏，同样文武双全。平定叛乱后，唐军在碎叶立碑记功，王方翼修筑碎叶城，引得西域诸政权争相参观和遣使朝献。

## 第四章　经行吐鲁番的名人

唐高宗对裴行俭的军事胜利喜出望外。当着满朝文武褒奖道:"昔时西域遭遇变故,遣爱卿总兵西讨,孤军深入,途经万里。卿权略闻名,夙怀忠诚之节,兵不血刃平定叛乱,朕深感欣慰。"在庆功宴席上,唐高宗再次表彰裴行俭的文武兼备,同时赐授礼部尚书,兼检校右卫大将军。

一波虽平,一波又起。同年十月,北突厥余部阿史德温傅率众叛乱,单于都护府辖下的二十四羁縻府州并时响应,规模达到数十万。单于都护府长史萧嗣业发兵征讨失败,流徙桂州。危难之际,唐高宗再次寄托于裴行俭,以其为定襄道行军大总管,率领太仆少卿李思文、营州都督周道务等兵众十八万,同西军程务挺、东军李文㬂等共集结三十余万,进军征讨。军队绵延数千里,是唐朝开国以来最盛大的出师行动。

裴行俭的北伐再次彰显出大将的智谋和风范。唐军行至朔州时,裴行俭了解到原先萧嗣业征讨期间军粮多被劫掠,于是心生一计。裴行俭先是下令伪装了三百辆运粮车,每辆车上潜伏着五位强壮的士兵,携带陌刀、强弩等武器,再安排数百名羸弱的士兵负责押运,最后安排精兵在沿途险要地带准备伏击。敌方突厥见状,像此前一样大肆劫掠,而负责押运的唐兵则弃车逃散。突厥兵众驾驭着运粮车到达一处泉水,解下马鞍放牧,准备进食休整。正当取粮时,运粮车上潜伏的唐兵同时跃起,迅速击杀靠近的突厥兵众，不久唐军伏兵也加入战斗，内外联合，将突厥士兵杀获殆尽，只有小部分仓皇逃窜。自此之后，突厥再也不敢打唐军运粮车的主意了。

军粮运输得到保障，唐军顺利抵达单于都护府之北。天色渐晚，将士们基本完成安营扎寨和修筑壕堑的任务。裴行俭在视察军务的过程中，突然下令把军营移驻到高岗之上，尚未得到喘息的士兵对这一命令都感到不解和埋怨，但不得不执行。半夜时分，暴风雨骤然来临，此前扎营的区域水深达到一丈余，将士们对裴总管的未雨绸缪和料事如神无不感到叹服和神奇。此后，裴行俭率领将士屡战屡胜，前后俘获不可胜数。在唐军的猛烈攻势下，北突厥余部拥立的泥孰匐可汗被部下所杀，大首领阿史德奉职也被擒，余众逃往至狼山。

永隆元年（680），颉利可汗从兄之子阿史那伏念被拥立为可汗，同时阿史德温傅纠集部众，北突厥再次叛乱，裴行俭受命率兵出征。唐军抵达代州时，裴行俭结合叛乱的特点和实际，针对阿史那伏念与阿史德温傅实行反间计。两人果然互相猜忌，阿史那伏念秘密归附，请求效力。裴行俭封锁消息，仅向唐高宗作了汇报。数日之后，唐军观察到道路远方烟尘弥漫，似有军队袭来，裴行俭传令三军道："这是阿史那伏念擒阿史德温傅来降，但受降如同受敌，还须严整戒备。"等到行军靠近，完全如裴行俭所料，如是叛乱成功平定。

捷报传至长安，唐高宗大悦，派遣户部尚书崔知悌赶往前线犒赏。然而这次胜利遭到宰相裴炎的嫉妒和干扰，最终没有被记功，裴行俭称病不再上朝，被封爵为闻喜县公。

永淳元年（682），西域风云再起。西突厥阿史那车薄率众叛乱，裴行俭临危受命，以金牙道行军大总管领十将军发兵征讨。遗憾的是，在出征之前，裴行俭因病离世了，享年六十四岁。西征的未竟之业由王方翼继承，最终取得胜利。唐高宗赠其官幽州都督，谥号为献，特别下诏让太子挑选一位六品京官代管裴行俭的家事，待儿孙长大后再停止履行职责。唐中宗即位后，追赠其为扬州大都督。裴行俭撰写的《选谱》十卷，内含安置军营、行军部统、克料胜负、甄别器能等四十六诀，是行军作战的宝典，可谓深得名将苏定方之真传。武则天执政期间，曾派遣秘书监武承嗣前往裴宅取书，收藏于宫中。

裴行俭通晓阴阳算数，具有知人之鉴。从掌管选举到出任行军大总管，凡是遇到贤良才俊，无不为己所用，料兵如神。当时有后进杨炯、王勃、卢照邻、骆宾王皆以文采知名，同僚李敬玄推荐于裴行俭。裴行俭端详过后说道："四人确有才名，但若论及仕途，他们在爵位和俸禄方面将会不足和寡少。杨炯会做到县令，其余的大概没有完好的结局。"结合四人的人生经历，裴行

## 吐鲁番：明月天山交河城

俭对"初唐四杰"命运的预测基本吻合。裴行俭提拔的副将，程务挺、李多祚、黑齿常之等日后也都成长为著名将领。

裴行俭的气量和宽容也异于常人。一次，裴行俭嘱咐医师制药，需要犀角、麝香两味药材。送药的人不慎遗失，并且因为惧怕受罚而出逃了。又一次，属官私下驾驭唐高宗御赐裴行俭的新马和新鞍，结果马匹倒下受伤，马鞍被摔坏，属官担心获罪也选择了出逃。裴行俭听闻这些事，都命人找回潜逃的当事人，并没有责罚，像之前一样地对待他们。

还有一次，在平定西突厥阿史那都支之后，俘获了大量珍宝。裴行俭属下的将士都想参观欣赏，于是召开宴会，全部进行展示。有件玛瑙盘，宽达两尺多，盘身文彩特殊绝艳。军吏王休烈在捧盘进场的时候，不慎摔倒，玛瑙盘接地而碎。宴会的气氛瞬间凝固，在场的官员皆汗不敢出，军吏更是惊恐万分，叩头流血不止。裴行俭神色不变，并没有责罚军吏，同时安慰说并不是你的过错。在场的将士都被裴行俭的气量所折服。

裴行俭去世的次年，唐高宗驾崩。裴行俭任职吏部侍郎时期，为唐朝选举了大批的优秀人才；西征和北伐期间，又平定叛乱巩固西北边疆。可以说，裴行俭把自己毕生所学都献给了唐高宗一朝。

# 第五章
# 吐鲁番的社会文化

更迭的政权、奇特的环境、传奇的人物,展现出吐鲁番的历史脉络、自然人文地理以及个人经历。丝绸之路不仅是经济商贸之路,同样也是文化交流之路,吐鲁番凭借枢纽的地位优势,东西方文明在此交汇,继而发展和积淀,呈现出多姿多彩的社会文化面貌。

## 一、文化传播与互动

先秦时期东西方已经有物质文化上的联系,张骞出使西域,

## 吐鲁番：明月天山交河城

让中原地区首次对西域有了较为翔实和系统的认识。汉唐时期，源源不断的汉族人迁入吐鲁番，加上统治者的提倡，以儒家文化为主体的中国传统文化在此扎根和焕发生机。

高昌王对儒家经典颇为推崇。第一代君王麴嘉在位时，曾向北魏孝明帝求借"五经"和史部典籍，同时请派官员前来教习。有了北魏的支持，高昌的官学逐渐建立。记载西魏、北周历史的《周书》，述及高昌"文字亦同华夏，兼用胡书"，指高昌和中原地区皆用汉字，同时也存在胡语文字和语言；又有《毛诗》《论语》和《孝经》，皆为儒家经典；建置官学，教授子弟。当地张孝章的随葬品清单中，还能看到《孝经》一卷。由此可看出高昌汉文化背景的深厚。

《隋书》还记载高昌存有鲁哀公问政孔子的画像。鲁哀公为春秋晚期鲁国的君主，儒家经典《荀子》中记载了多个鲁哀公与孔子的对话。如鲁哀公曾问孔子："孩子顺从父亲的命令，就是孝吗？臣子遵从君王的命令，就是忠贞吗？"连续问了三次，孔子不敢违背鲁哀公的意志。孔子后来将此事告诉并询问了弟子子贡，子贡的回答孔子并不满意。于是说道："万乘之国如果有争臣四人，则封疆不会有削减；千乘之国如果有争臣三人，则社稷不会有危害；百乘之家如果有争臣二人，则宗庙不会有毁损。父亲如果有争子，就不会有无礼的行为；士人如果有争友，就不会有不义的行为。故而孩子顺从父亲,哪里就是孝?臣子遵从君王,哪里就是忠贞?关键在能够顺从和遵从的,才算作孝和忠贞。"

唐初重振儒学,高昌也是受惠者之一。唐太宗继位后,重视儒学和中央官学的复兴。贞观二年(628),唐太宗于最高学府修建孔子庙,尊孔子为先圣,颜回为先师,在全国范围内征集名师,作为官学的讲席教师,并且多次前往国子监视察、听博士讲论和赏赐。同时增修学舍一千二百间,太学、四门学扩招学生。致使四方儒士,云集京师,儒学的兴盛前所未有。继而也引起周边政权的关注和歆羡,高句丽、百济、新罗、吐蕃和高昌等酋长,纷纷请求派遣子弟进入国子监进修学习。学业有成的子弟,回到高昌,必将继续促进中原文化的传播和吐鲁番儒学的发展。在名为《唐西州某乡户口帐》的吐鲁番出土文书中,有"二人医学生""七某州学生""某人县某生"字样,反映的正是西州地方官学的生徒数量。

吐鲁番出土文书中,有不少儒学和文学残片。《孝经》《论语》《诗经》等最为常见。如阿斯塔纳六七号墓葬中,出土有唐人书写的《论语集解》残卷、《孝经》残卷、《开蒙要训》残卷等。又如阿斯塔纳一八四号墓葬中,出土有唐人书写的《论语》郑氏注《雍也篇》《述而篇》残卷,可以清晰地识别出"有颜回者好学不迁怒不贰过""仲由可使从政与""人之生也直,罔之生

## 吐鲁番：明月天山交河城

也幸而勉""久矣吾不复梦见周公"等字样。此外，还有大量民间文学或俗文学的残片，其中西州学童卜天寿的习作"写书今日了，先生莫醎池（嫌迟）。明朝是贾（假）日，早放学生归"，揭示出期待早日放假的童趣，为人所津津乐道。

书信是古人最为常见和传统的情感联络方式，吐鲁番也出土有若干家书内容的文书。名为《唐贞观二十年赵义深自洛州致西州阿婆家书》的文书，开头部分残缺，从"尊体起居"的字样可判断属于赵义深的开篇问候，继而提及自己和居子在收到西州的兄长获得勋官云骑尉的消息后都感到喜悦，也收到家人改嫁张隆训的消息，又提及自己和居子"巢居他土，晓夜思乡"，安慰阿婆和兄长不用愁虑自己这边，又询问自六月二十日来信后家中大小内外眷属是否平安，并祝福阿婆、阿舅、阿姨"尽得康和"，家书结尾还提及两兄"诵经念佛"。在另一件赵义深的家书中，开头完整，分别记述赵义深对家人的问候平安，包括阿嫂家的奴婢，其中提及阿婆九月五日寄出的书信，自己十二月三日收到，继而谈及其他家事。总之，字里行间无不透露着身居异地的家人之间的问候、思念和关怀。

隋唐时期的文学、法律、医药等文书也有出土。阿斯塔纳一三四号墓葬出土隋代著名文学家薛道衡撰写的《典言》，分孝行、中节、慎罚、求贤、纳谏等篇。阿斯塔纳五三二号墓葬出

第五章　吐鲁番的社会文化

土有《唐律疏议》的写本,并盖有"西州都督府之印"。名为《唐人写疗咳嗽等病药方》的文中,有"五味子二两""甘草二两""麻黄二两""以水九升煮,取三升,分四服"的字样,言及药方的构成和服用方法。

　　以上简要叙述了汉唐时期中原文化在吐鲁番的传播与影响,事实上这种文化传播并非限于单向,吐鲁番亦有对中原文化影响至深的地方,最典型的莫过于高昌乐舞的传入。隋文帝开皇初年时,设置有《七部乐》,隋炀帝时增订为《九部乐》,分别为:《清乐》《西凉》《龟兹》《天竺》《康国》《疏勒》《安国》《高句丽》《礼毕》。大业六年(610),高昌进献《圣明乐》曲,隋炀帝令擅长音律的乐师先于客馆听奏,听后研习。等到高昌使者正式进献乐曲时,隋炀帝令乐师上前演奏,朝堂上的诸国使者听后大为震惊。《圣明乐》有歌曲《善善摩尼》,有舞曲《小天》,演奏的乐器有竖箜篌、琵琶、五弦、笛、箫、腰鼓、贝等十五种,乐工有二十人。

　　唐太宗平定高昌,吸收高昌乐曲,在隋朝《九部乐》的基础上减去《礼毕》,增加《宴乐》《高昌乐》,形成《十部乐》。其中,《高昌乐》与《龟兹乐》《疏勒乐》《康国乐》《安国乐》并属西戎之乐。《高昌乐》由舞者二人,身穿白袄锦袖,赤皮靴,赤皮带,红抹额;乐器由答腊鼓一,腰鼓一,鸡娄鼓一,羯鼓一,箫二,横笛二,筚篥(音毕栗)二,琵琶二,五弦琵琶二,铜角一,箜篌一组成。

275

简言之,汉唐时期吐鲁番的文化深受中原文化的影响,并且扎根于中华文明。

## 二、多元的民间信仰

从早期的自然崇拜到原始宗教萨满教,再到祆教、佛教、道教、景教、摩尼教等的传入,新疆自古以来即是多种宗教文化并存和融合的地区。吐鲁番的多元民间信仰,是西域宗教分布格局的缩影。

一般认为,道教起源于道家,早期的方士神仙之说多托于老子,此后道教为与佛教抗衡,衍生出神仙体系。"道"的本义为道路,对于不知道路的人而言,需要指引,因而引申出引导、指导之义。又引导、指导离不开讲说,故而"道"又有言说之义,继而再引申为道理。

先秦诸子学说中,儒家和道家皆言"道",而内涵有所不同。儒家经典《论语》的二十篇几乎都提及"道","力不足者,中道而废","道"是路途;"道之以德,齐之以礼,有耻且格","道"是领导、引导;"本立而道生","道"是人道、仁道;"朝闻道,夕死可矣","道"是人生大道;"夫子之言性与天道","道"是命运;等等。道家经典《老子》言"道可道,非常道",中间的

第五章　吐鲁番的社会文化

"道"指言说、言思，另外的指道理。相较而言，儒家的"道"侧重人道伦理、仁义中正之道、治国大道，道家的"道"侧重超乎天地万物之道。

随着战国秦汉之际方士、术士以及阴阳道家和神仙学说的发展，东汉末年出现了张陵的五斗米道和张角的太平道，标志着本土宗教道教的产生。魏晋时期，玄学盛行，葛洪、陶弘景、寇谦之等对道教进行改革，使道教无论在理论上还是形式上，演进成为具有哲理、仪式、谱系的宗教。

汉唐时期，在中原与河西地区的人口向西域迁徙过程中，道教随之传入。吐鲁番出土的文书中，作为随葬品清单的衣物疏是重要的类别，其常常包含神仙或道教的内容。如前秦建元二十二年（376）的刘弘妃衣物疏，言及"时见左青龙右白虎"。又如名为《高昌章和十三年孝姿随葬衣物疏》的文书，在记述"故绣罗当一枚""故白绫大衫一枚领带具""故金银指环六枚"等物品之后，言及"比丘果愿敬移五道大神""时人张坚固李定度""若欲求海东头，若欲见海东辟""不得奄遏停留，急急如律令"等字样，具有浓厚的道教色彩。再如阿斯塔纳三〇三号墓葬出土了黄纸朱书的符箓，不仅下方有"天帝神符""急急如律令"等文字，上方也画有手拿三叉戟的道士，仿佛在念咒施法。

此外，文书中"道士"的记载，直接反映道教在吐鲁番的发

277

展。名为《唐合计僧尼道士女官数帐》的文书中，提及"道士六十七"。又名为《唐道士梁玄忠便钱契》的文书，记述了道士梁玄忠的私人借贷。

相较于道教，佛教的发展在吐鲁番地区大放光彩。两汉魏晋南北朝时期，吐鲁番逐渐发展为与龟兹、于阗并列的西域佛教中心。佛教经西域传入中国，吐鲁番作为丝绸之路的文化枢纽，不仅促进了佛教的东传，也会合了汉地佛教的回传。南朝齐梁时期，著名的律学大师释僧祐编写有佛教目录学典籍《出三藏记集》，其中收录的释道安法师撰写的《摩诃波罗若波罗蜜经抄序》言及：前秦建元十八年（382），车师前国王弥第同国师鸠摩罗跋提入朝，进献梵本佛经《大品》一部，称有四百零二牒，二十千首卢。每首卢三十二字，是西域僧人数经的算法。佛经由天竺僧人昙摩蜱、佛护翻译。释道安的序言表明当时吐鲁番的车师前国存在大乘佛教信仰。十余年之后，法显等西行求法抵达焉耆，由于缺少礼遇，伙伴智严等折回高昌郡寻求资助。高昌郡时期，目前也发现了《维摩诘经》《妙法莲华经·方便品》等不少汉地译出的写经流传到吐鲁番。以上可管窥此时佛教在吐鲁番西部车师前国和东部高昌郡的发展情况。

高昌国时期，吐鲁番的佛教得到进一步发展。主要表现在两方面：其一，高昌王室的热衷与推动。如高昌王麴乾固留下《仁王般若波罗蜜经卷上》《金光明经卷三》等写经题记，麴文泰对玄类法师的礼遇、推崇与期待等。其二，寺院和信徒众多。据学者预计，当时高昌寺院数量达二百座以上，拥有大量的僧徒。出土文献不仅透露出大量的寺院名称，有的也折射出个人的信仰世界。如名为《高昌章和十八年光妃随葬衣物疏》的文书中，提及"佛弟子比丘果愿""佛弟子光妃""持佛五戒""专修十善"等字样，皆属佛教用语。"五戒"为僧徒应遵守的最基本戒律，指不杀生、不偷盗、不邪淫、不妄语、不饮酒。"十善"在前四戒的基础上，又包括不两舌、不恶口、不绮语、不贪欲、不瞋恚、不邪见。

唐代建置西州以后，将吐鲁番佛教的发展纳入中央王朝的管理之下。依据唐朝寺院的管理规定，每座寺院设置上座一人，寺主一人，都维纳一人，共同统领诸事，即"三纲"制度。结合学者的研究，"三纲"制度建立于东晋十六国时期，高昌国后期名号和地位有所变化。平定高昌的当年，"三纲"制度就已经同户籍制度、土地授受制度推行到吐鲁番。如名为《唐贞观十四年西州高昌县弘宝寺主法绍辞稿为请自种判给常田事》的文书中，提及"弘宝寺主法绍"，并有上座、寺主、都维纳的落款。

唐前期的统治者有数次诏令天下诸州建置寺观的举措，结合吐鲁番出土文书，仍然能够看到西州的执行情况。乾封元年（666），唐高宗封禅泰山，诏令天下诸州建置寺观，赐名"万寿"。如名为《唐开元三年万寿寺僧惠垚文书》《西州高昌县佃人文书》等皆提及西州的万寿寺。神龙元年（705），武则天传位太子李显，唐中宗即位，不久诏令天下诸州建置寺观各一所，名为"中兴"。两年后，诏令改中兴寺观为龙兴寺观。名为《唐西州高昌县出草帐》的文书，言及"龙兴寺贰拾肆束"，正是这一改名的反映。此外，《宋史·高昌传》也记载高昌五十余座佛寺的匾额，皆是唐朝的赐名，寺院中收藏有《唐韵》《大藏经》《经音》等汉文文献。

在传世文献记载缺乏的情况下，吐鲁番出土文书揭示出西州民众、僧尼的日常生活与佛教信仰。出土的写经残卷和功德疏，如名为《唐写佛经疏释残卷》《唐西州高昌县成默仁诵经功德疏》的文书，反映出佛教信众的修行、供养以及佛经在当地的传播和流行。出土的僧尼名籍和转经历，如名为《唐龙朔二年正月高昌县僧籍》《武周证圣元年五月西州高昌县崇福寺转经历》的文书，反映出唐朝对佛教和僧团的管理。出土的田园租赁契约，如名为《唐贞观廿囗年佃人僧道真等田亩簿》《唐大历三年僧法英佃菜园契》等文书，反映出当时寺院经济的运行情况。

名为《唐咸亨三年新妇为阿公录在生功德疏》的文书，较详细地记述了一位信徒生前的功德布施。佛教认为善行具有资润福利的功能，善行家德之功，名为功德，又认为施物为功，归己为德。文书记录的阿公生前功德事迹主要包括：请二十僧人诵经并布施一匹马,请五十僧诵经并布施银盘,举行斋会,请洛通法师受菩萨戒,造四十九尺五色幡,请张禅师转读《妙法莲华经》一部和《金光明经》一部,请四十僧转读《涅槃经》四十卷,于杨法师房内造一厅并堂宇,供养玄觉寺常住三宝,家中抄写《涅槃经》一部、《大般若经》十卷等,于生绢上画两铺释迦牟尼、侍者、诸天,布施大像、黄布衫一领、帛布衫一领等。文书也提及产业、田园、妻子等皆是"虚化",并非"真实",祈愿功德多、受戒后的阿公去世后顺利到达佛国净土。

高昌回鹘时期佛教的发展情况,详见后文柏孜克里克石窟部分。

据《魏书》和《隋书》的记述,高昌"俗事天神",可见天神信仰也颇为流行。有学者指出这里的"天神"主要指中国的天神,而西域的天神则称为"胡天神"或"胡天"。名为《高昌章和五年取牛羊供祀帐》的文书中,提及民众以牛羊祭祀"风伯""树石""丁谷天""清山神""大坞阿摩"等,足见祭祀对象的庞杂,而"阿摩"可能指高昌地区粟特人信仰的祆教天神。

安史之乱以后,漠北的回鹘政权逐渐信奉摩尼教,待到回鹘西迁,摩尼教在高昌回鹘政权仍然有所发展。北宋初年王延德出使高昌回鹘,记载当地有摩尼寺和波斯僧,反映出有摩尼教和祆教信众的存在。

以上可以发现，虽然佛教在吐鲁番的发展最为兴盛，但并没有阻碍其他宗教的推行，信仰的多元化与中原文化的广泛传播，是吐鲁番社会文化发展的两个鲜明特点。

## 三、财主的日常借贷

借贷是古今中外一种常见的经济行为。借贷文书所展现的除了明面上的交易明细，也蕴含着契约精神和诚信意识，甚至也能体现一个社会的教育识字水平。吐鲁番出土有大量与租赁借贷相关的文书，其内容既折射出民间经济的活跃，同时也是普通民众生活生计的真实反映。

阿斯塔纳四号墓葬出土的一组墓志和文书，大致勾勒了唐前期西州一位财主的生平事迹，他的借贷事业备受瞩目。墓葬的主人名为左憧憙，依据墓志，其为西州高昌县崇化乡人氏，卒于唐高宗咸亨四年（673），时年五十七岁，可推算其出生于隋炀帝大业十三年（617）。墓志记述左憧憙"德行清高""意气凌云""纯忠敦孝"等，或是墓志中通行的谀词，但"财丰齐景"却是对其财力的形象类比。结合其他文书，还可知左憧憙任职过前庭府卫士，即折冲府府兵。以下列举数件左憧憙作为债主的契约文书。

绢帛在当时具有货币职能，常作为借贷物。名为《唐麟德二年赵丑胡贷练契》的文书，记述了唐高宗麟德二年（665）八月十五日，西域道行军的出征士兵赵丑胡向同行的左憧憙借入帛练三匹，双方约定：抵达西州十日内归还帛练；逾时不还，依据乡里惯例偿还利息；假若赵丑胡不能偿还，任由左憧憙索取赵丑胡家财杂物充当帛练本钱，并由妻儿代为偿还；如果抵达安西都护府获得赏赐，可还练两匹，若不得赐物，则还练三匹；正文末尾以"两和立契，获指为验"强调契约的约束力。最后是练主左憧憙、赁练人赵丑胡、担保人白秃子、见证人张轨端和竹秃子的签名画押。

举钱契类似于现今的借条。名为《唐乾封元年郑海石举银钱契》的文书中，讲述了唐高宗乾封元年（666）四月二十六日，崇化乡郑海石向左憧憙方借入银钱十文，双方约定：月利息为一文半；待到左憧憙需要钱时，郑海石须立即归还；若郑海石拖延不还，左憧憙有权索取郑海石的资产、杂物和田园等，充当借贷的本钱；遇到公私债务停收的情况，索取充当本钱的财产不受限制；假若郑海石不能偿还，将由其妻儿和担保人替代偿还；正文末尾以"官有政法，人从私契，两和立契，画指为信"强调契约的约束力；最后落款是钱主左憧憙、举钱人郑海石、担保人宁大乡张海欢、担保人崇化乡张欢相、见证人张欢德的签名画押。这件文书中借贷的时间没有明确的规定，只提到钱主需要时便应还款，而在另一件名为《唐麟德二年张海欢贷银钱契》的文书中，明确了贷款的时间为抵达西州后的十天内。由此可推知，借贷时间，借贷双方，本金数额，利息率，赔偿条款，债务双方、担保人和见证人签名画押等，是当时借贷文书的必备要素。

值得一提的是，左憧憙在麟德二年（665）的放贷张海欢时月利息是一文，次年乾封元年（666）放贷郑海石时月息涨至一文半，而乾封三年（668）放贷张善憙时月息涨至两文，三年内发生两次涨息，左憧憙似颇擅敛财。

名为《唐总章元年左憧憙买草契》的文书，记述了左憧憙的买草交易。唐高宗总章元年（668）六月三日，左憧憙用银钱四十文从顺义乡张潘堆方购买草料九十市（计量单位），双方约定：如果到时左憧憙不能全额领取草料，张潘堆需要赔偿左憧憙银钱六十文；草料的质量以左憧憙的意见为主；若张潘堆不能偿还，将由其妻儿和担保人偿付；正文末尾以"两和立契，获指为信"强调契约的约束力；最后落款是钱主左憧憙、取草人张潘堆、担保人竹阿阇利和樊曾□、同伴人和广护的签名画押。

名为《唐总章三年左憧憙夏菜园契》的文书，记述了左憧憙的菜园交易。唐高宗总章三年（670）二月十三日，左憧憙从张善憙方购买张渠菜园一所，位置在白赤举北分墙，双方约定：菜园租佃后三年中须向左憧憙交纳夏秋季节价格的大麦各十六斛，到第四年交银钱三十文；若到时不能交租，以两倍赔偿左憧憙方；官府应征收菜园的租役由园主张善憙交纳；菜园和水渠修复的费用由佃人承担；正文末尾以"为人无信，故立私契为验"强调契约的约束力；最后落款是钱主左憧憙、园主张善憙、担保人君洛和如姿、见证人王父师和曹感的签名画押。

除了放贷、草料、地产等交易，还有件与奴婢买卖相关的。名为《唐龙朔元年左憧憙买奴契》的文书，记述了唐高宗龙朔元年（661）五月二十三日，高昌县前庭府卫士左憧憙以水练六匹、钱五文的价格从柳中县五道乡蒲昌府卫士张庆住方买奴一人，奴字申得，十五岁。契约其余部分残缺。

从财主左憧憙的随葬衣物疏中，还可看出他生前曾建造一佛二菩萨像和读说《盂兰盆经》，不知是否属于因高息放贷，心生不安而向佛祖忏悔。

## 四、民事纠纷与诉讼

吐鲁番出土文书种类繁多，前文涉及政治、军事、经济、文化、宗教等多个方面，映射出吐鲁番在西域的重要军政地位以及在丝绸之路上的枢纽作用。接下来叙述的法制诉讼类的文书，其所展示的民事纠纷，更加贴近百姓生活，也是了解西州地方秩序和管理的窗口。

吐鲁番：明月天山交河城

首先，来看一件高昌县占地不还的纠纷。名为《唐麟德二年牛定相辞为请勘不还地子事》的文书，记述了武城乡牛定相的诉讼：宁昌乡樊粴（音里）塠在父亲去世后退田一亩，按规定将其作为口分田授予牛定相。但时间过去五年有余，樊粴塠占地不还，继续耕种。牛定相索要地租，樊粴塠也拖延不给。高昌县司法部门裁定，由相关部分前往樊粴塠家中调查事由，并且当面对质。

其次，看一件盗窃的案件。名为《唐永淳元年坊正赵思艺牒为勘当失盗事》的文书，记述了官府接到报窃后的勘察情况：麴仲行的婢女僧香家中遭遇盗窃，报告了官府，官府派遣负责督查的基层管理员坊正赵思艺前往调查。赵思艺到达僧香的家中进行检验，问询了被盗窃的物品及其位置，主要有放在厨房的铜钱、耳珰和房内坎上的帔（音佩）子，同时对周边邻居的家中也展开了巡察，没有发现被盗财物的踪迹。僧香自言案发时没有觉察到物品丢失，也不敢诬告是邻居所为，请求开具相关证明，自己也继续访寻。可见，即使是社会地位较为低下的奴婢阶层，同样有诉讼权，官府也一样接受审理，保护民众的私有财产。

再来看一件借钱不还的纠纷。名为《唐开元七年四月某日镇人盖嘉顺辞为郝伏意负钱事》的文书，记述了盖嘉顺的诉讼：镇戍士兵郝伏意于开元六年（718）三月向同为镇戍人的盖嘉顺方借入一千文钱，期限一年，逾期未还。第一次提起诉讼时，官府

第五章　吐鲁番的社会文化

派遣司马负责办理，追讨债务时郝伏意仍然不还，并且藏躲。于是有了盖嘉顺的本次诉讼。

即使是在出家的僧侣之间，也会有矛盾纠纷。名为《唐西州丁谷僧惠静状为诉僧义玄打骂诬陷事》的文书，记述了丁谷寺僧人惠静的诉讼：惠静出家丁谷寺有五年了，粮食、米面、铛锅等家具都是入寺前从家里带来的。不久前，惠静被同寺僧人义玄打骂，道青等僧人当时也都在场，可以作证。如今惠静控告义玄打骂，义玄却与尸罗等僧人串通起来，诬告惠静偷盗诸窟的物品。事实上，诸窟并没有遗失物品，反而义玄曾在去年十一月二十日夜搬运两车木材和梨脯运到州城，惠静等一些僧人亲眼所见，现今义玄恶人先告状。文书后半部分残缺，可能是进一步的案情记录和判决结果。

最后，来看一组记述驾车伤童的案卷，名为《唐宝应元年六月康失芬行车伤人案卷》文书内容完整，分为六个部分，较详细地交代了事件的来龙去脉和判决结果。第一部分是居民史拂耶（音那）的诉状：家长史拂耶控诉自己八岁的儿子金儿某天在张游鹤的店铺门前坐着时，被靳嗔奴的雇工驾车碾伤，造成金儿腰部以下骨碎损伤，如今孩子病情严重，恐有性命之忧，请求官府处分。第二部分是居民曹没昌的诉状：家长曹没昌控诉自己八岁的女儿想子某天在张游鹤的店铺门前坐着时，被靳嗔奴的雇工驾车碾伤，造成腰骨损折，病情严重，恐有性命之忧，请求官府处分。依据前两部分，可知金儿与想子为共同受害者，店铺主的全名为张游鹤。

第三部分是对肇事者的调查：史拂郍的儿子金儿、曹没昌的女儿想子在店铺门前一起坐着时，被靳嗔奴的雇工驾车碾伤。雇工名叫康失芬，年龄三十岁，是处密部落的百姓，当日驾牛车从事劳动，返回途中在城南门附近碾伤金儿、想子二童。第四部分是对案件原因的调查：驾牛车在路上行驶，遇到路人本应呼唤避让，为何还能辗伤无辜的孩童？原因在于康失芬所驾牛车的牛是借来的，他并不熟悉牛的习性，牵拉拽挽之时，力道也有所不及，最终酿成悲剧。但碾伤孩童是既定的事实，所有罪过请求处分。

第五部分是对案件的审理：康失芬因驾车碾伤孩童，造成严重损伤，事实清楚，应接受法律制裁。考虑到其驾车时力所不逮，现令康失芬负责孩童的治疗费和保养费用，并依据孩童的医疗进展给予定罪，假若孩童不幸身亡，则依律审判。第六部分是对案件的进一步判决：担保人何伏昏等担保康失芬在外看养史拂郍、曹没昌的子女，遵行审理结果。担保以后，如若出现不遵行和反复的情况，担保人也要受罚，接受重杖二十。最后是案卷的落款，有吏员张奉庭等签名。

形形色色的案件，仿佛带我们穿越到了吐鲁番，感受着社会的市井气息，也看到了地方官府的政务运作。

# 第六章
# 吐鲁番的文物古迹

吐鲁番作为世界历史文化名城，分布有众多文物古迹。沧桑的古城，回忆着昔日都城的繁华与熙熙攘攘。静谧的古墓，安放着昔日生灵的故事和悲欢离合。庄严的石窟，刻画着昔日僧徒的虔诚和精神向往。

## 一、沧桑的古城印记

吐鲁番最具盛名的古迹是交河故城和高昌故城。两座故城属于1961年国务院公布的首批全国重点文物保护单位，同期入选

## 吐鲁番：明月天山交河城

的历史古迹、革命遗址还有中国共产党第一次全国代表大会会址、天安门、莫高窟、布达拉宫、西安碑林、殷墟、大明宫遗址、秦始皇陵等。2014年，两座故城同克孜尔尕哈峰燧、克孜尔石窟、苏巴什佛寺遗址、北庭故城遗址共同入选联合国教科文组织的《世界遗产名录》，是"丝绸之路：长安—天山廊道的路网"新疆段的遗址点。

交河故城早期的居民为姑师人，两汉魏晋时期为车师前国都城所在地。北魏太平真君十一年（450），北凉的沮渠安周势力攻破车师前国，加上此前已经占据高昌郡，至此吐鲁番重归统一，也为高昌国的建立奠定基础。进入高昌国时期，交河故城为交河郡治所。贞观十四年（640），侯君集等攻破高昌国，唐太宗于高昌故地建置州县，交河故城为交河县治所，同时也是唐朝在西域的最高军政机构安西都护府的驻所。安史之乱后，伴随着西州的陷落，交河故城先后统属于吐蕃、回鹘、高昌回鹘政权。元朝前期，交河故城毁于战火，至明朝初年陈诚出使西域经过此地时，已是一片废墟。

交河故城位于现今吐鲁番市以西约10公里的亚尔镇雅尔乃孜沟村，城址建立在雅尔乃孜沟干河床的台地上，台地高出水面约30米，四周崖岸壁立，形成天然屏障，是世界上保护得最好的生土建筑城市。河床由博格达山南麓洪积层冲积而来，在7世

## 第六章　吐鲁番的文物古迹

纪时,还是"洋洋之水",如今已是涓涓细流。河流在台地北端分流,于南端汇合,这也是交河城城名的由来。现今居民多称其为"雅儿和图""雅儿湖"。

故城所在台地地形狭长,宛若船状小岛,呈西北—东南向分布,南北长约1650米,最宽处约300米,目前大体为唐代遗存。故城西北部是墓葬区,现已毁坏严重。故城东侧面和南端各有一缺口,为城门所在,南端即现今进入故城的入口。故城中部的建筑遗址保存较好,街巷清晰,院落分明,有的院落可看出平面布局,南部遗址破坏严重。故城中央有条南北长约350米、宽约10米的大街,将城内建筑分为三部分：中央大街把居住区分为东、西两单元,大街北端是一座规模宏大的寺院,以其为中心构成北部寺院区,包括一组壮观的塔群。大街东区南部的一所宏伟建筑可能是县治所。院落临大街的一侧没有门窗,而是设在纵横的街巷里。故城有许多多层建筑,土墙多为生土墙,多数房屋和墙壁的建造方式先是确定位置,再挖去墙内外的墙土。台地原本高低不平,西北高东南低,在低洼处的墙壁有的采取版筑法。

故城出土的文物有西州时期人面陶灯、汉文佛经、泥塑等。整体而言,城址建筑在不同时期都有修建,各时代遗物的散布也较为复杂,被称为"世界上最美的废墟"。

高昌故城位于吐鲁番市以东约40公里火焰山附近的三堡乡,

## 吐鲁番：明月天山交河城

与交河故城东西呼应。故城奠基于西汉前期，起初名为高昌壁，是西汉屯兵的壁垒之一，之后成为戊己校尉的治所。魏晋南北朝时期，中原、河西和西域地区政权并立，战争频繁。前凉张氏政权势力一度扩展至西域，张骏于东晋咸和二年（327）建置高昌郡，故城为郡治所。这不仅是吐鲁番历史上的重要政治变革，也是西域历史上首次施行郡县制，自此吐鲁番进入高昌郡时期。460年，随着占据高昌的北凉沮渠氏政权的破灭，吐鲁番进入高昌国时期，形成以阚氏、张氏、马氏、麴氏四个汉族为主体的地方政权，故城为高昌国都城所在地。640年，唐太宗平定高昌国，于高昌故地建置西州，故城为西州州府和高昌县的治所。贞观十六年（642）左右，安西都护府由交河县迁至高昌县。唐后期，随着西州的陷落，故城先后统属于吐蕃和回鹘政权。高昌回鹘建立后，以故城作为都城，1132年，归属耶律大石建立的西辽政权，西辽瓦解后，于1209年归附成吉思汗。这期间故城又称作"和州""哈剌火州""火州"等。故城约于明初废弃，前后沿用1500年左右。

从现存遗址来看，故城可分为外城、内城和最北部的宫城三部分。外城平面呈不规则方形，城墙多处存在弧度和曲折，东、西墙保存较好，长1300余米，南墙次之，长1400余米，北墙破坏严重，周长约5.4公里，残高5—11.5米。城墙外侧残存具有

## 第六章 吐鲁番的文物古迹

防御功能的马面。从城墙遗迹来看，可确认的城门有四座，其中西城门有瓮城残迹。外城的东南和西南有寺院和坊院遗址。内城呈长方形，位于外城的中间，宫城的南面，城墙南北长约1000米，东西宽约800米，西距外城西墙约300米，南距外城南墙约200米，城门痕迹无存。宫城平面不规则，南北长约300米，东西宽约150米，城门遗迹无存，当地群众又称为"可汗堡"。从外城、内城、宫城的布局上讲，与隋唐长安城颇为相似。

故城内出土不少珍贵的文物，如东汉云纹瓦当、高昌郡时期红宝石人像画押、北凉佛像石塔、唐代白瓷瓶和木雕佛像、高昌回鹘时期摩尼教壁画、元代龙泉瓷等。整体而言，现存故城内的建筑遗迹和文物大部分都属于高昌回鹘时期。

一般认为，现今吐鲁番鄯善县鲁克沁镇的柳中故城为唐代柳中县遗址。故城平面呈长方形，南北长约400米，东西宽约1000米，地处火焰山南麓，西北距高昌故城约21公里。

此外，吐鲁番古城遗址还有安乐故城、乌江布拉克古城、大墩古城、七克台古城、西盐池城址等。其中，安乐故城为西州交河县安乐乡遗址，七克台古城为唐代赤亭守捉遗址。

吐鲁番：明月天山交河城

## 二、阿斯塔纳古墓群

阿斯塔纳—哈拉和卓墓葬群位于吐鲁番市东南的三堡乡和火焰山镇（原二堡乡），南距高昌故城2公里左右，北邻火焰山。这里是两晋至隋唐时期高昌居民的公共墓地，分布面积南北约5公里，东西约2公里。1950年以来，考古工作者先后在此进行十余次发掘，发掘墓葬400余座。1988年，阿斯塔纳古墓群公布为国务院第三批全国重点文物保护单位。

墓葬皆为土洞墓，有的墓葬绘制有壁画。依据发掘情况，学者们将墓葬大致分为三个时期：第一期，两晋至十六国时期，有斜坡墓道土洞墓和竖井墓道土洞墓，常见木棺葬具。出土陶器多是素面灰陶，墓志数量较少，壁画以描写地主庄园生活为内容。第二期，麹氏高昌时期，出现了家族聚葬茔地，由数座至数十座墓葬组成的家族墓园比比皆是，斜坡墓道土洞墓的墓室壁外凸，棺木逐渐消失。出土陶器多是彩绘明器，砖质墓志流行，随葬木俑制作稍精。第三期，唐西州时期，墓道变长且上方具有天井，墓室规模变大，有的分为前后墓室。随葬陶俑增多，出现一些形制较大的石质墓志。

以下结合1963—1965年新疆维吾尔自治区博物馆对阿斯塔

第六章　吐鲁番的文物古迹

纳—哈拉和卓古墓群的发掘展开介绍，以便了解古人的冥界思想以及出土文物的珍贵价值。

　　阿斯塔纳、哈拉和卓是维吾尔族对三堡乡、二堡乡的称呼，本次发掘的五十六座墓葬分布在这一区域，位于高昌故城的西北部和北部。其中，十一座墓葬曾被严重盗扰，没有在本次清理之列。考古工作者依据墓葬的形制、出土器物的特征、出土文书和墓志的纪年等，将剩下的四十五座清理的墓葬分为三期。第一期，两晋至南北朝中期，墓葬基本分为两种型式：斜坡墓道土洞墓和长方形竖井墓道土洞墓，前者墓室平面多为正方形，墓壁较直，后者墓道较浅。随葬器物普遍为灰陶，有灯、釜、罐、壶、盆、瓮、碗等，形制较大。木器中，木俑大多没有施彩，盘、耳杯、勺较为常见；牛车、马、驼制作粗糙。随葬衣物疏中记述的随葬物品，多为夸张和象征性的假物。第二期，南北朝中期至唐初，出现了家族聚葬的墓区，墓室空间有所增大，墓顶结构渐渐平圆。随葬器物中，灰陶逐渐被彩陶代替，高昌纪年的砖质墓志出现，大多文词简略，放置于墓道进口侧壁。第三期，盛唐至中唐，墓室进一步增大，墓顶样式多，出现天井，主要为合葬墓。出土的纪年墓有武悦墓、杜相墓、宋怀仁墓以及前文提及的财主左憧憙墓等。随葬器物中，常见的有陶制罐、碗、灯、盆，有的绘制十字纹。有的墓葬出土大量泥俑，成组的骑士仪仗俑。此

295

外，伏羲女娲连体画像增多，代表着吐鲁番民众的丧葬观念深受中原传统文化的影响。

　　本次墓葬发掘有颇多重大发现。其一，出土文书方面。关于吐鲁番出土文书，本书已经多次提及，其主要包括两部分，一部分是以文书的形式直接随葬，如衣物疏、地券、功德录、告身和契约等；一部分是被当做废纸用来制成死者的服饰，如鞋靴、冠带、俑的构件等，多已残缺不全。起初文书整理者尚不清楚这种以纸作为服饰或葬具的原因，现今学者认为出现这种现象的前提是纸在吐鲁番普及以后，与纸的廉价、具有柔韧性和保暖性的特点以及用途密切相关，使纸逐渐由日常生活走向丧葬明器。

　　接下来看些具体的出土文书。如《升平十一年卖驼契》，"升平"为东晋穆帝年号，反映当时前凉政权与东晋的政治隶属关系。如《建初十四年衣物疏》，有"时见左青龙右白虎""前朱雀后玄武""急急如律令"的字样，反映西凉政权时期流行的具有道教色彩的民间信仰。如《唐纪元抄》，记录唐太宗贞观至唐高宗仪凤四年之间的十次年号变更情况，具体到月日。又如《载初元年高昌县手实》《神龙三年高昌县崇化乡点籍录残卷》《高昌县授田文簿》等反映唐朝户籍、土地、基层管理等制度在西州的施行情况。再如反映社会生活的《贞观二十年洛州赵义深书札》《总章三年张善憙贷钱契》《永淳元年勘查麹仲行家被盗牒》等。

其二，丝织品方面。吐鲁番气候干旱，降水量少，墓葬中的文书、丝织品等随葬品得以较好地保存至今。本次发掘的丝织品，有刺绣、织锦、丝履、绢、麻布、棉布、毛织物等。如织锦《对鸟"吉"字纹锦》，大小为19.5×16厘米，每平方厘米经线52根，直径0.4毫米，纬线34根，直径0.25毫米，颜色有白、绿、浅蓝、深蓝等，图案为对称的双鸟。又如织锦《红地宝相花纹锦》，大小为8×24.6厘米，每平方厘米经线44根，直径0.2毫米，纬线40根，直径0.25毫米，以红、绿、赭、黄等色织成唐代流行的宝相花纹，庄重严谨，色彩艳丽，展现出高超的制作工艺。

其三，壁画方面。第三期的三八号墓葬为大型双室墓，前室藻井周围绘有云纹和飞鹤，四壁上部绘童子骑飞鹤、飞鹤衔花草等图案。主室顶部和四壁上部绘有天文图，用白点指代二十八星宿，星点之间以白色细线相连。东北壁绘有象征太阳的红色圆形，内有金乌，西南壁绘有象征月亮的白色圆形，墓顶的白色线条可能象征银河。

主室后壁绘有六幅壁画，保存较好。每幅高约140厘米，宽约56厘米，均以紫色勾出边廓。画面布局似有一定的程式，以缠绕藤萝的大树为背景，树下是进行各种活动的人物。壁画的主题可能是描绘墓葬主人生前的生活场景。如第一幅，主人头戴幞头，身穿紫袍，腰束带，足穿靴，袖手而立，作回首顾盼侍者的状态。旁边侍者的形象较小，双手抱持一物，向主人作奉献状。又如第三幅，主人头戴幞头，身穿紫袍，衣袖卷起，坐于树下。旁边的侍女持围棋盘，侍女身后一位男侍拱手而立。再如第四幅，主人头戴幞头，身穿绿袍，坐在树下的榻上，右手微举至胸前，左手前伸，作训示侍仆状。旁边有二位侍者挺立，其中一位手上立一鹰。

除了阿斯塔纳——哈拉和卓古墓群之外，吐鲁番还有交河沟北墓群、交河沟西墓群和巴达木墓群、木纳尔墓群，前者分布在交河故城附近，分别是汉晋和晋唐时期的墓葬。后者位于火焰山镇和葡萄镇附近，属于麹氏高昌国至唐西州时期，考古工作者也多次进行发掘，出土有大量陶器、木器、泥器、铜器、钱币、金器、墓志等文物。

## 三、柏孜克里克千佛洞

石窟是起源于古印度的一种佛教建筑形式，是佛教传播的重要载体。吐鲁番作为西域负有盛名的佛教中心，盆地内沟谷众多，溪水长流，是僧侣理想的建窟修行之地。现今吐鲁番保留了14处石窟的366个洞窟，其中104个洞窟含有壁画，壁画总面积达2000多平方米。其中，柏孜克里克石窟较为著名，又称柏孜克里克千佛洞。1982年，公布为国务院第二批全国重点文物保护单位。

柏孜克里克石窟位于吐鲁番市胜金乡木日吐克村南约3公里的火焰山木头沟沟谷的西岸陡崖上，南北长约166米，东南距高昌故城约10公里。石窟始建于南北朝后期，唐代西州时期称为宁戎寺，高昌回鹘时期逐渐成为王家寺院。15世纪前后，伊斯兰教传入吐鲁番盆地，石窟遭到废弃，直至沦为废墟。20世纪初，德国人格伦威德尔、勒柯克的新疆盗掘活动，使得石窟重见天日，后者更是将大量精美壁画切割掠走。

石窟内历代绘制的壁画是西域壁画艺术中的杰作。石窟分为三层修建，现存洞窟83个，按建筑形制可分为中心柱窟、中心殿堂窟、穹隆顶窟、纵券顶窟等。保存有壁画的洞窟有40多个，壁画总面积1200多平方米，内容包括佛、菩萨、天王、说法图、经变画、供养人像等。石窟内的壁画大致可分为四个阶段：高昌国时期、唐西州时期、高昌回鹘时期和蒙古统治时期，高昌回鹘时期又分为信奉摩尼教和佛教两个时段。以下结合不同时期的壁画择要介绍。

高昌国时期。第18窟的平旗图案位于后甬道顶部，是该石窟群现存唯一的仿木结构平旗装饰。图案四方套叠共三层，中心绘有圆形莲花或莲花的变体，周围绿水环绕，形成旋涡，或认为属于旋涡纹；最外层的四角画有团花或含苞欲放的莲蕾；以平行线、三角纹、树叶等作为边饰。第18窟的千佛图案原位于右甬道外侧壁，现藏于印度国立博物馆。图案中的千佛穿着圆领通肩式袈裟，皆跏趺坐于莲瓣宽厚的覆莲上；双手置于腹前，相握的手势有别；每佛上方有华盖或图案化的菩提树冠；各佛相间排列，四佛一组，以赭、蓝、绿等色彩反复轮换填涂。顶部和侧壁交接的地方，以写实手法绘出檩、枋等仿木结构，形象逼真。

第18窟的菩萨图案原位于甬道外侧壁，现藏于俄罗斯艾尔米塔什博物馆。图案残缺，菩萨头顶绘有镶宝珠的伞盖，背后有圆形头光，头戴宝冠；佩大耳环、项圈、璎珞、臂钏、腕镯等饰物；右手施说法印。画工用晕染法使皮肤具有质感和立体感，具有浓厚的龟兹风格。第18窟的六道轮回图案原位于前室甬道下部，现藏于德国柏林亚洲艺术博物馆。图案表现的是佛教宣扬的六道轮回，上部集中描绘人道、畜生道、饿鬼道、天道和阿修罗道，残缺严重，下部表现地狱道，可以看到熊熊烈火、刑具等残酷的画面。图案旁边有回鹘文榜题。

这一时期的还有第51窟，绘有千佛像和法华经变等图案，经变指用绘画或雕塑等艺术手法生动形象地将佛经思想表现出来，借以宣扬和传播佛教。

唐西州时期。第16窟的说法图位于主室券顶，颜色保存较好，佛像身体以土红线勾勒，画面清晰明快。图案以连续小方格中绘制构图相似的小型说法图构成。方格中，佛跏趺坐于莲台上，上方绘有菩提树冠；有圆形头光、背光，手施说法印；左侧上方绘有金刚，下方绘比丘；右侧上方绘比丘，下方所绘人物各不相同，有菩萨、婆罗门、鹿等形象。图案上方和下方有婆罗谜文字题记。第16窟的主券顶左侧壁有两身飞天图案，前后相随，长裙飘逸，具有轻盈飞动之感。

第16窟的涅槃经变图案描绘的是奏乐婆罗门。释迦牟尼涅槃后，婆罗门六师外道闻讯幸灾乐祸，奏乐庆祝。图案中人物手持的乐器有曲颈琵琶、大鼓、横笛等。画工用准确有力的线条造型，格调高雅。如弹琵琶者，束发半裸，左手按弦，右手持拨弹奏，胡须分明，显得健硕有力。

这一时期的还有第17窟，绘有说法图和观无量寿经变图案等。

高昌回鹘时期。第20窟壁画题材内容最为丰富，人物众多，色彩鲜明，是柏孜克里克石窟的精华所在。《毗沙门天王图》位于主室左壁，属于通壁巨制，画面精细，衣冠服饰具有唐人特征，场面宏伟，气势磅礴。从局部来看，主尊为盛装铠甲的毗沙门天王，以其为中心，前面绘有王子、金刚等众眷属。毗沙门天王左下方绘有上下两位女性，分别是吉祥天女和侍女；右下方绘童子吹口哨状，旁边的力士为张弓朝天蹲射状。毗沙门天王下方绘有力士、世俗人和猎犬等奋力追捕金翅鸟。画中金翅鸟为鸟首人身，黑发上竖，力士已经抓住金翅鸟的前爪，世俗人的绳索也已将其套住，猎犬也已咬住其后腿，画风生动有趣。

《佛本行集经》包含了许多释迦牟尼供养诸佛，以因缘受诸佛决定记，修成佛道的故事，是第20窟的重要题材，多位于甬道内壁，种类多样，人物丰满，细节突出。举其中位于左甬道内壁的一幅图案讲，大佛立于水中一小舟上，身体略向右倾斜，身着金黄色半披式袈裟，褶皱清晰，左臂朝下，右手半举，双脚踩莲花。大佛左侧自上而下依次是：双手合十的闻法弟子，身体向佛，身着红色半披式袈裟，背后有头光；双手相握的闻法菩萨，身体向佛，上身近裸，身戴项圈、璎珞、臂钏等饰物，有绿色飘带缠身，背后有头光；手托钱袋供盘的商人，身体向佛，身着窄袖绿袍，头冠镶有绿色宝石，深目高鼻，胡须浓密；跪姿双手合十的商人，身体略背向佛，身着窄袖灰袍，头戴白色圆顶帽，浓眉高鼻，络腮胡须；跪姿并且驮载货物的骆驼和毛驴，神态轻松，毫无倦意。

大佛右侧自上而下依次是：双手合十的闻法菩萨，身体向佛，身戴项圈、璎珞、臂钏等饰物，上身近裸，有红色飘带缠身，背后有头光；双手合十的闻法弟子，身体向佛，身着绿色半披式袈裟，有少量胡须，似较左侧弟子年长，背后有头光；两位跪姿双手合十的商人，身体向佛，深目高鼻，有浓密的络腮胡须，靠近佛的一位赤眉黑胡，身着窄袖绿袍，另一位眉发胡须皆白，身着窄袖黑袍；跪姿手托馒头状宝物供盘的商人，身体向佛，头戴圆顶蓝色带沿帽，身着窄袖红袍。图案上方有婆罗谜文，大意为：商人或船主以舟渡佛。

第20窟的供养人像涉及不同的人物。回鹘高昌王的供养像被德国盗掘者掠走后，毁于第二次世界大战，现仅有照片传世。画像中有三位男性回鹘供养人立于似梅花图案的地毯上，面向左侧，身着红色圆领长袍，头戴似竖连莲花瓣状的毡冠，用红色丝带结在颌下；双手相握拢于袖内，各持一朵微曲的鲜花；腰系蹀带，配挂有短刀、绳、算袋等；脚穿黑靴。最左侧供养人多胡须，戴白色圆宝石耳坠，正值壮年。另两位供养人胡须少，无戴耳环，似属青年。回鹘高昌王后的供养像似与高昌王供养像对称分布，画像中两位女性供养人立于波浪纹的地毯上，面向右侧，身着橘红色窄袖长襦，衣领较宽，绣有卷草纹，两边呈V形，领口、袖上、长襦下部等处绣有白色连珠纹饰；双手拢于袖内，各持一朵微曲的鲜花；长襦长及脚下，鞋不外露；一条红色长绢从头上飘下，中间打一结。右侧供养人头戴如意形金冠，四周插满凤钗、步摇等饰物，耳饰下垂至肩，一副高贵王后的形象。左侧的供养人有凤钗、花钗等饰物，但无皇冠。

## 吐鲁番：明月天山交河城

都统的供养像位于甬道内壁，都统指管理僧众事务的僧官。三位都统身着交领中原式袈裟，面向左侧，体态浑圆匀称，面部丰满，双手持供养鲜花于胸前。人物上方各有汉文、回鹘文题记，从左至右依次是"智通供养之像""进惠都统之像""法惠都统之像"。比丘的供养像同样位于甬道内壁，三位比丘身着右袒胸袈裟，面向右侧，手持鲜花供养于胸前。左侧比丘略有秃顶，与右侧比丘皆有少量胡须。人物上方有梵文题记。

高昌回鹘时期的摩尼教壁画存世数量极少。第38窟的主室正壁绘有摩尼教壁画，图中央的三棵树为教义中的光明树，象征占据光明的东、西、北三方。光明树的左侧绘有四位跪姿和两位站姿的人物像，皆双手合十，作虔诚礼拜状，其中似有两人背上生翼。

第27窟的供养人像出现了位蒙古贵族妇女的形象，此时高昌回鹘统属于蒙古或元朝。除了以上介绍的，柏孜克里克石窟还有大量栩栩如生的壁画，如第14窟的嬉水童子图，第33窟的弟子举哀图，第48窟的羚羊、猴子和犬，第82窟的鸭子、飞鸟、蝴蝶等。

吐鲁番的其他石窟，如吐峪沟石窟、雅尔湖石窟、七康湖石窟、胜金口石窟等，也存有数量不等的精美壁画。

# 结 语

行文到此，读者想必已经明了本书的结构，从吐鲁番的政权、环境、丝绸之路、长官、经行名人、社会文化、文物古迹等七个方面展开的叙述，不知能否得到读者诸君的认可。以贞观十四年（640）为界限，吐鲁番经历了从麴氏高昌国到唐朝管辖下西州的转变。安史之乱后，又经历了漠北回鹘政权与吐蕃的争夺，并最终由回鹘西迁的一支建立起高昌回鹘政权。政权的更迭，麴伯雅、麴文泰父子同突厥诸可汗、隋炀帝、唐高祖、唐太宗之间关系的变化，深刻地反映出吐鲁番在西域的特殊地位。

吐鲁番独特的自然环境和地缘环境，是其成为突厥、铁勒、

### 吐鲁番：明月天山交河城

唐王朝、吐蕃、回鹘等政权经略和关注的关键因素。自然环境方面，基岩断裂、板块碰撞、垂直运动等地质活动，不仅塑造了现今的天山山系，也衍生出吐鲁番盆地。气候干旱、降水稀少、蒸发量大、无霜期长等，成为吐鲁番的天然标签，独特的条件却也孕育着发达的葡萄、瓜果和长绒棉种植业。地缘环境方面，汉唐以来吐鲁番即是周边政权的争夺焦点。高昌国建立后，先后归附于柔然、高车、突厥、铁勒、西突厥等政权。唐太宗建置西州后，吐鲁番是唐朝西域经略的前沿阵地，是当时西域最高军政机构安西都护府的所在地。伴随唐朝西域经略程度的加深和广度的推进，即使安西都护府西迁至龟兹，在危难时期西州仍然是唐朝西域退守的大后方，拥有显著的军政和战略地位。

  吐鲁番历史的发展与丝绸之路的兴盛紧密相关。地处天山南麓的吐鲁番，是传统陆路丝绸之路北线或中线的必经之地，同时还分布着完善的通往周边地区的交通网络，可谓四通八达。自西汉王朝屯田车师起，源源不断地有内地军民迁徙至吐鲁番。魏晋南北朝时期的战乱，让这种人口迁徙和社会流动现象更加明显。正是这样以汉族为主体的人口结构，让唐太宗有高昌之人"咸出中国"的历史认知。此外，车师人、柔然人、突厥人、九姓胡人等也有分布，吐鲁番是多民族人口聚集之地。唐朝的户籍、授田、租庸调等制度在吐鲁番长期贯彻执行，既促进了当地经济的

# 结　语

发展，也推动了丝绸之路的繁荣。吐鲁番出土的社会经济文书中，可以看到大量的官私贸易以及善于经商的商胡身影，萨珊波斯银币、铜钱、拜占庭金币在此流通和出土，便是这一历史的反映。

唐朝西州时期，吐鲁番涌现出一批卓越的地方长官。乔师望贞观初年曾出使册封薛延陀的夷男可汗，是目前所见首位安西都护，后来迎娶了唐高祖之女，成为驸马都尉。唐休璟做官前师从当时著名的儒学大师马嘉运和贾公彦，不久考中科举明经科，成为一名基层文官，之后由文转武，积累了大量边疆任职的经验，熟谙边事。唐休璟最终成长为唐高宗、武则天时期的栋梁之材和边疆大吏，并深获武则天的赞赏和西州百姓的爱戴，在收复安西四镇的壮举中发挥了重要作用。封常清自幼孤贫，盛唐旋律的感召和军旅生活的磨炼，使其从高仙芝的随从迅速成长为独当一面的西域名将，其悲惨的命运也象征着大时代的没落。擅长道家学说的元载生逢其时，成为其步入仕途的敲门砖。此后官至宰相，元载仍然能够将西州任职的经验为边防建言献策。吐鲁番的任职经历，不仅是他们宦海生涯中浓墨重彩的一笔，也是吐鲁番历史上的精彩画卷。

长官之外，唐代经行吐鲁番名人，同样耀眼夺目。他们的人生经历与吐鲁番有着密切联系。玄奘法师西行求法途经高昌，与

## 吐鲁番：明月天山交河城

高昌王麹文泰结为兄弟。北突厥酋长阿史那社尔归附唐朝前曾一度避难高昌，此后征讨高昌，其又担任行军总管，在唐初的边疆战事中立下汗马功劳。唐高宗时期的朝臣裴行俭文武兼备，年轻时即获得宰相房玄龄的赞赏，同时深得名将苏定方的真传，曾出任西域最高军政长官安西大都护。在册送波斯王子途中，裴行俭瞒天过海，于西州集结和部署，最终平定西突厥叛乱。

吐鲁番的社会文化部分，结合吐鲁番出土文书，本书选择了四个横切面。首先，展示儒家经典《论语》《孝经》等典籍在吐鲁番的传播、唐人家书的内容以及当地的医药知识等。其次，记述吐鲁番当地民众的道教、佛教、天神等信仰。再次，以西州居民左憧憙相关的文书为中心，展现财主的日常借贷，了解唐人的借条模板。最后，通过分析若干司法诉讼文书，管窥西州的民事纠纷和地方秩序，借以呈现丰富多彩的地方社会。享有盛名的交河故城、高昌故城、阿斯塔纳古墓群和柏孜克里克千佛洞，是吐鲁番最为有名的古迹，你我一起倾听文物的声音，感受历史的沧桑巨变。

更要向读者诸君汇报的是，现今已有不少吐鲁番相关的读物，不同撰者笔下的吐鲁番，各有风范和千秋。有侧重物质文明的，记述吐鲁番的建筑服饰、日常生活和丧葬；有侧重高昌国的，陈述高昌国的历史文化、生态礼俗和社会变迁；有侧重经济

## 结语

制度的，论述唐朝建置西州后的户籍、授田和赋税制度；有侧重民族关系的，叙述高昌与周边政权的交往、交流和交融；有侧重中外交流的，阐述吐鲁番在丝绸之路上的贡献、地位和影响；有侧重考古发掘的，描述交河故城、高昌故城和阿斯塔纳古墓群的位置、形制和出土文物；有侧重石窟艺术的，描绘吐峪沟、柏孜克里克和雅尔湖等石窟壁画；等等。本书相较于已出版的吐鲁番读物，存在明显的异同。相同方面，如吐鲁番的历史沿革、生态环境、交通道路、人口构成、商业贸易、宗教信仰、社会文化、文物古迹等内容，也是本书必备的元素，仅是详略有别。相较而言，本书有以下三个特点。

其一，增加了大量与吐鲁番相关的历史人物叙事，让吐鲁番的历史有血有肉，富有生命活力。主要包括吐鲁番的最高军政长官和与吐鲁番历史有密切关系的知名人物两类。第一类人物中，乔师望属于皇亲国戚，唐休璟、元载官至宰相，封常清为盛唐名将。第二类人物中，有耳熟能详的玄奘法师，有赤诚忠勇的少数民族将领阿史那社尔，有文韬武略的裴行俭，他们贯穿于唐朝的各个时期，将个人命运与吐鲁番历史交织在一起。此外，在记述唐太宗平定高昌的将领选任时，对侯君集、薛万钧、萨孤吴仁、牛进达、契苾何力、姜行本、曹钦、李宽等各路行军总管亦进行了介绍。

吐鲁番：明月天山交河城

其二，注重事件背景的叙述，宏观视野下呈现出吐鲁番历史的发展脉络。在记述高昌王与隋唐统治者交往时，以高昌国和隋唐王朝两种纪年平行叙事，方便读者了解同时期中原和西域发生的大事件。如重光元年（620），高昌王麹伯雅遣使朝贡唐朝，同年为唐高祖武德三年，秦王李世民受命征讨洛阳地区的王世充。同时，着重叙述突厥、西突厥的发展兴衰对高昌与唐朝关系的影响。如高昌王麹文泰加入到西突厥乙毗咄陆可汗阵营，最终导致与唐太宗关系交恶。在记述唐太宗建置西州的决策时，除了表明唐太宗对高昌和麹文泰的历史认知，也兼述朝臣魏徵、褚遂良的奏疏意见。在记述西州在唐朝经营西域的军政地位时，结合了唐朝前期整体的边防布局和军事制度变迁。

其三，精选和展示了具有代表性或经典的文书和壁画，让吐鲁番的历史绚丽多姿。吐鲁番出土文书内容繁多，作为新材料，对史事补充、政务运作、文化交流、制度解析、民间经济、社会生活等提供了丰富论据。在记述烽燧制度、文化传播、日常借贷、民事诉讼等主题时，本书尽可能选择典型文书，如《唐西州高昌县武城乡张玉槌雇人上烽契》《唐开元二十年瓜州都督府给西州百姓游击将军石染典过所》《唐天宝二年交河郡市估案》《高昌章和十三年孝姿随葬衣物疏》《唐麟德二年赵丑胡贷练契》《唐永淳元年坊正赵思艺牒为勘当失盗事》等。壁画方面，柏孜克里

## 结　语

克第 20 窟的壁画内容最为经典和杰出。为避免重复，最终挑选《毗沙门天王图》和佛本行经变之一进行讨论。

本书记述 6 至 9 世纪吐鲁番的历史文化，涉及隋唐时期吐鲁番的政治、地理、军事、人物、民族、社会文化、文物古迹等方面，尽可能地展现吐鲁番在唐代西北边疆经略过程中的特殊地位，以及作为丝绸之路上重要城市的丰富画卷。

认识西域，从高昌开启；了解新疆，从吐鲁番开始。6 至 9 世纪吐鲁番的历史，不仅是吐鲁番政权的发展史，更是吐鲁番与西域地区、中原地区交往交流交融的历史。

# 后　记

感谢耿班主任（西园研史唐宋史讲习班）给予我书写吐鲁番历史的机会！

常言道"一千个读者就有一千个哈姆雷特"，是从读者的立场讲，不同的读者阅读相同的作品，对角色会有不同的理解。事实上，从书写者的立场讲，不同年龄、阅历、学识、经验的作者，对同一个历史主题也会产生多样的叙述内容和方式。何况历史原本就是包罗万象和五彩缤纷的。

2018年，我赴上海求学后，开始较为系统地学习隋唐西域史，并最终作为毕业论文的选题方向。很遗憾辜负耿老师的期

# 后 记

望,把丰富、传奇、美妙的吐鲁番史话,近乎写成了枯燥的隋唐西域经略史。

本书的完成,离不开学界已有的研究积累,尤其是涉及吐鲁番自然地理、经济文化和考古文物方面的成果。受书稿体例的限制,撰写过程中参考和引用观点的地方没有列出注释,这时常让我心有不安。何况是在前贤耕耘颇深的西域史领域。

借此机会,请允许我由衷地向黄文弼、唐长孺、陈国灿、王永兴、薛宗正、张广达、胡汝骥、王炳华、莫尼克、程喜霖、余太山、卢向前、吴玉贵、王素、李方、荣新江、孟宪实、李肖、巫新华、刘安志、施新荣、宋晓梅、业师贾志刚和张安福、李军、裴成国、彭无情、曹洪勇、刘子凡、田海峰、王玉平等先生学者致敬!同时,向不久前逝世的,在新疆考古学和史地研究做出卓越贡献的孟凡人先生致哀!

本书撰写初期,逢新疆疫情形势严峻,感谢同事和小麦的关心和照顾。转眼来到新疆工作已有一年半的时间,虽然偶尔有怨气,但却从未后悔。珍惜时光,生活仍要继续。

本书撰写过程中,受到新疆维吾尔自治区"天池英才"项目的资助,特此说明。

我的学生庞轶宁、才建刚参与了本书的文字校对,在此致谢。

吐鲁番：明月天山交河城

  我愿意将此书献给新疆维吾尔自治区的各族人民，并敬请读者的批评和建议。

2023 年 7 月 1 日凌晨
新疆大学红湖校区